ADOLF LAUFS

Fortpflanzungsmedizin und Arztrecht

Soziale Orientierung

Veröffentlichungen der Wissenschaftlichen Kommission
bei der Katholischen Sozialwissenschaftlichen Zentralstelle
Mönchengladbach

In Verbindung mit

Karl Forster · Hans Maier · Rudolf Morsey

herausgegeben von

Anton Rauscher

Band 7

Fortpflanzungsmedizin und Arztrecht

Von

Adolf Laufs

Duncker & Humblot · Berlin

Redaktion: Günter Baadte

Die Deutsche Bibliothek – CIP-Einheitsaufnahme

Laufs, Adolf:
Fortpflanzungsmedizin und Arztrecht / von Adolf Laufs — Berlin : Duncker u. Humblot, 1992
(Soziale Orientierung; Bd. 7)
ISBN 3-428-07365-7
NE: GT

Fremddatenübernahme und Druck:
Berliner Buchdruckerei Union GmbH, Berlin 61
Printed in Germany

ISSN 0720-6917
ISBN 3-428-07365-7

Vorwort

Die Schrift wendet sich an Juristen und Mediziner, vornehmlich Gynäkologen. Mehr und mehr stehen der niedergelassene wie der klinische und der forschende Arzt bei ihrer Berufsarbeit vor normativen Fragen, die juristische Aufschlüsse erfordern. Solche Einsichten sucht die Schrift zu fördern. Dabei gilt es, mehr noch als das Strafrecht das Verfassungs- und das Privatrecht, auch das ärztliche Berufsrecht in den Blick zu nehmen. Die Hauptthemen bilden der unabdingbare Schutz des Lebens Ungeborener und der stets erforderliche ärztliche Heilauftrag. Um diese beiden Pole kreist die Darstellung. In der aktuellen Diskussion überwiegen die strafrechtlichen Beiträge. Hier geht es indessen um eine umfassende arztrechtliche Perspektive. Manche Gefahren und Kehrseiten der medizinischen Fortschritte bedrohen den Menschen. Der Arzt soll angesichts dieser Herausforderungen bewährten Berufsregeln im Dienste der humanitas verpflichtet bleiben.

Während die Schrift zum Druck gelangt, ringen die Abgeordneten des Bundestages um das durch den Einigungsvertrag gebotene einheitliche deutsche Strafgesetz zur Abtreibung. Vom Ausgang der Kontroversen wird viel für den Schutz des menschlichen Lebens abhängen. Sollte der Gesetzgeber am Ende — auf verfassungsrechtlich bedenkliche Weise — den strafrechtlichen Schutz Ungeborener weiter abschwächen, so entlastete dies den Arzt nicht von seinen berufsrechtlichen Pflichten, „das ungeborene Leben zu erhalten", vor jedem Eingriff eine gewissenhafte Indikation zu stellen, umfassend aufzuklären und zu beraten, auch genau zu dokumentieren. In seinem nach Abschluß der Drucklegung dieser Schrift ergangenen Urteil vom 3. Dezember 1991 (1 StR 120/90) zu den §§ 218, 218 a StGB hat der 1. Strafsenat des Bundesgerichtshofs mit Grund „die besondere, eigenständige Bedeutung der ärztlichen Entscheidung" anerkannt, leider aber der Notlagenindikation ohne Auseinandersetzung mit den verfassungsrechtlichen Bedenken rechtfertigende Wirkung beigemessen.

Der Autor dankt der Katholischen Sozialwissenschaftlichen Zentralstelle in Mönchengladbach und deren Direktor, Herrn Professor Dr. Anton Rauscher, für den Anstoß zu dieser Arbeit, ferner der Deutschen Forschungsgemeinschaft für die Entlastung vom akademischen Unterricht im Wintersemester 1990/91.

Heidelberg, im Dezember 1991

Adolf Laufs

Inhaltsverzeichnis

Abkürzungsverzeichnis

ÄAppO	=	Approbationsordnung für Ärzte
Abs.	=	Absatz
ÄBW	=	Ärzteblatt Baden-Württemberg
Art.	=	Artikel
AtG	=	Atomgesetz
BÄK	=	Bundesärztekammer
BÄO	=	Bundesärzteordnung
BayObLG	=	Bayerisches Oberstes Landesgericht
BGB	=	Bürgerliches Gesetzbuch
BGBl.	=	Bundesgesetzblatt
BGH	=	Bundesgerichtshof
BGHZ	=	Entscheidungen des Bundesgerichtshofs in Zivilsachen (amtliche Sammlung)
BSG	=	Bundessozialgericht
BT	=	Deutscher Bundestag
BVerfG	=	Bundesverfassungsgericht
BVerfGE	=	Entscheidungen des Bundesverfassungsgerichts (amtliche Sammlung)
BVerwG	=	Bundesverwaltungsgericht
DÄBl.	=	Deutsches Ärzteblatt
DGMR	=	Deutsche Gesellschaft für Medizinrecht
DJT	=	Deutscher Juristentag
ESchG	=	Embryonenschutzgesetz
EthikMed	=	Ethik in der Medizin
FamRZ	=	Zeitschrift für Familienrecht
Fn.	=	Fußnote
FuR	=	Familie und Recht
GG	=	Grundgesetz für die Bundesrepublik Deutschland
Hg.	=	Herausgeber
Hist. Jb.	=	Historisches Jahrbuch
HPflG	=	Haftpflichtgesetz
IVF	=	In-vitro-Fertilisation
IVF / ET	=	In-vitro-Fertilisation / Embryo-Transfer
JR	=	Juristische Rundschau
JuS	=	Juristische Schulung
JZ	=	Juristenzeitung
LG	=	Landgericht
LuftVG	=	Luftverkehrsgesetz
MDR	=	Monatsschrift für Deutsches Recht

MedLaw	=	Medicine and Law
MedR	=	Medizinrecht
MuBO	=	Musterberufsordnung
NDB	=	Neue Deutsche Biographie
NJW	=	Neue Juristische Wochenschrift
Rdnr.	=	Randnummer
RVO	=	Reichsversicherungsordung
S.	=	Satz
SGB I	=	Sozialgesetzbuch: Allgemeiner Teil
SGB V	=	Sozialgesetzbuch: Gesetzliche Krankenversicherung
SSW p.c.	=	Schwangerschaftswoche post conceptionem
StGB	=	Strafgesetzbuch
StVG	=	Straßenverkehrsgesetz
Urt.	=	Urteil
VersR	=	Versicherungsrecht
VGH	=	Verwaltungsgerichtshof
WHO	=	World Health Organization (Weltgesundheitsorganisation)
ZRP	=	Zeitschrift für Rechtspolitik

I. Die Aufgabe

1. Die Errungenschaften der modernen Fortpflanzungsmedizin mit ihrer Rationalisierung des Geschlechtslebens finden eine breite Aufnahme beim Publikum und bestimmen das Schicksal vieler Menschen. Sie erweitern die Lebensmöglichkeiten und bannen Leiden, beschwören andererseits aber auch Verhängnisse herauf, vor allem für das ungeborene Leben: die Ambivalenz der Fortschritte zeigt sich auch auf diesem Feld. Angewandte Wissenschaft vermag den anders unerfüllbaren Wunsch nach einem Kind unter günstigen Umständen einzulösen durch künstliche Insemination, Retortenbefruchtung, Gametentransfer, Embryoverpflanzung, wie die Medizin andererseits mittels verfeinerter Methoden ungewollter oder gefahrvoller Empfängnis, Schwangerschaft und Geburt wirksam entgegenzutreten weiß durch Sterilisation, Verhütungsmittel, pränatale Diagnostik und Abtreibung: „gemachte und weggemachte Kinder“[1].

Am weitesten scheint die Methode der In-vitro-Fertilisation auszugreifen: Ein Kind kann nicht weniger als fünf Elternteile haben. So können die genetischen Eltern Sperma und Eizellen spenden, um diese Gaben im Reagenzglas vereinigen zu lassen. Der sich entwickelnde Embryo mag dann im Wege der Implantation eine Surrogatmutter erhalten, die das Kind austrägt und es nach der Geburt den Wunscheltern überläßt[2]. Bei der jüngeren Methode des Gametentransfers bringt der Arzt die gewonnenen Eizellen zusammen mit dem Sperma in die Gebärmutter. Eine Luftblase zwischen Ei und Samen verhindert eine Befruchtung schon in der Kanüle, so daß menschliches Leben äußerster Jugend nicht in die Hand des Arztes gelangt.

Die neuen Techniken stellen nicht nur Ei- und Samenzellen, sondern auch frühes menschliches Leben im Labor und für die Konservierung zu Gebote. Die Möglichkeit der Produktion genetisch völlig identischer oder generationenversetzter Individuen gewinnt Gestalt. Die artifizielle Reproduktion liefert menschliches Gewebe für durchaus vielversprechende Experimente und genetische Manipulationen, die Naturwissenschaft, Medizin und Industrie verlocken. Die Fortpflanzungsmedizin öffnet der Gentechnologie die Tore. Mit Grund gewannen die dadurch aufgeworfenen, tiefgreifenden Rechtsfragen ein verbreitetes fachli-

---

1 *P. Petersen,* Schwangerschaftsabbruch — unser Bewußtsein vom Tod im Leben, tiefenpsychologische und anthropologische Aspekte der Verarbeitung, 1986.

2 Worauf *D. Giesen* hinwies; von dessen wichtigen Arbeiten zum Thema seien genannt: Probleme künstlicher Befruchtungsmethoden beim Menschen, JZ 1985, 652-661; Rechtsprobleme künstlicher Befruchtungstechniken, in: Zur christlichen Berufsethik, Kirche im Gespräch (Bistum Essen), 4, 1986, 24 ff.

ches wie öffentliches Interesse[3]: „Neue Techniken neutralisieren alte moralische Einwände oder ermöglichen es, sie als irrationalen Widerstand abzutun. Die Verbesserung der menschlichen Art rückt in den Bereich des Machbaren und in die Nähe des Vertretbaren. Diese Perspektiven erhalten angesichts der rasanten Fortschritte der neuen Fortpflanzungstechniken und der Genetik eine bislang unbekannte gesellschaftliche Brisanz"[4].

Als fächerübergreifende Disziplin befaßt sich die Fortpflanzungsmedizin[5] mit der Physiologie und Pathologie menschlicher Reproduktion. Ein Arbeitsfeld hat zum Inhalt die Sorge um das ungewollt kinderlose Paar. Stellt sich die Medizin in den Dienst des Wunsches nach ausschließlich gesundem oder normgemäßem Nachwuchs, nach welchen Kriterien auch immer, so verhindert oder verwirft sie menschliches Leben, das bestimmten Merkmalen nicht genügt. Damit gewinnt die Fortpflanzungsmedizin eine kontraproduktive Funktion. Aus unterschiedlichen planerischen Gründen vermag der Gynäkologe Empfängnis und Geburt zu verhindern: vornehmlich durch sterilisierenden, also verstümmelnden Eingriff, durch hormonale Kontrazeption, durch nidationshemmende Mittel und durch Abbruch der Schwangerschaft. Die wissenschaftlichen Fortschritte auch auf diesem Gebiet werfen ihrerseits eine Fülle von Problemen auf. Dabei geht es wiederum hauptsächlich um den Schutz des ungeborenen Lebens sowie um die Fürsorge für minderjährige und behinderte Patientinnen.

2. „Wir können wissen, was wir dürfen", mit diesem Satz überschrieb Hermann Lübbe das Kapitel „Medizinethische Fälle" in seinem Buch „Der Lebenssinn der Industriegesellschaft"[6]. Ob die bisherige kontroverse Debatte um die Grenzen der Fortpflanzungsmedizin diese optimistische Auskunft bestätigt, erscheint eher zweifelhaft.

Bei den anstehenden Problemen geht es um das Sinnganze der menschlichen Existenz, vielfach um Leben und Tod. An ihnen erweisen sich die Grundkonsense wie die inneren Bruchlinien einer Gemeinschaft[7]. Das sozialethische Bewußtsein schwankt und verändert sich augenfällig, auch auf dem Feld des Lebensschutzes[8].

---

3 Zur Bibliographie etwa die Angaben von *A. Laufs*, NJW 1985, 1362; NJW 1986, 1515 ff.; NJW 1987, 1450 f.; NJW 1988, 1500 f.; NJW 1989, 1523 f.; NJW 1990, 1511 ff.

4 *P. Weingart, J. Kroll* u. *K. Bayertz*, Rasse, Blut und Gene. Eine Geschichte der Eugenik und Rassenhygiene in Deutschland, 1988, 15.

5 *G. Bellendorf* u. *M. Brechwoldt* (Hg.), Reproduktionsmedizin, 1989.

6 Über die moralische Verfassung der wissenschaftlich-technischen Zivilisation, 1990. — Vgl. dagegen *H. Thomas*, Ethik und Pluralismus finden keinen Reim. Die Ethikdiskussion um Reproduktionsmedizin, Embryonenforschung und Gentherapie, in: Scheidewege 20, 1990/91, 121 ff.

7 *C. Bruaire*, Medizin und Ethik. Von der ärztlichen Verantwortung zur moralischen Verpflichtung, 1982, 10.

8 *Th. Würtenberger*, Zeitgeist und Recht, 1987, 114 ff. Zum Zerfall des Rechtsbewußtseins *R. Wassermann*, Ist der Rechtsstaat noch zu retten? Zur Krise des Rechtsbewußtseins in unserer Zeit, 1985.

Ein tiefgreifender Wandel im Vollzug wie in der sozialethischen und rechtlichen Auffassung hat Sexualität, Ehe, Familie und Partnerschaft ergriffen.

Ein Blick auf die Bewandtnisse der Jugendlichen und deren Sexualverhalten macht die Entwicklung augenfällig. In den letzten hundert Jahren ist das durchschnittliche Menarchealter um etwa drei Jahre vorgerückt. Diese Tendenz hat sich seit den zwanziger Jahren verstärkt; die Beschleunigung beträgt derzeit etwa drei bis vier Monate in zehn Jahren. Trat früher die Geschlechtsreife mit oder nach dem Eintritt in das Berufsleben ein, so liegt heute dieser Zeitpunkt bereits etliche Jahre vor dem Beginn der Berufstätigkeit und vor der Heirat. Im Zeichen gewachsener Mobilität haben sich die Möglichkeiten sexueller Aktivität für Jugendliche beträchtlich vergrößert. In der Gleichaltrigengruppe gilt der frühe sexuelle Kontakt nicht nur als erlaubt, sondern als Norm, ja als soziales Muß. Es herrscht bei Teenagern eine weitgehende sexuelle Freizügigkeit, wobei sich in einer Zeit starken sozialen Wandels der Einfluß der Jüngeren auf die Älteren vergrößert[9].

Eine hohe Scheidungsquote zeigt die Zerbrechlichkeit der modernen Ehe. Die Wahrscheinlichkeit einer Ehescheidung hat sich seit den fünfziger Jahren mehr als verdoppelt. Von den jüngeren Ehen endet mindestens jede vierte mit einer Scheidung. In den Großstädten enden um vierzig Prozent der Ehen vor dem Scheidungsrichter; dies entspricht den gegenwärtigen Verhältnissen in den USA. Die Ursachen sind vielschichtig. „Scheidungen sind keine Absage an die Ehe, sondern eine Absage an die Aufrechterhaltung einer als unbefriedigend erlebten Bindung"[10]. Mehr denn früher erweist sich die heutige Familie vornehmlich als eine von Emotionen getragene und damit auch fragilere Gemeinschaft. Individuelle Glückserwartungen und Selbsterfüllungsvorsätze haben Bindungen und Pflichten zurücktreten lassen.

Die unterschiedlichsten Lebensstile bestehen nebeneinander. Umso notwendiger erscheint die den inneren Frieden und die Gemeinschaft gewährleistende Funktion des Rechts. Die in der Verfassung normierten Grundwertentscheidungen „bilden den gemeinsamen sozialethischen Nenner der pluralistischen Gesellschaft"[11]. Zu diesen Grundwerten gehören als herausragende die Menschenwürde, das Leben und das Recht auf die freie Entfaltung der Persönlichkeit[12]. Es gilt,

---

9 *I. Schmid-Tannwald* u. *A. Urdze*, Sexualität und Kontrazeption aus der Sicht der Jugendlichen und ihrer Eltern. Ergebnisse einer haushaltsrepräsentativen Erhebung in der Bundesrepublik Deutschland einschließlich West-Berlin, 1983 (Schriftenreihe des Bundesministers für Jugend, Familie und Gesundheit, Bd. 132). Vgl. ferner *N. Kluge* (Hg.), Jugendsexualität im Spannungsfeld individueller, interaktionaler und gesellschaftlicher Bedingungen, 1990.

10 *R. Köcher*, Ursachen und Konsequenzen der hohen Scheidungsquote, in dem hochinteressanten Sammelband von G. Seifert (Hg.), Ehestabilisierende Faktoren, 1990, 161-173 (162).

11 *J. Isensee*, NJW 1977, 545-551 (545).

12 Art. 1 und 2 GG.

die ihrem Schutz dienenden Gesetzesnormen auf die Sachverhalte der modernen Medizin anzuwenden. Die in den USA verfassungsrechtlich anerkannte, neuerdings auch in Deutschland vornehmlich durch Thilo Ramm postulierte [13] Freiheit, „whether to bear or beget a child“ kann nur im Rahmen der Schrankentrias des Art. 2 Abs. 1 GG gelten [14], sie darf also keinesfalls die Rechte anderer verletzen, noch gegen die verfassungsmäßige Ordnung oder das Sittengesetz verstoßen.

Indessen erscheinen altüberlieferte ärztliche Berufsregeln wie geltende Rechtsnormen teils unzulänglich angesichts der neuen Möglichkeiten und Herausforderungen, teils durch die wissenschaftlichen Errungenschaften und die Praxis der international machtvoll fortschreitenden Techniken bereits überwältigt. Inwieweit können die tradierten normativen Standards den wirtschaftlich und technisch neu eröffneten Handlungsmöglichkeiten noch gerecht werden? Hat die moderne Fortpflanzungsmedizin die herkömmlichen Grenzen des Heilberufs nicht längst gesprengt, verlangt sie nicht nach einem anderen Erklärungsmodell [15] ärztlichen Handelns, dem dann auch das Recht Raum zu geben hätte? Empfehlen sich nicht sachbezogene, den geänderten Bedürfnissen angepaßte Regelwerke? Hat die am Genpool orientierte Eugenik den Wert der selbstbestimmten und unveräußerlichen Individualität nicht bereits relativiert, indem sie nach eigenen Kriterien positiv das menschliche Erbgut zu verbessern, negativ schlechte Eigenschaften auszumerzen sucht, womit sie zugleich „ein herausragendes Beispiel für die inhärente Verschränkung von Wissen und Werten“ liefert [16]?

Die Selbstgewißheit und Dominanz der naturwissenschaftlichen Medizin spricht aus dem Kommentar zum jüngst ergangenen, für das arztrechtliche Urteil teils unbefriedigenden Embryonenschutzgesetz, den das Deutsche Ärzteblatt an bevorzugter Stelle publizierte unter der Überschrift: „Im Zeichen des Mißtrauens“ [17]. Den Kommentator stört der Einwand oppositioneller Stimmen, daß es bei der In-vitro-Fertilisation zu überzähligen befruchteten Eizellen komme. Verfolge man diesen Gedanken weiter, müsse dieses Verfahren der artifiziellen Reproduktion verboten werden — ein für deren Verfechter unfaßlicher Gedanke. Deutschland stehe, so heißt es unrichtig weiter, international allein da. Anderswo werde „schon heute unbedenklicher (!) als hierzulande mit und an Embryonen geforscht“. Das dürfte so bleiben, meint der Autor, denn wir sollten nicht annehmen, daß alle Welt unsere moralische Auffassung teile!

Unsere Rechtskultur prägt ein eigentümlicher Widerspruch, auf den Otfried Höffe aufmerksam macht [18]: Mehr und mehr bestimmt ein empirisches, überdies

---

[13] JZ 1989, 861 ff., 864 ff.

[14] *D. W. Belling*, Die Entscheidungskompetenz für ärztliche Eingriffe bei Minderjährigen, FuR 1990, 68-77 (73).

[15] Zum Paradigmawechsel *Th. S. Kuhn*, Die Struktur wissenschaftlicher Revolutionen, ^{2}1976.

[16] Wie Fn. 4, 16.

[17] DÄBl. 1990, 3373.

pragmatisches Denken unsere Rechtskultur. Dennoch bewahrt diese kategorische Prinzipien, wie sie uns in der Verbindlichkeit der Menschenrechte begegnen. Die kategorischen Prinzipien bilden ein Gegengewicht zum lediglich empirisch-pragmatischen Denken und zur Theorie radikaler und exklusiver Pluralität. Dieses Gegengewicht gilt es als rationale Position zu erhalten, nicht zuletzt im Streit um die Grenzen des Lebensschutzes. Einmütigkeit darüber besteht indessen nicht.

3. Die juristische Aufgabe besteht vordringlich darin, eine kritische Bestandsaufnahme des geltenden Arztrechts im Blick auf die Fortpflanzungsmedizin vorzunehmen. Es geht um die rechtlichen Handlungsanweisungen und Grenzen de lege lata. Dabei handelt es sich nicht allein und nicht zuerst um Inhalte und Reichweiten strafrechtlicher Normen, sondern auch und mehr noch solcher des Verfassungs-, des Gesundheits-, des Privat- und des Berufsrechts vornehmlich der Kammersatzungen.

Das Strafrecht markiert äußerste Grenzen, ohne dem Arzt erschöpfende Auskünfte über Dürfen und Sollen zu geben. Dafür sei das Beispiel der Sterilisation angeführt, die das geltende Strafrecht nach dem Urteil führender Kommentatoren unzulänglich regelt[19]. Der BGH vertritt — konstruktiv anfechtbar — die Ansicht, die freiwillige Sterilisation sei mangels eigener Strafdrohung schon gar nicht tatbestandsmäßig und daher auch nicht indikationsbedürftig. Diese Position hat sich in der Praxis so allgemein durchgesetzt, daß sich ein Strafverfolgungsrisiko trotz Widerspruchs in der Wissenschaft ausschließen läßt. Die Muster-Berufsordnung für die deutschen Ärzte hingegen bestimmt in ihrem § 6: „Sterilisationen sind aus medizinischen, genetischen oder sozialen Gründen zulässig“[20]. Die Berufsregel verlangt also eine Indikation, so problematisch der soziale Anlaß auch erscheinen mag. Danach bleibt dem Arzt nach dem Berufsrecht jedenfalls die Gefälligkeitssterilisation verwehrt, ohne daß dieses Verbot Gewicht kraft strafrechtlicher Sanktion besäße.

Ein anderes Beispiel: Das Strafrecht gewährt keinen Schutz gegen pränatale Diagnose- und Behandlungsfehler. Es klafft vielmehr eine bedenkliche Strafbarkeitslücke[21]. § 218 StGB bedroht allein die vorsätzliche Tötung der Leibesfrucht mit Strafe; auch gelten die Tötungs- und Körperverletzungstatbestände nach allgemeiner Ansicht nur zum Schutz des Menschen von seiner Geburt an. Anderes gilt im Privatrecht. Nach gesicherter höchstrichterlicher Spruchpraxis erlangt „das erst mit der Vollendung der Geburt rechtsfähige Kind gewissermaßen rück-

---

18 Kategorische Rechtsprinzipien. Ein Kontrapunkt der Moderne, 1990.

19 *A. Eser*, in: A. Schönke u. H. Schröder, StGB-Kommentar, [24]1991, § 223 Rdnr. 59 ff. — Lehrreich *W. Heidenreich* u. *G. Otto*, Sterilisation bei geistiger Behinderung. Mit Beiträgen v. *H. Franzki* u. *P. Petersen*, 1991.

20 DÄBl. 1988, 3601 f.

21 *W. Eberbach*, Pränatale Diagnostik — Fetaltherapie — selektive Abtreibung: Angriffe auf § 218a Abs. 2 Nr. 1 StGB (embryopathische Indikation), JR 1989, 265-273.

wirkend auch Schadensersatzansprüche, soweit eine vor diesem Zeitpunkt begangene unerlaubte Handlung seine körperliche Befindlichkeit beeinträchtigt“[22].

Die Pflichten des Arztes bestehen als eigenständige neben denen des Patienten. Zwar sieht sich der Arzt von Rechts wegen regelmäßig auf das Einverständnis seines Patienten oder seiner Patientin angewiesen; doch dispensiert diese Abhängigkeit vom informed consent des Kranken den Arzt keineswegs von den Ge- und Verboten seines Berufs.

Der Arzt soll und darf nur indizierte Eingriffe vornehmen, also allein solche medizinischen Akte, die der ärztliche Heilauftrag gebietet und umfaßt. Ein kürzlich ergangenes Urteil des LG Hanau verlangte vom Arzt mehr[23]. Es ging in dem entschiedenen Fall um einen Familienplanungs- oder Unterhaltsschaden, den die klagenden Eltern eines mongoloiden Kindes mit der Begründung geltend gemacht hatten, der beklagte Gynäkologe habe seiner damals einunddreißigjährigen Patientin, der späteren Mutter, trotz deren Nachfrage den Weg zur Fruchtwasseruntersuchung umfassend argumentativ nicht eröffnet mit der Folge der unerwünschten Geburt eines behinderten Kindes. Die Richter ließen es dahingestellt, „ob im Falle der Klägerin unter Berücksichtigung der von ihr mitgeteilten besonderen Umstände auch die medizinische Indikation für eine Fruchtwasseruntersuchung bestanden hat, mit der Folge, daß der Beklagte die Klägerin von sich aus über diese Diagnosemöglichkeit und deren Vor- und Nachteile hätte informieren müssen. Nachdem er von der Klägerin hierzu befragt worden war, hatte er diese Fragen nach dem Erfahrungs- und Wissensstand umfassend zu beantworten. Er hatte der Klägerin auf ihre Fragen diejenige Antwort zu geben, die sie in die Lage versetzen konnte, sich zu entscheiden, ob sie eine Fruchtwasseruntersuchung durchführen lassen sollte oder nicht“. Zur Aufklärung gehöre, so das Gericht weiter in wenig menschenfreundlichen Worten, „der unmißverständliche ärztliche Hinweis, daß die Geburt eines durch die Trisomie 21 geschädigten Kindes erfahrungsgemäß zu unerträglichen und furchtbaren Belastungen führen kann, vielfach verbunden mit der Notwendigkeit lebenslanger Pflege und Betreuung“. Danach also soll der Arzt kraft Vertrages Dienste schulden, die sein beruflicher Heilauftrag weder fordert noch enthält! Der Arzt hatte nämlich durchaus zutreffend die Indikation zur Fruchtwasseruntersuchung verneint, zumal die Gefahr eines vorzeitigen Fruchtwasserabgangs infolge des diagnostischen Eingriffs höher lag als die Wahrscheinlichkeit eines positiven Befundes.

4. Die Rechtsfragen der Fortpflanzungsmedizin verlangen thematisch umfassenden Bescheid ohne Wertungswidersprüche. Bei den verschiedenen Sachverhalten zeigen sich die nämlichen Grundprobleme; bei diversen medizinischen Konstellationen bestehen normative Zusammenhänge. So stellt sich etwa die Frage nach der Zulässigkeit des heterologen und des postmortalen Verfahrens

---

22 *W. Dunz*, MedR 1989, 139-143 (139).

23 7 O 229 / 89 v. 31.5.1990; dazu kritisch *T. Schroeder-Kurth*, MedR 1991, 128-131.

bei der In-vitro-Fertilisation wie bei der künstlichen Insemination. Die Gefahr eugenischer Tendenzen besteht bei der eingeführten Pränataldiagnostik wie bei den sich erst ankündigenden Methoden der Genomanalyse. Die gebotene Achtung vor dem frühen menschlichen Leben steht nicht erst der verbrauchenden Forschung mit Embryonen, sondern bereits manchem Verfahren der artifiziellen Reproduktion und den nidationshemmenden Mitteln für Schwangerschaftsabbrüche entgegen. Überhaupt stellt der Rechtsstatus des ungeborenen und des behinderten Menschen den Angelpunkt im Arztrecht der Fortpflanzungsmedizin dar, der vor dem Hintergrund einer den Lebensschutz im Namen der Lebensqualität zurücknehmenden Diskussion der rechtlichen Befestigung bedarf. Die Regelungen der Fortpflanzungsmedizin und Humangenetik[24] zeigen, daß die Grundfrage nach dem Lebensrecht der Leibesfrucht bisher international ungeklärt blieb. Von einem einheitlichen Rechtsstandard sind die Industriestaaten noch weit entfernt.

Die Aufgabe des Juristen besteht nicht darin, medizinischen Entwicklungen unabhängig von überkommenen Werten zu einer scheinbaren Legitimation zu verhelfen, sondern darin, die Lösungen ausgehend von dem Bestand an rechtlichen und ethischen Normen zu entwickeln[25]. Ein erstrebenswertes Ziel ist es, mit juristischen Mitteln die beiden folgenden kategorischen Sätze aus dem ebenso umfassenden wie gründlichen Bericht der Enquete-Kommission „Chancen und Risiken der Gentechnologie" des Deutschen Bundestages[26] zu bestätigen: „Ausgangspunkt aller Bewertungen muß sein, daß die Menschlichkeit des Menschen im Kern auf natürlichem Werden beruht, nicht auf technischem Herstellen und nicht auf einem sozialen Akt der Anerkennung. Die Würde des Menschen gründet wesentlich in der Geburtlichkeit und der Naturwüchsigkeit seines Ursprungs, die er mit allen anderen Menschen teilt".

Der Jurist, der neue medizinische Verfahren auf ihre rechtliche Zulässigkeit prüft und damit letztlich auf ihre mitmenschliche Verträglichkeit, auch — nach alter Klugheitsregel — durch Bedachtnahme auf die Folgen und das Ende, wird sich durch beschönigende Terminologien nicht den Blick auf die Doppelgesichtigkeit mancher Sachverhalte trüben lassen, in denen es um nichts weniger als Todesurteile geht. So umschreibt das Wort „therapeutischer Abort" die Beseitigung des Trägers einer Krankheit, wenn diese sich nicht beheben läßt. Hinter dem Terminus „mütterliche Indikation" kann sich das Urteil über den Wert eines ungeborenen Lebens verbergen. Verdrängt das die Perspektive der Mutter be-

---

24 Vgl. die internationale Dokumentation gesetzlicher und berufsständischer Rechtsquellen, hg. v. *A. Eser, H.-G. Koch* u. *Th. Wiesenbart,* 2 Bde., 1990. Siehe ferner *J. Stepan,* International Survey of Laws on Assisted Procreation, 1990, außerdem *Bundesminister für Forschung und Technologie* (Hg.), Die Erforschung des menschlichen Genoms. Ethische und soziale Aspekte, 1991.

25 *D. Giesen,* Moderne Fortpflanzungstechniken im Lichte des deutschen Familienrechts, in: Festschr. f. Hegnauer, 1986, 55 ff., 57.

26 BT-Drucksache 10/6775 v. 6.1.1987, auch als Buch erschienen.

zeichnende Wort Schwangerschaftsabbruch das Wort Abtreibung, so gerät das Opfer dieses Eingriffs aus dem Blick. Die „Reduktion der Mehrlingsschwangerschaft" soll die Folgen medizinischer Kunstfertigkeit korrigieren — in Wahrheit durch Tötung, so wie auch die „verbrauchende Forschung" und die Inkaufnahme „überzähliger Embryonen" Todesopfer fordern. Das Bemühen um die Definition einer „präembryonalen Phase" der menschlichen Keimesentwicklung verfolgt den Zweck, der Wissenschaft Raum zu schaffen durch Verkürzung des Lebensschutzes[27]. Das schillernde, neuerdings auch in den Designs klinischer Studien erscheinende Postulat „Lebensqualität"[28] läuft nicht selten auf wenig mehr hinaus als auf ein Recht des Stärkeren. Der Begriff hat Sinn, so lange er an leicht zu übersehende psychosoziale Folgen etwa diagnostischer Eingriffe (wie Schmerz) und von Informationen (wie Angst) erinnert. Der Begriff sucht — wohlverstanden — die Identifikation mit den Kranken und ihrer je subjektiven Wirklichkeit. In diesem Sinne bleibt er unentbehrlich gegen die einseitige Fixierung der Chirurgie und der Onkologie auf Letalität, Überlebenszeit, somatische Remissionen und Therapiekomplikationen. Auf Abwege gerät indessen, wer den Begriff mit dem Wert menschlichen Lebens oder mit dessen Gelingen oder mit uneingeschränktem Wohlbefinden identifiziert.

5. Der technologische Wettbewerb findet über staatliche Grenzen hinweg statt, und so geraten auch die nationalen Rechte in seinen Sog. Juristen sehen sich versucht, den Fortschritten die Wege rechtlich zu ebnen, um die Konkurrenzfähigkeit ihres Landes zu gewährleisten. Darüber können die notwendigen rechtlichen Grenzen in Gefahr geraten. Ein von Konkurrenz-Zwängen bestimmtes technologisches und juristisches Wettrennen schadete dem gebotenen verantwortlichen Umgang mit den tiefgreifenden ethischen wie rechtlichen Fragen und der erforderlichen weltumspannenden Verständigung über die Grundprinzipien und die Reichweite der Menschenrechte. Die Betonung der „internationalen Herausforderung", der „Förderung der europäischen biotechnologischen Industrie" und der „Steigerung der Konkurrenzfähigkeit der europäischen Wirtschaft" sei in diesem Zusammenhang unangebracht, so erklärte mit Grund das Mitglied des Europäischen Parlaments Benedikt Härlin in seiner Begründung zu dem Bericht des Ausschusses für Energie, Forschung und Technologie des Europäischen Parlaments über die Analyse des menschlichen Genoms[29]: „Wenn es überhaupt globale Aufgaben und Herausforderungen gibt, die moralisch, sicherheitspolitisch und finanziell zu internationaler Kooperation unter Verzicht auf Konkurrenz- und Verwertungsgesichtspunkte zwingen, dann gehört hierzu die Erforschung der

---

27 Aufschlußreich *H. D. Schlosser* u. *M. Grabka*, Medizin und Sprache im Technischen Wandel. In-Vitro-Fertilisation zwischen Zeugungshilfe und Reproduktionstechnik, 1990.

28 Instruktiv *H. Raspe*, EthikMed 1990, 1 ff.; ferner *P. Schölmerich* u. *G. Thews* (Hg.), „Lebensqualität" als Bewertungskriterium in der Medizin, 1991.

29 In dem maßvoll-zurückhaltenden Sammelband von *D. Beckmann, K. Istel, M. Leipoldt* u. *H. Reichert* (Hg.), Humangenetik — Segen für die Menschheit oder unkalkulierbares Risiko?, 1991, 305 ff., 323.

genetischen Grundlagen des Menschen". Der Jurist hat auch die Option des „Begreifens ohne einzugreifen" zu erkennen.

6. Der Arzt hat bei Diagnose, Therapie und Forschung die Würde des Patienten und Probanden zu achten. Nach dem Gelöbnis der Berufsordnung stellt der Arzt sein Leben „in den Dienst der Menschlichkeit". „Der Arzt", so postuliert § 1 der Berufsordnung nach dem Vorbild des Genfer Arztgelöbnisses noch einmal, „übt seinen Beruf nach den Geboten der Menschlichkeit aus". Bei der ärztlichen Tätigkeit stehen höchste Güter des Menschen auf dem Spiel. Dem abwägenden Urteil und der schützenden Hand des Arztes sind das Leben, Körper und Psyche, Autonomie und Privatsphäre anvertraut. Der Arzt kann seiner bewahrenden Aufgabe nur genügen, wenn er den Geboten der Humanität verpflichtet bleibt. „Die Achtung vor der personalen Würde und den personalen Rechten des Kranken"[30] gehört seit alters zu den vornehmsten Berufspflichten des Arztes. Das ärztliche Handeln „steht auf zwei Säulen: einerseits der naturwissenschaftlichen Erkenntnis und dem technischen Können, andererseits auf dem Ethos der Humanität. Der Arzt vergißt nie die Würde des selbstentscheidenden Kranken und den unersetzlichen Wert jedes einzelnen Menschen"[31]. Je wirkungsmächtiger die medizinische Technik, desto gewichtiger erscheint dieser Imperativ.

Die Menschenwürde hat ein tiefes philosophisches Fundament[32]. Die praktische Philosophie Immanuel Kants hat die Rechtslehre und auch die verfassungsrechtliche Spruchpraxis im Zeichen des Grundgesetzes wesentlich geprägt[33]. Für Kant besteht die Würde des Menschen in dessen Fähigkeit zu sittlicher Selbstbestimmung. Der Mensch darf darum von niemandem, auch nicht von sich selbst, bloß als Mittel gebraucht werden. „Der Mensch, und überhaupt jedes vernünftige Wesen, existiert als Zweck an sich selbst, nicht bloß als Mittel zum beliebigen Gebrauche für diesen oder jenen Willen, sondern muß in allem seinen, sowohl auf sich selbst als auch auf andere vernünftige Wesen gerichteten Handlungen jederzeit zugleich als Zweck betrachtet werden. ... Der praktische Imperativ wird also folgender sein: Handle so, daß du die Menschheit, sowohl in deiner Person als in der Person eines jeden andern, jederzeit zugleich als Zweck, niemals bloß als Mittel brauchest"[34].

Für das christliche Denken[35] steht im Vordergrund die Gottesebenbildlichkeit des Menschen, die dessen sittliche Autonomie ihrerseits einschließt. Die Heraus-

---

30 *A. Lukowsky*, Philosophie des Arzttums, 1966, 49.

31 *K. Jaspers*, Die Idee des Arztes, in: Der Arzt im technischen Zeitalter, Ausgabe 1986.

32 Die Literatur läßt sich kaum mehr überblicken; vgl. zuletzt etwa *A. F. Utz*, Das Grundrecht auf Achtung der Personwürde. Philosophische Reflexionen, Gesellschaftspolitische Kommentare 1990, 255 - 260, mit weiteren Nachweisen.

33 *W. Graf Vitzthum*, Die Menschenwürde als Verfassungsbegriff, JZ 1985, 201 - 209.

34 *Immanuel Kant*, Grundlegung zur Metaphysik der Sitten, hg. von Wilhelm Weischedel, Werkausgabe Bd. VII, 1968 (EA 1785), S. 59 f., 61.

gehobenheit des Menschen aus der Natur, die Unersetzlichkeit jedes einzelnen und die uneingeschränkt für jedermann geltende göttliche Berufung machen wesentliche Inhalte christlich verstandener Menschenwürde aus.

Die Unantastbarkeit der Würde des Menschen[36] als höchster Rechtswert bildet den Mittelpunkt des Wertsystems der Verfassung[37]. Die Würde des Menschen ist nach dem Grundgesetz weder verwirkbar noch verfügbar[38]. Sie gebietet die Anerkennung des Menschen als selbstverantwortliche Persönlichkeit mit Eigenwert[39]. Wo menschliches Leben existiert, kommt ihm Menschenwürde zu[40]. Der Schutz gilt jedem Menschen, unabhängig von Alter, Konstitution oder Einsichtsfähigkeit. Auch das ungeborene Leben, der Nasciturus, genießt diesen Schutz[41], der selbst über den Tod hinaus wirkt und die Würde des Verstorbenen[42] mit umfaßt. Auch schwer mißgebildete Menschen sind rechtsfähig und in ihrer Würde geschützt[43].

Der Inhalt dessen, was den unbestimmten Rechtsbegriff der Menschenwürde ausmacht, läßt sich eher negativ, vom Verletzungsvorgang her bestimmen[44]. „Wir brauchen die Bedrohung des Menschenbildes — und durchaus spezifische Arten der Bedrohung —, um uns im Erschrecken davor eines wahren Menschenbildes zu versichern"[45].

Ernst Benda, der Vorsitzende der ministeriell bestellten Arbeitsgruppe „In-vitro-Fertilisation, Genomanalyse und Gentherapie"[46], vertritt im Blick auf die Gentechnologie die Ansicht, die neue Gefährdungsdimension lasse sich nur durch Artikel 1 GG wirklich erfassen. Das Bild des Menschen, wie es der Verfassung zugrunde liege, sei der wesentliche Bezugspunkt unserer verfassungsrechtlichen

---

35 Vgl. im Zusammenhang mit der in dieser Schrift erörterten Thematik insbesondere die gemeinsame Erklärung des *Rates der Evangelischen Kirche in Deutschland* und der *Deutschen Bischofskonferenz* in Verbindung mit den übrigen Mitglieds- und Gastkirchen der *Arbeitsgemeinschaft christlicher Kirchen in der Bundesrepublik Deutschland und Berlin (West):* Gott ist ein Freund des Lebens. Herausforderungen und Aufgaben beim Schutz des Lebens, ^{3}1990, 39 ff. Vgl. ferner *M. Sailer*, Medizin in christlicher Verantwortung. Sittliche Orientierungen in päpstlichen Verlautbarungen und Konzilsdokumenten, 1982, 43 ff.

36 Art. 1 Abs. 1 S. 1 GG.

37 BVerfGE 6, 41; 12, 53; 27, 6; 35, 225; 45, 227.

38 BVerfGE 45, 229.

39 BVerfGE 45, 228.

40 BVerfGE 39, 41.

41 BVerfGE 39, 42.

42 BVerfGE 30, 194.

43 *G. Dürig*, in: Th. Maunz, G. Dürig u. a., Grundgesetz-Kommentar, Art. 1 Abs. 1 Rdnr. 25 (1958); *E. Wolf* u. *H. Naujoks*, Anfang und Ende der Rechtsfähigkeit des Menschen, 1955, 88.

44 *G. Dürig*, wie Fn. 43, Rdnr. 28.

45 *H. Jonas*, Das Prinzip Verantwortung, 1984, 63.

46 Bericht hg. v. *Bundesminister f. Forschung u. Technologie* 1985 = Gentechnologie, Chancen u. Risiken, Bd. 6.

Ordnung. Werde es verändert, hülfen die einzelnen Grundrechte nichts mehr[47]. Bedrohlich erscheinen noch zahlreiche weitere medizinische Möglichkeiten auf dem Felde der artifiziellen Reproduktion und der Humanexperimente, die ihrerseits das überlieferte Menschenbild bedrohen und sich an Art. 1 GG messen lassen müssen.

Wer so verfährt, muß erkennen, daß er der Disposition des volksgewählten Parlaments entzieht, was er als Inhalt der Menschenwürde feststellt, worüber am Ende das BVerfG entscheidet. Er darf nicht der Gefahr erliegen, durch unmittelbaren Zugriff auf Artikel 1 die einzelgesetzlichen Regeln zu übergehen und die Grundnorm der Verfassung zu überfordern und dadurch abzuwerten[48].

Nach der Dürigschen Formel ist die Menschenwürde getroffen, „wenn der konkrete Mensch zum Objekt, zu einem bloßen Mittel, zur vertretbaren Größe herabgewürdigt wird“[49]. Der Zweite Senat des BVerfG hat in seinem Urteil zum Abhörstreit erklärt, es hänge „alles von der Festlegung ab, unter welchen Umständen die Menschenwürde verletzt sein kann. Offenbar“, so der Senat, „läßt sich das nicht generell sagen, sondern immer nur in Ansehung des konkreten Falles. Allgemeine Formeln wie die, der Mensch dürfe nicht zum bloßen Objekt der Staatsgewalt herabgewürdigt werden, können lediglich die Richtung andeuten, in der Fälle der Verletzung der Menschenwürde gefunden werden können“[50]. Der Mensch sei „nicht selten bloßes Objekt nicht nur der Verhältnisse und der gesellschaftlichen Entwicklung, sondern auch des Rechts, insofern er ohne Rücksicht auf seine Interessen sich fügen“ müsse. Eine Verletzung der Menschenwürde könne darin allein nicht gefunden werden. Hinzukommen müsse, daß er einer Behandlung ausgesetzt werde, oder daß in der Behandlung im konkreten Fall eine willkürliche Mißachtung der Würde des Menschen liege.

Dem Votum der drei abweichenden Richter genügte dies nicht[51]. Alle Staatsgewalt habe den Menschen in seinem Eigenwert, seiner Eigenständigkeit zu achten und zu schützen. Er dürfe nicht unpersönlich, nicht wie ein Gegenstand behandelt werden, auch wenn es nicht aus Mißachtung des Personenwertes, sondern in guter Absicht geschehe. Der Erste Senat habe dies dahin formuliert, es widerspreche der menschlichen Würde, den Menschen zum bloßen Objekt staatlichen Handelns zu machen und kurzerhand von Obrigkeits wegen über ihn zu verfügen. Damit werde keineswegs lediglich die Richtung angedeutet, in der sich Fälle der Würdeverletzung finden ließen. Es sei vielmehr ein in Art. 1 Abs. 1 GG wurzelnder Grundsatz, der unmittelbare Maßstäbe setze.

---

47 *E. Benda*, Gentechnologie und Recht — die rechtsethische Sicht, in: Gesellschaft f. Rechtspolitik Trier (Hg.), Bitburger Gespräche, Jahrb. 1986 / 1, 17 ff., 27.

48 *W. Graf Vitzthum*, ZRP 1987, 33-37.

49 Wie Fn. 43, Rdnr. 28.

50 BVerfGE 30, 25 f.

51 BVerfGE 30, 40 (Richter *Geller, v. Schlabrendorff, Rupp)*. Vgl. dazu auch *G. Dürigs* Plädoyer in: Festgabe f. Th. Maunz, 1971, 41 ff.

II. Die Gynäkologie — ein gefährlicher Beruf

1. Während der jüngsten Jahrzehnte wurde der ärztliche Dienst nicht nur zu einem Brennpunkt der öffentlichen Diskussion, sondern auch zu einem gewichtigen Gegenstand der forensischen Praxis. Die Einstandspflicht des Arztes entwikkelte sich zu einem umfangreichen und selbständigen Rechtsgebiet[1]. Der Rechtsstaat durchdringt und kontrolliert auch die Medizin. Mit deren hilfreichen Fortschritten gehen erhebliche Gefahren einher im Gefolge aggressiverer und damit auch risikoreicherer Methoden. Viele Patienten erwarten wissenschaftsgläubig oft mehr, als die Medizin zu leisten vermag, und zeigen sich nicht dazu bereit, eine Unbill als schicksalhaft hinzunehmen. Die Medizin selbst hat Verfahren hervorgebracht, die es erlauben, Diagnostik und Therapie zu prüfen und Fehler aufzudecken — nicht nur im Interesse der Qualitätskontrolle in den Krankenhäusern und Praxen, sondern auch im Dienste des sein Recht immer ungehemmter und selbstbewußter verfolgenden Patienten.

Gewiß haben sich die Spezialkammern und -senate der Gerichte inzwischen ein hohes Maß an Fachkenntnissen erworben und damit auch Verständnis für die Schwierigkeiten des ärztlichen Entscheidens; doch die Konjunktur der Schadensprozesse und — in deutlich geringerem Umfang — der Strafverfahren gegen Ärzte zeigt sich ungebrochen. Im Vordergrund stehen dabei Vorwürfe gegen Ärzte dreier Fächer: gegen Anästhesisten, Chirurgen und Gynäkologen. Vornehmlich auf dem Gebiet der Geburtshilfe bewegen sich letztere auf einem außerordentlich haftungsträchtigen Feld[2]. Die Vielzahl der Beschwerden reicht von der verspäteten Vornahme der Schnittentbindung über Unzulänglichkeiten der CTG-Interpretation und Mängel der Vakuum- oder Zangenextraktion bis zu Verstößen gegen die Pflicht zur Information über die Geburtsmethoden und ihre spezifischen Risiken.

2. Der Geburtsmediziner bleibt immer für das Wohl zweier Menschen verantwortlich, für die Gesundheit der Mutter wie des Kindes. Sobald der Arzt die Behandlung der Schwangeren übernimmt, besteht eine berufsrechtlich[3] begründe-

---

[1] *H. Franzki*, Arzthaftung in ihrer gesellschaftspolitischen Bedeutung, Versicherungsmedizin 1990, 1-6.

[2] *K. Ulsenheimer, U. Schlüter, M. H. Böcker* u. *M. Bayer*, Rechtliche Probleme in Geburtshilfe und Gynäkologie. Eine Fallsammlung zu den Themen Haftung, Behandlungsfehler und Schweigepflicht, 1990. Vgl. auch *H. Kremling, C. Goecke* u. *G. Solbach*, Forensische Gynäkologie, 1991.

[3] Vgl. das Gelöbnis u. § 5 der Berufsordnung für die deutschen Ärzte, DÄBl. 1988, 3601. — Vgl. auch BGHZ 106, 153 = MedR 1989, 139 (vertragswidrig unterlassene Schnittentbindung). Nach dem Urteil ist der Wille der Mutter im Interesse des Kindes

te Garantenpflicht auch zugunsten des ungeborenen Kindes. Dieser Zusammenhang kann in Konflikte führen, die sich auf keinem anderen Feld der Medizin finden. „Sie sind nicht selten unlösbar. Besonders dramatisch kann die Konfliktsituation sich entwickeln, wenn sich die Mutter ihrer Garantenstellung für das Kind nicht bewußt ist und dringliche Maßnahmen verweigert oder operative Eingriffe fordert. Es gilt heute immer öfter — nicht nur im Bereich der pränatalen Diagnostik[4] und ihren Folgerungen — auch in der Geburtsmedizin, den Föt vor dem Anspruchsdenken (Selbstbestimmungsrecht) der Mutter zu schützen. In den letzten zwanzig Jahren haben wir alle, nicht zuletzt unter dem Einfluß der WHO-Definition von Gesundheit[5], eine drohende Verschiebung der Priorität von der salus aegroti zur voluntas aegroti erfahren"[6].

Die Patientenautonomie hat ihr Fundament im Grundgesetz. Grundlegende Verfassungsprinzipien verbürgen das Selbstbestimmungsrecht auch über die leib-lich-seelische Integrität[7]. In der Konjunktur der Haftpflichtprozesse gewann über den Auffangtatbestand der Aufklärungspflichtverletzung der freie Willensentschluß des zuvor durch den Arzt voll informierten Patienten einen hohen Rang[8]. Durch Widerspruch[9] nicht beirrt, hat die ausgreifende Aufklärungsjudikatur bei nicht wenigen kritischen Beobachtern den Anschein erzeugt, es gelte nicht mehr der altehrwürdige Satz „salus aegroti suprema lex", sondern das Postulat „voluntas aegroti suprema lex". Dabei hat Rudolf Wiethölter schon früh und eindrucksvoll die Unverzichtbarkeit und Verschränktheit der beiden Ziele vor Augen gestellt: „Salus ex voluntate, voluntas pro salute, salus et voluntas!"[10].

Über der Einwilligung des aufgeklärten Patienten in den medizinischen Eingriff, über der Patientenautonomie darf ein anderes Element ärztlicher Legitima-

---

auch insoweit zu respektieren, als diese um ihres Kindes willen ein erhöhtes persönliches Risiko auf sich nahm.

4 Dazu jüngst *T. M. Schroeder-Kurth*, Ärztliche Indikation und Selbstbestimmung bei der vorgeburtlichen Chromosomendiagnostik, MedR 1991, 128 - 131; *S. Cramer*, Genom- und Genanalyse. Rechtliche Implikationen einer „prädiktiven" Medizin, 1991.

5 Die *WHO* begreift in der Präambel ihrer Satzung Gesundheit als Zustand des vollständigen körperlichen, geistigen und sozialen Wohlbefindens und nicht nur als Freisein von Krankheit. Vgl. *D. v. Engelhardt* u. *O. Seewald*, in: A. Eser, M. v. Lutterotti u. P. Sporken (Hg.), Lexikon Medizin, Ethik, Recht, 1989, Sp. 645 - 659 (651).

6 *H. Hepp*, Zur Position des Gynäkologen im Wandel der Schwangerschafts- und Geburtsmedizin, in: H. A. Krone (Hg.), Bamberger Symposion, 1990, 64 - 73 (69).

7 *A. Laufs*, Arztrecht und Grundgesetz, in: R. Mußgnug (Hg.), Rechtsentwicklung unter dem Grundgesetz. Ringvorlesung der Juristischen Fakultät der Ruprecht-Karls-Universität Heidelberg, 1990, 145 - 163 (154 f.).

8 Zahlreiche Belege finden sich in den alljährlichen arztrechtlichen Berichtsaufsätzen von *A. Laufs*, jeweils Heft 24 der NJW 1977 bis 1991.

9 Vgl. etwa *A. P. F. Ehlers*, Die ärztliche Aufklärung vor medizinischen Eingriffen, Bestandsaufnahme und Kritik, 1987; *K. Lange*, Die Klinik. Was Patienten nicht wissen, 1987, 68 ff.

10 Arzt und Patient als Rechtsgenossen, in: Stiftung zur Förderung der wissenschaftlichen Forschung über Wesen und Bedeutung der freien Berufe (Hg.), Die Aufklärungspflicht des Arztes, 1962, 71 - 111 (111).

tion nicht zu kurz kommen: die Indikation, die Gebotenheit der diagnostischen oder therapeutischen Maßnahme durch den Heilauftrag[11]. Das gilt insbesondere dort, wo ein Destinatär ärztlicher Fürsorge sich nicht zu Wort melden kann. Das ungeborene Leben darf nicht zur Disposition Erwachsener stehen, die ihre Interessen als unmittelbare und autonome Vertragspartner des Arztes zur Geltung bringen können. „In einer Klinik mit einem hohen Anteil von Hoch-Risiko-Patienten ist der Arzt fast täglich auf diese Weise herausgefordert. Die progressive Verteidigung medizinischer Erkenntnisse und das auf das Wohlergehen von Mutter und Kind ausgerichtete ärztliche Wissen gegenüber einem das Kind bedrohenden Mißbrauch des Selbstbestimmungsrechts (Gefälligkeitsgeburtshilfe) ist geboten“[12]. Auch der Frauenarzt hat, selbst bei zunehmender Berufskonkurrenz, seine Unabhängigkeit zu wahren. Er darf nicht zum bloßen Vollstrecker der Selbstbestimmung seiner Patientin oder der Eltern ungeborener Kinder werden. Stets trifft ihn vielmehr die Pflicht, den Inhalt und die Grenzen des ärztlichen Heilauftrags zu beachten. Eine medizinisch wie juristisch legitimierte Entscheidung setzt immer das verantwortliche Miteinander von Arzt und Patientin voraus.

3. Auch in der Gynäkologie drücken die technischen Fortschritte und die medizinische Machbarkeit auf die überlieferten berufsethischen Grenzen. Die Rolle des Gynäkologen hat sich grundlegend geändert, wie die Geburtshilfe zeigt. An die Stelle der Haus- trat die Klinikgeburt, bei der die Ärzte weniger auf die Kräfte der Natur vertrauen und abwarten, als vielmehr aktiv diagnostizieren und eingreifen. Der Preis liegt in einer weitgehenden Medikalisierung und Technisierung. „Die Schwangeren haben wir zu Patienten werden lassen“, so berichtet ein Gynäkologe[13], „unsere Kreißsäle wurden mit apparativem und personellem Aufwand zu Intensivüberwachungseinheiten. Die moderne Geburtshilfe unter Einschluß des Pädiaters führte zu einem Hochleistungssystem, das kompliziert und kostenintensiv ist“.

Dieses System einer überaus effektiven und invasiven Geburtshilfe mit den durch die technischen Fortschritte gleichfalls gesteigerten Erwartungen der Patientinnen bildete den Hintergrund, vor dem erst die artifizielle Reproduktion sich als gynäkologische Methode ausbilden und durchsetzen konnte. Das Machenkönnen auf Seiten der Ärzte wie das Habenwollen der Patientinnen ließen aus der angeborenen oder erworbenen Unfruchtbarkeit des Mannes oder der Frau, ließen aus dem Leiden an einem Funktionsmangel ohne weiteres eine therapierbare Krankheit werden. „Nun können Menschen unter vielen Zuständen leiden, die ihre Wunschvorstellungen von Selbstverwirklichung einschränken und deren

[11] *A. Laufs*, Der ärztliche Heilauftrag aus juristischer Sicht, 1989. Vgl. ferner *A. Laufs*, Arzt und Recht im Wandel der Zeit, MedR 1986, 163-170.

[12] *H. Hepp*, wie Note 6, 69.

[13] *L. Beck*, Geburt und Geburtshilfe. Geschichtliche Entwicklung, wissenschaftliche Schwerpunkte, aktuelle Probleme, in: Jahres- und Tagungsbericht der Görres-Gesellschaft 1990, 26-41.

Ursachen als Leiderfahrung gar nicht nur im Menschen selbst liegen, sondern auch in der allgemeinen Bewertung dieses Zustands ... Was aber aus diesem unermeßlich weiten Leidensreservoir soll Gegenstand medizinischer Therapie und Forschung sein — und mit welchem Grund?“ [14].

Die Frage verlangt um so mehr eine begründete Antwort, als die medizinisch bewerkstelligte menschliche Fortpflanzung wie jede neue Methode Gefahren mit sich bringt und auch — bei unsicherem Ausgang — erhebliche Opfer fordert. Die Suggestivkraft verheißungsvoller Möglichkeiten schwächt die Bedachtnahme auf mögliche Schadensfolgen. Außerdem fehlen vielfach noch die Kriterien für prognostische Aussagen, ähnlich wie auf dem Feld der Neonatologie, in der Neugeborenenmedizin [15].

Je mehr Möglichkeiten die Hochleistungsmedizin gewinnt, desto mehr Umsicht und Sorgfalt verlangt sie dem Arzt ab, und jede technische Errungenschaft weckt neue Hoffnungen und Bedürfnisse bei Patienten — ein circulus vitiosus gerade auch in der Gynäkologie. Bei allem Fortschreiten bleibt zu bedenken, daß manches Leid und manche Behinderung als Teil des menschlichen Lebens angenommen werden müssen. „Es ist in der Tat nicht möglich, ein Bild des Menschen zu entwerfen oder gar zu verwirklichen, das die Endlichkeit, Begrenztheit und Unvollkommenheit aufhebt zugunsten von Unendlichkeit, Unbegrenztheit, Vollkommenheit, denn dies wäre ein Konzept für einen Gott, nicht für Menschen“ [16].

4. Den Arzt legitimiert Fachkompetenz. Er hat die einschlägigen wissenschaftlichen Daten, Fakten und Theorien zu kennen und zu beherrschen. Der ärztliche Befund erfordert weiter Urteilskraft, die das Allgemeine und das Besondere in ein sachgerechtes Verhältnis zu bringen versteht. Nicht zuletzt hat der Arzt der unverwechselbaren Individualität jedes Falles und der konkreten Bedürftigkeit seiner Patienten zu genügen. „Hier handelt es sich um die Bereitschaft, eine bestimmte Gesinnung auszubilden und walten zu lassen. Verlangt ist das persönliche Interesse des Arztes an der Subjektivität des Kranken und die Offenheit dafür, daß die individuellen Bedürfnisse zur Geltung gebracht werden. Es gehört also zu dieser Bereitschaft, gegebenenfalls eigene Wertvorstellungen im Blick auf die des Patienten zurückzustellen oder zu korrigieren“ [17]. Doch hier beginnen

---

[14] *H. Piechowiak*, Extrakorporale Befruchtung und Embryotransfer: ein medizinisch-ethisches Thema?, Wiener klinische Wochenschr. 1984, 271 - 276 (272).

[15] *H. Hepp*, wie Note 6, 70. In der Perinatalmedizin („um die Geburt herum“) zum Wohle von Kind und Mutter wirken Geburts- und Neugeborenen-Heilkunde zusammen; vgl. den instruktiven Beitrag von *V. v. Loewenich*, Ethische Fragen in der Perinatal-Medizin aus neonatologischer Sicht, in: R. Hegselmann u. R. Merkel (Hg.), Zur Debatte über Euthanasie, 1991. Vgl. ferner *H.-D. Hiersche*, MedR 1990, 309 - 313.

[16] *E.-H. Amberg*, Genetik und Menschenbild — Bemerkungen aus christlicher Sicht, in: A. M. Wobus u. U. Wobus (Hg.), Genetik, zwischen Furcht und Hoffnung, 1991, 103 - 108 (108).

[17] *D. Rössler*, Fürsorge und Unschädlichkeit, in: W. Pöldinger u. W. Wagner (Hg.), Ethik in der Psychiatrie. Wertebegründung — Wertedurchsetzung, 1991, 72 - 80 (79).

die Schwierigkeiten und Fährnisse gerade des Gynäkologen, den vielfach Ansinnen erreichen, die im Licht der ärztlichen Berufsregel, des Rechts und der Sexualmoral[18] als problematisch oder gar verwerflich erscheinen. Wohl kein anderes medizinisches Fach sieht sich durch den Wertewandel der Postmoderne so stark berührt und in Mitleidenschaft gezogen wie die Gynäkologie.

Dissense in den Grundfragen der Sexualmoral und des Lebensschutzes spalten den Berufsstand der Gynäkologen. Das Recht hat viel von seiner einheitstiftenden Kraft eingebüßt. Denn die rechtspolitischen Kontroversen relativieren es. Auch ergibt der internationale Rechtsvergleich die unterschiedlichsten Antworten. Selbst die der Europäischen Menschenrechtskonvention gleichermaßen verpflichteten Staaten Deutschland, Großbritannien und Österreich verfolgen unterschiedliche Konzeptionen im Hinblick auf die großen Themen der Menschenwürde, der Fortpflanzungsfreiheit und des Kindeswohls[19].

Von einem Ius commune für die Fortpflanzungsmedizin scheint Europa noch weit entfernt. Während das deutsche Recht die verbrauchende Forschung am Embryo in vitro unter Strafe stellt, selbst dann, wenn der Keimling dem gynäkologischen Plan zuwider übrig blieb, steht es dem britischen Wissenschaftler frei, Menschenleben zum Zwecke des Erkenntnisgewinns zu erzeugen und als Labormaterial einzusetzen. Der britische Gesetzgeber folgte mit seinem Human Fertilization and Embryology Act 1990[20] in entscheidenden Punkten dem Warnock-Report[21] im Sinne einer ausgeprägten „procreative autonomy". Auch beim Schwangerschaftsabbruch haben sich die Gesetzgeber in verwandten Rechtskulturen durchaus gegensätzlich entschieden[22]. Das Recht der Republik Irland verbietet den Abbruch der Schwangerschaft sogar dann, wenn das Leben der Mutter gefährdet erscheint. Das Recht der Niederlande hingegen erlaubt die Abtreibung bis zur Lebensfähigkeit der Frucht und folgt damit nordamerikanischen Ansichten. In Deutschland sehen sich die Verteidiger des Lebensrechts ungeborener Menschen nach der staatlichen Wiedervereinigung durch die Verfechter der verfassungswidrigen Fristenlösung herausgefordert[23]. Noch scheint der Ausgang des Streites offen.

---

18 Instruktiv der Rezensionsaufsatz von *H. Müller* „Christentum und Sexualität" in: Hist. Jb. 111, 1991, 178-186 (zu drei Neuerscheinungen).

19 *E. Bernat*, Fortpflanzungsmedizin und Recht. Bemerkungen zum Stand der Gesetzgebung in Österreich, Deutschland und Großbritannien, MedR 1991, 308-315; *ders.* (Hg.), Fortpflanzungsmedizin. Wertung und Gesetzgebung. Beiträge zum Entwurf eines Fortpflanzungshilfegesetzes, 1991.

20 Vgl. *E. Bernat*, vorstehende Fußnote.

21 *M. Warnock*, A Question of Life. The Warnock Report on Human Fertilization and Embryology, 1985 (Reprint 1985).

22 *A. Eser* u. *H.-G. Koch* (Hg.), Schwangerschaftsabbruch im internationalen Vergleich. Rechtliche Regelungen, soziale Rahmenbedingungen, empirische Grunddaten; Teil 1: Europa, 1988.

23 Vgl. zuletzt etwa das Heft 8 der Schriftenreihe der Juristen-Vereinigung Lebensrecht e. V. zu Köln, 1991, mit wertvollen Beiträgen von *G. Pöltner*, *W. Rüfner* und *B. Büchner*, ferner *letzterer* in ZRP 1991, 431-435.

Bei der medizinisch assistierten Zeugung bestehen Zweifel, ob und inwieweit das Kindeswohl, immerhin ein Grundpfeiler des Familienrechts, dem Arzt und den Wunscheltern Grenzen setzt. Während erzeugtes wie geborenes menschliches Leben unter dem Schutz des Rechts steht und auf volle medizinische Fürsorge Anspruch hat, auch wenn es krank, gebrechlich oder behindert ist, darf der Arzt vor dem Beginn der artifiziellen Reproduktion nach zutreffender Ansicht das zukünftige Wohl des geplanten Kindes und dessen gesundheitliches Schicksal nicht ungeprüft lassen. Eine ungünstige Prognose wirkt als Kontraindikation: Schutz durch Verzicht. Eine andere Position indessen vertritt etwa Erwin Bernat: „Will man das Wohl zukünftiger Menschen schützen, so muß man wohl zuvörderst trachten, diesen noch nicht einmal gezeugten Personen die Möglichkeit zu eröffnen, als geborene Lebewesen das Licht der Welt zu erblicken“[24].

Diese wie andere Widersprüche und Aporien in der ethischen und in der juristischen Literatur bringen den Gynäkologen in die Gefahr, bei der inzwischen zum Berufsalltag gehörenden Güterabwägung[25] das ärztlich Richtige zu verfehlen, an den traditionellen Geboten der Berufsordnung irre zu werden und neuen fragwürdigen Begehrlichkeiten des Publikums zu erliegen.

5. Berufsethisch und damit sittlich begründet verfährt der Arzt, der sich sachgerecht verhält in einem umfassenden Sinne des Wortes, der also die Gesamtheit der Gesichtspunkte eines Vorgangs nach dem ihnen eigenen Gewicht im Handeln zur Geltung kommen läßt[26]. Ein medizinischer Eingriff nach den Regeln des Faches kann erst dann als berufsgerecht gelten, wenn er ärztlich indiziert, das heißt, wenn er unter Berücksichtigung aller Umstände des Falles geboten erscheint. In den Gesichtskreis des verantwortlichen Gynäkologen tritt regelmäßig nicht allein die Patientin. Oft hat er mit zu berücksichtigen die rechtlich geschützten Interessen des Geschlechtspartners, der Eltern, des ungeborenen oder zukünftigen Kindes. Dabei reichen rein medizinische Kriterien keineswegs aus.

Die Gynäkologie verlangt eine Gesamtschau des Menschen. Es wird der folgende Satz aus der Enzyklika „Humanae vitae“ gelten: „Die Frage der Weitergabe menschlichen Lebens darf — wie jede andere Frage, die das menschliche Leben angeht — nicht nur unter biologischen, psychologischen, demographischen, soziologischen Gesichtspunkten gesehen werden; man muß vielmehr den ganzen Menschen im Auge behalten, die gesamte Aufgabe, zu der er berufen ist; nicht nur seine natürliche und irdische Existenz, sondern auch seine übernatürliche und ewige“[27].

---

[24] MedR 1991, 310.

[25] *H.-M. Sass* u. *H. Viefhus* (Hg.), Güterabwägung in der Medizin. Ethische und ärztliche Probleme, 1991.

[26] *R. Spaemann,* Ethische Aspekte der Energiepolitik, darin: Das Spezifikum des Moralischen, in: W. Heintzeler u. H.-J. Werhahn (Hg.), Energie und Gewissen, 1981, 31-45 (34).

[27] Enzyklika „Humanae vitae“ über die rechte Ordnung der Weitergabe menschlichen Lebens, Lateinisch-deutsch, 1968 (Nachkonziliare Dokumentation, Bd. 14).

Die ganzheitliche Sicht, zu der die neugefaßte Approbationsordnung den Arzt allgemein verpflichtet[28], verlangt dem Gynäkologen im Vergleich zu manchen anderen medizinischen Fachgebieten ein gesteigertes Maß an Umsicht und prognostischer Sorgfalt ab. In dieser Aufgabe liegen Gefahren, aber mehr noch Chancen.

Wie andere Fächer hat sich auch die Gynäkologie mit ihren normativen Problemen und Grenzfragen der öffentlichen Diskussion zu stellen. In seinen „Erinnerungen und Gedanken" zitiert Golo Mann seinen Lehrer Karl Jaspers mit dem Hinweis auf medizinische Unlösbarkeiten: Es gebe Fragen, die sich nicht beantworten ließen. Ziehe man sie in die Sphäre der Berechenbarkeit und Grundsätzlichkeit, so taste man etwas an, was man ehrfürchtig stehen lassen müsse. — Entschlüsse an den äußersten Grenzen des Rechts fordern je und je auch das Gewissen des Gynäkologen heraus in einer Weise, angesichts derer juristischer Streit verstummen sollte, vor allem dann, wenn ein unsicheres prognostisches Kalkül im Fall steckt. Aber auch solche äußersten Konfliktlagen erfordern Wertmaßstäbe und Kriterien, über die Ärzte und Juristen in gemeinsamer publizistischer Arbeit Einverständnis erzielen sollten.

Die Konflikte, aus denen der Gynäkologe seine Patientinnen herausführen soll, die zum ärztlichen Berufsalltag in der verdichteten und pluralistischen Industriegesellschaft gehörenden Dilemmata lassen sich nicht lösen, ohne daß Lasten blieben. Jeder Entschluß, auch der einem Begehren nachkommende, kann bittere Folgen haben. Oft bleibt nach Rat oder Tat ein beschwerlicher Rest, mit dem auch der verantwortliche Arzt zurecht kommen muß.

---

28 Siebente VO zur Änderung der Approbationsordnung für Ärzte v. 21. Dez. 1989, BGBl. I, 2549, Art. 1 (§ 1 Abs. 1 ÄAppO).

III. Der Arzt — Beschützer des Lebens

1. Die Berufsregeln verpflichten den Arzt dazu, das menschliche Leben zu bewahren. Die uralte Grundidee des Arzttums hat zum Inhalt das Bemühen, dem kranken Mitmenschen zu helfen und ihm keinesfalls zu schaden[1]. Durch die Jahrhunderte bis in die Gegenwart hat der Hippokratische Eid die Ärzte auf den Schutz des Lebens festgelegt. Die Stelle lautet in der Übersetzung von Karl Deichgräber[2]: „Ich werde niemandem, auch auf eine Bitte nicht, ein tödlich wirkendes Gift geben, und auch keinen Rat dazu erteilen; gleicherweise werde ich keiner Frau ein fruchtabtreibendes Zäpfchen geben". Dem griechischen Recht der frühen wie der klassischen Zeit galt der Giftmord als ein besonderes Verbrechen, der Selbstmord mindestens als ein für sich stehendes Unrecht[3]. Zum einen wie zum anderen nimmt der Schwörende Stellung: Er werde seine Kenntnis der Gifte nicht mißbrauchen, und zwar auf keine Weise, weder durch Rat noch durch die Tat. Auch die künstliche Abtreibung lehnt der Schwörende allgemein und rigoros ab, was der Zusammenhang mit dem ersten Versprechen erhärtet.

Der Eid des Hippokrates blieb die Quelle, aus der im Wandel der Zeiten immer wieder die Grundsätze flossen, an denen sich das ärztliche Gewissen bilden und schärfen konnte. Zum dauerhaften Bild des hippokratischen Arztes gehört ein Grundzug, den Heinrich Schipperges wie folgt faßt: „Der Arzt dient in allem Tun ausschließlich dem Leben; er wird nicht vergiften, noch sonst irgendwie schaden wollen"[4]. Eduard Seidler erkennt im aktuellen Anspruch des Hippokratischen Eides als oberstes Postulat: Der Arzt soll Leben schützen[5].

Die modernen Standesregeln setzen die alte Tradition fort. Das dem Hippokratischen Eid verpflichtete Genfer Arztgelöbnis des Weltärztebundes aus dem Jahr 1948 enthält den Satz: „Ich werde das menschliche Leben von der Empfängnis an bedingungslos achten"[6]. Die Muster-Berufsordnung der deutschen Ärzte-

---

1 *A. Lukowsky*, Philosophie des Arzttums, 1966, 17.

2 Der hippokratische Eid. Text griechisch und deutsch, Interpretation, Nachleben, ^{4}1983. — Differenzierend *D. v. Engelhardt*, Geburt und Tod — medizinethische Betrachtungen in historischer Perspektive, in: O. Marquard u. H. Staudinger (Hg.), Anfang und Ende des menschlichen Lebens. Medizinethische Probleme, 1987, 62-77 (65).

3 Der kleine Pauly, Lexikon der Antike, K. Ziegler u. W. Sontheimer (Hg.), 3. Bd. (1969), Art. Mord, Sp. 1424 f., 5. Bd. (1975), Art. Selbstmord, Sp. 81 f.

4 Wandlungen im Ethos des Arztes, in: P. Koslowski, Ph. Kreuzer u. R. Löw (Hg.), Die Verführung durch das Machbare, 1983, 105.

5 Diesseits von Hippokrates, MedEthik 31, Sonderbeil. ÄrzteBl. Bad.-Württ. 4, 1989.

6 *R. Tölle-Kastenbein*, Das Genfer Arztgelöbnis und der Hippokratische Eid, o. J.

schaft, der die Berufsordnungen der Ärztekammern mit ihrem Satzungsrecht folgen, nahm diesen Satz ihrerseits auf: „Ich werde jedem Menschenleben", so das Gelöbnis, „von der Empfängnis an Ehrfurcht entgegenbringen und selbst unter Bedrohung meine ärztliche Kunst nicht in Widerspruch zu den Geboten der Menschlichkeit anwenden". Der Erhaltung des ungeborenen Lebens gilt auch § 5: „Der Arzt ist grundsätzlich verpflichtet, das ungeborene Leben zu erhalten"[7].

2. Diese bewährte, alte Tradition ärztlichen Lebensschutzes sieht sich Anfechtungen ausgesetzt. Viele Ärzte wissen sich der überkommenen Berufsregel verpflichtet, andere suchen — durchaus im Zeichen gewollter Nächstenhilfe — nach neuen Wegen, indem sie Vorschläge aus der angelsächsischen Diskussion um die Frage „sanctity of life or quality of life"[8] aufnehmen. Diese Debatte hat die Bundesrepublik Deutschland längst erreicht und auch hier den Meinungsstand verändert. „Wie Hobbes und Locke gezwungen waren", so etwa Helga Kuhse[9], „den Sinn von Autorität und Unterwerfung neu herauszuarbeiten, so werden wir, konfrontiert mit der Revolution in den biomedizinischen Wissenschaften, den Sinn von Leben und Tod, die Gründe für den besonderen Wert menschlichen Lebens und die Bedingungen, unter denen (und für wen) der Tod ein Übel ist, neu herausfinden müssen". Die Lehren Peter Singers gewinnen Anhänger auch in der Bundesrepublik Deutschland, wie der Bucherfolg seiner utilitaristischen „Praktischen Ethik"[10] zeigt. Singer lehrt, „daß die Zugehörigkeit eines menschlichen Wesens zur Spezies Homo sapiens allein keine Bedeutung dafür hat, ob es verwerflich ist, es zu töten; entscheidend sind vielmehr Eigenschaften wie Rationalität, Autonomie und Selbstbewußtsein. Mißgebildete Säuglinge haben diese Eigenschaften nicht. Sie zu töten kann daher nicht gleichgesetzt werden mit dem Töten normaler menschlicher Wesen". Die Rechtsferne des Autors läßt sich, wie das Zitat belegt, kaum mehr übertreffen.

Den Lebensschutz beschneidende Gedanken finden sich inzwischen auch in der Rechtsliteratur. Als Beispiel sei der Beitrag von Norbert Hoerster genannt[11]. Der Autor gelangt zu dem Ergebnis, „daß es zwar überzeugende rechtsethischrechtspolitische Gründe gibt, dem geborenen Menschen ein selbständiges Recht auf Leben durch die Rechtsordnung einzuräumen, daß es jedoch keine überzeugenden Gründe dieser Art gibt, auch der menschlichen Leibesfrucht ein solches Recht einzuräumen".

---

[7] DÄBl. 1988, 3601.

[8] *E. W. Keyserlingk*, 1979. — Vgl. allgemein auch *E. Matouschek*, Gewandelte Auffassungen über Sterben und Tod, 1991.

[9] In: *A. Leist* (Hg.), Um Leben und Tod. Moralische Probleme bei Abtreibung, künstlicher Befruchtung, Euthanasie und Selbstmord, 1990, 102.

[10] *P. Singer*, Praktische Ethik. Aus dem Englischen übersetzt von Jean-Claude Wolf, 1990 (Reclam-Bändchen). Titel der Originalausgabe: Practical ethics, 1979. Kritik dazu von *T. Koch*, EthikMed 1990, 118-128.

[11] Forum: Ein Lebensrecht für die menschliche Leibesfrucht?, JuS 1989, 172-178.

Es fehlt auch nicht an moraltheologischen Stimmen, die der Instruktion der römischen Kongregation für die Glaubenslehre über die Achtung vor dem beginnenden menschlichen Leben und die Würde der Fortpflanzung[12] widersprechen, indem sie die Personwerdung als kontinuierlichen und zielgerichteten Prozeß begreifen, der mehrere Stadien durchlaufe, wobei sich der Beginn des Personseins anthropologisch nicht eindeutig und präzis festlegen lasse[13]. In Donum Vitae hingegen erscheint das Personenspezifische bereits als mit der Befruchtung gegeben. Der entscheidende, tief begründete Satz, an dem sich die Geister scheiden, lautet: „Jedes menschliche Wesen muß — als Person — vom ersten Augenblick seines Daseins an geachtet werden".

Für den ungeschmälerten Schutz des menschlichen Lebens an seinem Anfang wie an seinem Ende[14] tritt die Mehrheit der deutschsprachigen Autoren ein. Singers und seiner Anhänger Thesen provozierten überzeugende Kritik: Sie seien „wissenschaftshistorisch in der Sache unoriginell". Sie hätten „fatalerweise die alte Menschheitsfrage wieder losgetreten, ob es ein Vorrecht des sich selbst reflektierenden Menschen sei, Kriterien für die Qualität seines Lebens zu setzen und daran den Lebenswert seiner Mitmenschen zu bemessen"[15].

3. Auf uns Deutschen lastet eine zeitgeschichtliche Hypothek. Wir müssen wissen, daß uns die Diskussion um den Lebensschutz nach Lebenswert mit durchaus ähnlichen, teils wortgleichen Argumenten in die Verbrechen unter dem Hakenkreuz und die Opfer durch eine irdische Hölle in den Tod geführt hat. Der Wiener Rechtsgelehrte Walter Selb hat unter Berufung auf das instruktive Buch von Hanfried Helmchen und Rolf Winau über „Versuche mit Menschen in Medizin, Humanwissenschaft und Politik"[16] darauf hingewiesen, daß die Argumente der Ärzteverteidiger im Nürnberger Prozeß vielfach ihre Parallele in aktuellen Begründungen für medizinische Vorhaben besitzen: „Heute heißt es: ⟨Geben Sie mir fünf Embryonen und ich löse das Krebsproblem⟩; wer wird dem widerstehen können, war das Argument. Ich habe dem entgegengehalten, daß beim Nürnberger Ärzteprozeß es geheißen hat: ⟨Geben Sie mir fünf zum Tode Verurteilte und ich löse Ihnen das Flecktyphusproblem im Rußlandfeldzug⟩". Diesen Vergleich, so Selb, könne er nicht genug betonen[17].

---

12 Deutsche Ausgabe vom 10.3.1987. Verlautbarungen des Apostolischen Stuhls 74. Vgl. dazu *St. Wehowsky* (Hg.), Lebensbeginn und menschliche Würde. Stellungnahmen zur Instruktion der Kongregation für die Glaubenslehre vom 22.2.1987, 1987.

13 Vgl. *M. Christiaens*, Reproduktionsmedizin. Eine Herausforderung an die Katholische Morallehre, EthikMed 1990, 175-188; ferner *Wehowsky*, vorst. Fn.

14 Aus der jüngsten Literatur sei der wertvolle Aufsatz von *D. Giesen* genannt: Ethische und rechtliche Probleme am Ende des Lebens, JZ 1990, 929-943.

15 *E. Seidler*, EthikMed 1990, 173 f.

16 Mit zahlreichen, höchst lehrreichen Beiträgen bester Sachkenner, 1986.

17 In: IMABE (Institut für med. Anthropologie und Bioethik, Wien) u. Schweiz. Ges. für Bioethik, Zürich (Hg.), Der Status des Embryos. Eine interdisziplinäre Auseinandersetzung mit dem Beginn des menschlichen Lebens, 1989, 173.

Der zeitgeschichtliche Hintergrund verdient gewiß Notiz bei dem Versuch, die Grenzen der Medizin zu bestimmen. Der Abfall vom Humanen im Zeichen des Hakenkreuzes, die Kulturentledigung durch die Diktatur, die Perversion des Rechts wie des therapeutischen Imperativs unter Teilnahme und Duldung vieler Juristen und Mediziner bilden seit Kriegsende ein notwendiges Thema[18]. Die — horribile dictu — „Vernichtung lebensunwerten Lebens"[19] mit ihrer langen Vorgeschichte verlangt höchste Aufmerksamkeit in einer Gegenwart, die vor der Aufgabe steht, den Schutz des menschlichen Lebens und der menschlichen Person voll aufrecht zu erhalten und ihn nicht durch neue medizinisch-technische Verfahren am Beginn und am Ende der Existenz abschwächen zu lassen. Nicht nur die erschütternden Geschehnisse der nationalsozialistischen Zeit, zu denen die Euthanasie-Aktion 1939 bis 1941 gehört[20], sondern auch deren in das vorige Jahrhundert zurückreichende gedankliche Ursprünge sollen bewußt bleiben. Das Programm der Tötung Sterbender, unheilbar Kranker, Mißgebildeter, geistig Behinderter und der Behandlung nicht zugänglicher psychiatrischer Langzeitpatienten brachte den Arzt in die Rolle des Henkers, worauf der Berliner Oberarzt Wauschkuhn in der Diskussion um „die Freigabe der Vernichtung lebensunwerten Lebens" schon 1922 eindrucksvoll hinwies[21].

Der Zeithistoriker und Arzt Klaus Dörner hat gezeigt, „daß bei den medizinischen Lösungsvorschlägen für soziale Probleme die Forderungen nach Sterilisierung und nach Euthanasie für industriell unangepaßte Menschen, insbesondere Behinderte, eng nebeneinander liegen, eine Einheit bilden"[22]. Übrigens besteht heute ein bemerkenswerter Zusammenhang zwischen der sich ausbreitenden Planungsmentalität und dem wachsenden Bedürfnis nach dem Schwangerschaftsabbruch als nachsteuernder Maßnahme der Geburtenregelung[23].

---

18 *I. Müller*, Furchtbare Juristen. Die unbewältigte Vergangenheit unserer Justiz, 1987; *F. Kudlien*, Ärzte im Nationalsozialismus, 1985; *R. J. Lifton*, Ärzte im Dritten Reich, 1988; Medizin im Nationalsozialismus (Kolloquien des Instituts für Zeitgeschichte), 1988; *E. Klee*, Was sie taten — Was sie wurden. Ärzte, Juristen und andere Beteiligte am Kranken- oder Judenmord, 1986.

19 *H.-W. Schmuhl*, Rassenhygiene, Nationalsozialismus, Euthanasie. Von der Verhütung zur Vernichtung ⟨lebensunwerten Lebens⟩ 1890-1945, 1987; *C. Ganssmüller*, Die Erbgesundheitspolitik des Dritten Reiches: Planung, Durchführung und Durchsetzung, 1987.

20 *L. Gruchmann*, Justiz im Dritten Reich 1933-1940. Anpassung und Unterwerfung in der Ära Gürtner, 1988, 497-534.

21 *E. Wauschkuhn*, Die Freigabe der Vernichtung lebensunwerten Lebens, Psychiatrisch-neurologische Wochenschrift 1922, 215-217. („Vielleicht ist es erlaubt zu fragen, wie lange unsere Menschheitsbeglücker ihre Hinrichtungen mit ärztlichem Henker nur auf Geisteskranke beschränken werden").

22 *K. Dörner*, Was unterscheidet die heutigen Überlegungen zur Sterilisation von Menschen mit geistiger Behinderung von der Zwangssterilisation der NS-Zeit?, in: T. Neuer-Miebach und H. Krebs (Hg.), Schwangerschaftsverhütung bei Menschen mit geistiger Behinderung — notwendig, möglich, erlaubt?, 1988, 43.

23 *H.-G. Koch* in: A. Eser und H.-G. Koch (Hg.), Schwangerschaftsabbruch im interna-

Der Gedanke einer negativen Eugenik durch Sterilisation fand in der Zeit zwischen den beiden Weltkriegen einflußreiche Verfechter, die ihn auch einem breiten Publikum nahebrachten. Unter ihnen ragte der Züricher Professor August Forel, Psychiater und Entomologe, hervor[24]. Dieser Monist, Positivist und Evolutionist mit stark volkstümlicher Wirkung vertrat in seiner Eugenik oder „menschlichen Zuchtwahl" die „Sterilisierung der schlechten Rassen". Eine gute menschliche Zuchtwahl müsse „auf Kraft, Gesundheit, Lebensfreude, Lebensdauer und vor allem auf eine gute soziale, ethische und intellektuelle (reproduktive wie besonders schöpferische) Erblichkeit, mit einem Wort auf nützliche soziale Eigenschaften des Gehirns zielen". Postulate dieser Art finden sich in den Schriften zahlreicher Autoren, deren Lehren dann Nationalsozialisten übernahmen, vermischten und übersteigerten.

In dem Essay mit dem fragenden Titel: „Der Patient — nur ein Werkstück?" hat sich Alexander Mitscherlich[25] seiner Erfahrungen als Beobachter der Standesorganisation bei dem Nürnberger Prozeß gegen Naziärzte erinnert: „In dem, was in Nürnberg verhandelt wurde, hatten wir Beispiele für einen frühen Exzeß von Versachlichung. Jedoch hat diese in den darauf folgenden Jahren, wenn auch nicht in kriminellen Formen, einen immer stärkeren Einfluß gewonnen". Sachlichkeit besitzt zwei Seiten: sie gewährleistet fachgerechte, professionelle Hilfe, andererseits droht die immerfort weiterwuchernde Welt der wissenschaftlichen Exploration, der Apparate und arbeitsteiligen Großbetriebe das Interesse am lebendigen Patienten als Person zu verschlucken. Ein Buch zur Embryonenforschung trägt den bezeichnenden Titel: Leben als Labormaterial?[26].

Es mag sich die Gefahr einer verschwörerischen Inswerksetzung der modernen humangenetischen Techniken über staatliche oder expertokratische Menschenzuchtprogramme, wie sie die historische Erfahrung mit der Eugenik nahelegt oder wie sie der Biochemiker Erwin Chargaff als „Kakothanasie", als „behördlich verordnetes häßliches Massensterben"[27] voraussieht, als eine wahrscheinlich weniger ernste Bedrohung darstellen. „Die größere Befürchtung hat dem Eintreten der Konstellation zu gelten", so das Schlußurteil eines wohlbegründeten wissenschaftlichen Werkes zur „Geschichte der Eugenik und Rassenhygiene in Deutschland"[28], „daß die gerade erreichte öffentliche Kontrolle der Forschung und ihrer

---

tionalen Vergleich. Rechtliche Regelungen, soziale Rahmenbedingungen, empirische Grunddaten. Teil 1: Europa, 1988, 49 f.

24 *A. Wettley*, Forel, NDB Bd. 5, 1961, 298 f. Das folgende Zitat aus *A. Forel*, Der Weg zur Kultur, 1924, 128.

25 Der Spiegel 1978, Nr. 38, 238 f.

26 *H.-B. Wuermeling* (Hg.), 1988.

27 *E. Chargaff*, Naturwissenschaft als Angriff auf die Natur, in: St. Wehowsky (Hg.), Lebensbeginn und menschliche Würde. Stellungnahmen zur Instruktion der Kongregation für die Glaubenslehre vom 22.2.1987, 1987, 99-108 (105).

28 *P. Weingart, J. Kroll, K. Bayertz*, Rasse, Blut und Gene, 1988, 684. — Vgl. auch *N. Frei* (Hg.), Medizin und Gesundheitspolitik in der NS-Zeit, 1991.

praktischen Umsetzung wieder ihrer Wirkung beraubt wird, weil uns mit der Nachfrage nach den neuen Techniken die Fähigkeit zur Reflexion auf die Wertbezüge verlorengegangen ist, die es uns erlauben, der Realisierung der eugenischen Utopien durch unser eigenes Verhalten zu widerstehen".

4. Die stärkste Stütze erfährt das überlieferte ärztliche Gebot uneingeschränkten Lebensschutzes durch das Verfassungsrecht. Das Grundgesetz garantiert mit dem Recht auf Leben die vorfindliche und der Legalordnung vorgegebene, biologisch-physische menschliche Existenz als unverletzlich[29]: „Jeder hat das Recht auf Leben und körperliche Unversehrtheit"[30]. Der Rechtssatz hat zum Hintergrund Verletzungsvorgänge der Zeitgeschichte. Sein Sinn besteht vornehmlich darin, staatlich praktizierte, legalisierte oder geduldete Tötungen abzuwehren.

Der Grundrechtsbegriff Leben bezeichnet rein natürlich das Lebendigsein. „Wann ein ⟨Lebendigsein⟩ vorliegt, richtet sich allein nach naturwissenschaftlichen (biologisch-physiologischen) Gegebenheiten am Körper des Menschen. Faßt man den Begriff ⟨Leben = Lebendigsein⟩ ganz in diesem natürlich-physiologischen Sinne auf, so sind bereits begrifflich alle sozialwissenschaftlichen Bewertungen des Lebens unmöglich. Dann sind alle Leben gleichwertig, bei denen die physiologischen Voraussetzungen des Lebendigseins objektiv vorliegen" (Günter Dürig). Wer den Begriff normativ auffaßt und dabei vom Schutzzweck externer Unverfügbarkeit menschlichen Lebens ausgeht, wird solches als gegeben ansehen, „sobald und solange nach medizinisch-biologischer Erkenntnis menschliche Individualexistenz vorhanden ist. Das so bestimmte Leben ist ein einheitliches, unteilbares Rechtsgut, das einschränkenden Wertungen schlechthin unzugänglich ist". Es ist damit jedenfalls ausgeschlossen, Seinsweisen, die naturwissenschaftlich als menschliches Leben zu qualifizieren sind, nach sozialer Wertigkeit, Nützlichkeit, körperlichem Zustand oder geistiger Verfassung „abzustufen und so auf definitorischem Wege dem Lebensschutz zu entziehen" (Dieter Lorenz).

Die Identität des Menschen als naturaler Bestand — dieser Ausgangspunkt läßt sich auch philosophisch begründen. „Die Naturalisierung des Menschen ist die entscheidende Voraussetzung der Sicherung seiner Menschenrechtssubjektivität. Der Witz dieser Naturalisierung ist nämlich, in der von Spaemann geforderten Weise in die Definition des Menschen keinerlei normatives Element einzubringen"[31]. Das einzig zweifelsfreie Kriterium dafür, ob ein Mensch Mensch ist, bildet seine biologische Zugehörigkeit zur Art Homo sapiens. „Eine stichhaltige,

---

29 *D. Lorenz,* Recht auf Leben und körperliche Unversehrtheit, in: J. Isensee u. P. Kirchhof (Hg.), Handbuch des Staatsrechts der Bundesrepublik Deutschland, Bd. VI Freiheitsrechte, 1989, 3-39, auch zum Folgenden, mit vielen Nachweisen. Ferner wichtig: *G. Dürig,* Art. 2 in: Maunz-Dürig, Komm. z. GG. (1958).

30 Art. 2 Abs. 2 S. 1 GG.

31 *H. Lübbe,* Wer ist Mensch?, in: O. Marquard u. H. Staudinger (Hg.), Anfang und Ende des menschlichen Lebens. Medizinethische Probleme, 1987, 44-46 (46).

ethische Argumentation kann nur von einer Basis aus erfolgen, auf welcher jeder Angehörige der Gattung Mensch jeden anderen Menschen als Wesen gleichen Rechtes und gleicher Würde respektiert"[32].

5. Würde und das Grundrecht auf Leben stehen jedem Menschen gleichermaßen zu, dem gesunden wie dem leidenden und todkranken, dem geborenen wie dem ungeborenen, dem unbeeinträchtigten wie dem gebrechlichen oder behinderten. Dieser fundamentale Rechtsanspruch begründet die Unabhängigkeit der Existenz jedes Menschen von dem Urteil und dem Willen jedes anderen.

Das mit dem Verlangen nach erleichterter Abtreibung oft verbundene Postulat, den Schutz ungeborenen, sterbenden und behinderten Lebens durch geeignete Hilfen in das Grundgesetz aufzunehmen, erscheint verhängnisvoll. Solches menschliche Leben steht bereits voll unter dem Schutz der Verfassung. Neue Regeln liefen auf eine Relativierung hinaus; der „Schutz" Behinderter und Schwerstkranker nach dem Modell des reformierten § 218 StGB erschiene denkbar.

Ob in der Ärzteschaft die Einsicht in die Unverfügbarkeit auch des vorgeburtlichen Menschenlebens vorherrsche, läßt sich bezweifeln. Der 94. Deutsche Ärztetag 1991 zu Hamburg, der erste im wieder vereinten Deutschland, faßte zum Schwangerschaftsabbruch nach der Notlagenindikation den folgenden Beschluß[33]: „In Übereinstimmung mit dem bisherigen § 218a StGB ist unter einer Notlage der Schwangeren eine Situation zu verstehen, die so schwer wiegt, daß von der Schwangeren die Fortsetzung der Schwangerschaft nicht verlangt und nicht auf eine andere für die Schwangere zumutbare Weise abgewendet werden kann. Die Feststellung der Notlage ist mit ärztlichen Erkenntnissen nicht zu erreichen. Darum muß nach entsprechender Pflichtberatung die Entscheidung von der Betroffenen eigenverantwortlich gefällt werden".

Mit diesem Beschluß hat die organisierte deutsche Ärzteschaft auf dem Feld der Schwangerenfürsorge zwei grundlegende Berufspflichten verleugnet: die gesetzliche und satzungsrechtliche Aufgabe, das ungeborene Leben zu schützen, und die allgemein geltende Regel, nur bei einer Indikation oder Heilanzeige einzugreifen. Der deutsche Ärztetag sinnt den Gynäkologen an, auf bloßes Verlangen der Mutter ungeborenes Leben zu töten. Der Hintergrund ist düster genug. Derzeit finden jährlich in den alten Bundesländern zweihundert- bis zweihundertfünfzigtausend, in den neuen etwa achtzigtausend Schwangerschaftsabbrüche

---

[32] *R. Löw*, Gen und Ethik. Philosophische Überlegungen zum Umgang mit menschlichem Erbgut, in: P. Koslowski, Ph. Kreuzer u. R. Löw (Hg.), Die Verführung durch das Machbare. Ethische Konflikte in der modernen Medizin und Biologie, 1983, 33-48 (42) zur Menschqualität der befruchteten Eizelle; auch *Löw* beruft sich auf *R. Spaemann* (Kein Recht auf Leben?, Kirche und Gesellschaft 12, 1974).

[33] DÄBl. 1991, 1781.

statt, wobei im Westen Deutschlands in nahezu neunzig Prozent der Fälle die Notlagenindikation den Anlaß bietet. Infolge unkorrekten ärztlichen Meldeverhaltens erfährt das Statistische Bundesamt nur von ungefähr achtzigtausend Fällen[34]. Gleichwohl fordert der 94. Deutsche Ärztetag, „daß die Möglichkeiten zur Durchführung ambulanter und stationärer Schwangerschaftsabbrüche bundesweit gleichmäßig angeboten werden müssen“.

Zutreffend urteilt der Ärztetag, wenn er feststellt, die soziale Indikation überfordere den Gynäkologen. In der Tat läßt sich die weit gefaßte Klausel kaum handhaben — eine Schwäche, die Kritiker dem Gesetzgeber seit langem vorhalten. Der Arzt verfügt nicht über die Erkenntnismittel, die das Feststellen einer sozialen Notlage analytisch wie prognostisch erfordert. Die Insuffizienz des gesetzlichen Tatbestands in seiner Unbestimmtheit darf aber nicht dazu führen, die Indikation überhaupt aufzugeben. Die richtige Konsequenz kann nur darin bestehen, dem Tatbestand Konturen zu geben, die dem Lebensschutzprinzip gerecht werden und die der Arzt handhaben kann. Der Arzt bedarf für seinen Eingriff stets der Legitimation. Das Einverständnis des Patienten gehört dazu, reicht aber für sich allein niemals aus. Gewiß bleibt die individuelle Perspektive des Patienten, hier der bedrängten Schwangeren, immer ernst zu nehmen. Aber neben der Frau gibt es weitere unmittelbar Betroffene: den Embryo, um dessen Leben es geht, und den Arzt, der seinen Berufsregeln zu genügen hat.

Gegen die Preisgabe der Indikation spricht nicht zuletzt die ärztliche Berufserfahrung. Peter Petersen umschreibt diese wie folgt: „Es handelt sich für die Ärzte um einen schwersten professionell-persönlichen Konflikt und um eine schwerste persönliche Belastung bei der Durchführung des Schwangerschaftsabbruchs. Diese Belastung ist für viele Ärzte größer als die Begleitung von schwerstkranken Patientinnen mit infauster Prognose“[35].

Selbst wenn der Gesetzgeber sich über verfassungsrechtliche Bedenken hinwegsetzen und auf eine Strafbarkeit des Schwangerschaftsabbruchs innerhalb einer bestimmten Frist ganz verzichten sollte, bliebe den Ärzten die Aufgabe, sich um die Indikation zu bemühen. Denn die Straffreiheit einer Handlung bedeutet nicht deren ärztliche Angezeigtheit.

Der Verzicht auf die Indikation läßt sich also keinesfalls durch eine Pflichtberatung der Schwangeren kompensieren. Die Pflichtberatung begegnet überdies Bedenken, die Robert Spaemann vorgetragen hat[36]: „Wenn es in dieser Sache einen legalen Entscheidungsspielraum gibt, wenn es das Recht der Frau ist, zu entscheiden, ob ihre Notlage eine Abtreibung rechtfertigt, dann ist es eine Zumu-

---

[34] DÄBl. 1991, 1779.

[35] DÄBl. 1991, B 126.

[36] Das Entscheidungsrecht der Frau entlastet den Mann und die Mitwelt. Die Erlaubnis zu töten kommt einer Unzurechnungsfähigkeitserklärung gleich, FAZ Nr. 120 v. 27. Mai 1991, 12.

tung, sie gleichzeitig für inkompetent zu erklären, eine solche Entscheidung allein oder nach einem Gespräch mit Menschen ihres Vertrauens zu fällen ... Die Beratungspflicht ist eine Einmischung in die Persönlichkeitsrechte der Frau. Sie erinnert an die Anhörung einer christlichen Predigt, zu der im Mittelalter Juden einmal im Jahr gezwungen wurden. Sie sollten damit zu einer eigenverantwortlichen Entscheidung befähigt werden, sich taufen zu lassen oder nicht. Die Einmischung in die Persönlichkeitsrechte ließe sich nur rechtfertigen, wenn das, wovon jemand dadurch abgehalten werden soll, ein Verbrechen ist. Dann aber kann die Last der Verhinderung nicht einer Beratung überlassen werden".

Die an die Wertordnung der Grundgesetzes gebundene Pflichtberatung dient dem Schutz des ungeborenen Lebens. Der Berater hat die Pflicht, „sich schützend und fördernd vor das ungeborene Leben zu stellen", wie die baden-württembergischen Richtlinien zu § 218 b Abs. 1 Nr. 1, Abs. 2 Nr. 2 b StGB zutreffend ausführen. Es verkennte indessen die Rolle des Beraters, wer ihn immer und von vornherein ausschließlich auf die Gegnerschaft zur Abtreibung festgelegt ansähe. Der ärztliche Berater hat dem Lebensschutz zu dienen und zugleich der Konfliktlage eines anderen Menschen mit allen ihren konkreten Umständen gerecht zu werden.

Im Rechtsstreit eines Arztes, der seine Anerkennung als Berater begehrte, gegen das Land Baden-Württemberg, vertreten durch das Ministerium für Arbeit, Gesundheit, Familie und Sozialordnung, erkannte der baden-württembergische Verwaltungsgerichtshof[37] zutreffend und in der Sache wie die Vorinstanz, das Verwaltungsgericht Freiburg, Folgendes: „Aufgabe des Beraters ist es, der Schwangeren alle Aspekte der von ihr nur persönlich zu treffenden Entscheidung für die Fortsetzung der Schwangerschaft und damit für das werdende Leben bewußt zu machen. Einmal soll der Berater damit Dritteinflüsse neutralisieren, welche die Schwangere zu einem fremdbestimmten Abbruch der Schwangerschaft zu bewegen versuchen. Außerdem soll er verhindern, daß die Schwangere in einer Art von Panikreaktion sich gegen die Fortsetzung ihrer Schwangerschaft entscheidet, ohne im Vollbesitz ihrer Abwägungsfähigkeit zu sein und Kenntnis sämtlicher für eine umfassende Abwägung des Für und Wider erforderlichen Umstände zu haben. Der Kläger vermag aufgrund seiner Ausbildung und Spezialisierung als Psychiater, Neurologe und Psychotherapeut die fachkundige Beratung von Schwangeren auch über die psychischen Folgen eines Schwangerschaftsabbruchs einzubringen, welche besonders wichtig ist, weil sie der betroffenen Frau die Tragweite ihrer Entscheidung gegen die Schwangerschaft vor Augen führt. Wenn der Kläger in diesem Zusammenhang sich auf einen Beschluß der Ethikkommission der Landesärztekammer Baden-Württemberg stützt, wonach Beratung nicht Bevormundung und Direktion bedeutet, sondern das Zurverfügungstel-

[37] VGH Bad.-Württ., Urt. v. 10.6.1991, 9 S 1462/90 (zur Publikation in MedR vorgesehen).

len von Hilfen bei der Abwägung der persönlichen Verhältnisse und Verantwortung, welches eine Tätigkeit auch zur Förderung und dem Bedenken des Wohls der Schwangeren einschließt, über rein medizinische Aspekte hinaus, so daß die Frau weiß, daß sie ihre innere und äußere Not vor dem Berater völlig frei ausbreiten kann, ohne befürchten zu müssen, in eine bestimmte Richtung durch ihn gedrängt zu werden (vgl. Schreiben der Landesärztekammer vom 5.7.1990), so effektiviert er die Verfassungsgebote der Art. 1 und 2 Abs. 1 und 2 Satz 1 GG, den Schutz der Würde, der Persönlichkeit und der körperlichen Integrität der zu beratenden Schwangeren, die — was keiner weiteren Begründung bedarf — sie als ‚geborenes Leben' einschließen und es dem ungeborenen Leben im Konfliktfall nicht undifferenziert nachordnen, sondern in der Indikationenregelung eine Nachordnung der Leibesfrucht in bestimmten unaufhebbaren Konfliktfällen im Wege einer gesetzlichen Güterabwägung zulassen".

Es geht bei der vorgeburtlichen Existenz um menschliches Leben. Ärzte wie Eltern wissen dies. Die ebenso schöne wie instruktive Bilddokumentation von Lennart Nilsson[38] führt den Sachverhalt jedem Leser eindrucksvoll vor Augen. Der Gesetzgeber hat ihn jüngst anerkannt: „Nach der Verabschiedung des Embryonenschutzgesetzes kann man sich kaum vorstellen, daß es beim Schwangerschaftsabbruch zu einer Fristenlösung kommt"[39]. So mögen denn die Ärzte ihrer Aufgabe als Beschützer des Lebens, auch des vorgeburtlichen, nach ihrem alten Berufseid treu bleiben.

6. Vollen Schutz ihres Lebensrechts hat der Arzt auch den Schwerstgeschädigten zu gewähren. Der Mangel an Transplantaten zeigt sich häufig bei den einer Organspende bedürftigen Säuglingen und Kleinkindern. Die Frage stellt sich, ob und unter welchen Voraussetzungen sich die Medizin des Potentials schwerst mißgebildeter Neugeborener bemächtigen darf, um anderes Leben zu retten. Dabei kreist die aktuelle Diskussion um die anenzephalischen Neugeborenen. Die Anenzephalie bedeutet eine schwerste Mißbildung des Kopfes: es fehlt die Schädeldecke mit ausgedehnten Teilen des Gehirns[40]. Weil Kinder mit diesem schwersten Gebrechen einen funktionstüchtigen Hirnstamm besitzen, kommen sie lebend zur Welt: sie atmen, ihr Herz schlägt, der Blutkreislauf befindet sich in Gang. Bei äußerst starken Schäden kann der Tod früh eintreten. Anenzephale können ihre Geburt um Stunden, Tage, Wochen und vereinzelt noch länger überleben. Die Überlebenszeit läßt sich regelmäßig schwer voraussagen. Alle anenzephalischen Kinder müssen aber an ihren Gebrechen alsbald oder früher sterben, ohne eine Entwicklungschance zu haben.

---

[38] Ein Kind entsteht, 1990.

[39] *H.-L. Schreiber,* Der Schutz des Lebens durch das Recht an seinem Beginn und an seinem Ende, in: H. Schütz, H.-J. Kaatsch u. H. Thomsen (Hg.), Medizinrecht, Psychopathologie, Rechtsmedizin. Festschrift f. G. Schewe, 1991, 120 ff., 129.

[40] *Pschyrembel,* Klinisches Wörterbuch, ^{256}1990, 77 f.

Die Rechtsprobleme bei Anenzephalen sind vielschichtig[41]. Es geht dabei um die Abtreibung, um den Behandlungsabbruch und nicht zuletzt um die Organentnahme. Die Themen stehen durchaus in einem Zusammenhang, verlangen indessen eine differenzierende Aufmerksamkeit. Die Möglichkeit eines straffreien Schwangerschaftsabbruchs eröffnet bei dessen Unterbleiben nicht ohne weiteres von Rechts wegen die Organentnahme bei dem anenzephalischen Neugeborenen[42]. Die Indikation zum Schwangerschaftsabbruch bedeutet bei Anenzephalen keineswegs freie medizinische Verfügbarkeit über das mißgebildete Leben. Die Geburt stellt die Zäsur und Schutzschranke dar. Mit dem Beginn des Geburtsaktes setzt der strafrechtliche Schutz des Lebens der Menschen ein. Das Kind kann Objekt eines Tötungsdelikts sein, wenn es zum Zeitpunkt des Geburtsbeginns tatsächlich lebt, ohne dabei noch vom Leben der Mutter abzuhängen. Seine weitere Lebensfähigkeit ist dagegen nicht erforderlich. Angesichts der absoluten Lebensgarantie des Art. 2 Abs. 2 GG dürfen die physische Lebensfähigkeit oder Lebenserwartung so wenig ein Kriterium bilden wie der subjektive Lebenswille oder gar die soziale Funktionsfähigkeit und gesellschaftliche Wertschätzung. „Daher stehen auch Kinder mit körperlichen oder geistigen Defekten ebenso wie Mißgeburten, sofern sie jedenfalls lebend zur Welt gekommen sind, unter dem grundsätzlichen Schutz der Tötungstatbestände“[43]. Die Konsequenz daraus kann nur heißen: Der Chirurg darf dem anenzephalischen Neugeborenen Organe erst dann entnehmen, wenn dessen Tod feststeht.

Nach den Kriterien, die der Wissenschaftliche Beirat der Bundesärztekammer aufstellte und fortschrieb[44], gilt als Hirntod der „Zustand des irreversiblen Erloschenseins der Gesamtfunktion des Großhirns, des Kleinhirns und des Hirnstamms, bei einer durch kontrollierte Beatmung noch aufrechterhaltenen Herz-Kreislauf-Funktion“. Beim Anenzephalen müssen die Operateure also den definitiven Ausfall des Hirnstamms und damit der Spontanatmung abwarten, ehe sie mit der Entnahme von Körpersubstanzen beginnen können, auch wenn die Transplantationsfähigkeit bestimmter Organe darunter leidet[45]. Die genannten Maß-

---

41 Umfassend und zutreffend der Aufsatz von *F.-E. Isemer* und *H. Lilie*, MedR 1988, 66-71.

42 In diese Richtung deuten *W. Holzgreve, F. K. Beller, B. Buchholz, M. Hansmann* u. *K. Köhler*, The New England Journal of Medicine, Vol. 316, 1987, No. 17, 1069 f. — Eindrucksvoll durch Bild und Text, auch differenziert im Urteil der Beitrag von *F. K. Beller:* Feten als Organspender, in: gyne 1987, 301 ff. Daraus: „Der gegenwärtige Zustand in der Bundesrepublik bedeutet Rechtsunsicherheit, die unserer Auffassung nach nur zu beheben ist, wenn eine gesetzliche Festlegung erfolgt, nach der Anenzephale hirntot sind. Unterbleibt diese Festlegung, verbietet sich ein Schwangerschaftsabbruch nach der 22. SSW p. c. bei Anenzephalie ebenso wie die Organspende. In den USA sind in einer Reihe von Bundesstaaten bereits dementsprechende Gesetze von den Legislativen beschlossen worden“ (S. 304, Sp. 3).

43 *A. Eser*, in: A. Schönke, H. Schröder, Strafgesetzbuch-Kommentar, ^{24}1991, Rdnr. 13 f., 14 Vorbem. §§ 211 ff., mit weiteren Nachweisen; h. L.

44 DÄBl. 1991, 4396 ff. (mit Anmerkungen und Kommentar).

gaben der Bundesärztekammer schreiben auch die Beobachtungszeit vor: Müssen die Ärzte auf ein EEG verzichten und liegt auch kein angiographischer Befund vor, so müssen sie die im einzelnen aufgeführten Ausfallsymptome je nach Fallgruppe während einer bestimmten Zeitspanne feststellen. „Bei Neugeborenen und Säuglingen sowie Kindern bis zum vollendeten zweiten Lebensjahr soll in allen Fällen mit primärer Hirnschädigung die Beobachtungszeit 72 beziehungsweise 24 Stunden betragen". Mögen manchen durchaus verantwortlichen Transplantationsmedizinern diese Regeln als ungeeignet[46] erscheinen, weil sie vital indizierte Organübertragungen verzögern oder verhindern, so verlangen sie doch Gehorsam. Es steht nicht in der Macht von Ärzten, die Grenzen des Lebensschutzes festzulegen und das normative Datum des Gehirntodes bei bestimmten Krankheitsbildern aufzuheben.

Dem steht nicht entgegen, daß der Arzt beim Anenzephalus die medizinischen Behandlungsmöglichkeiten insbesondere zur Herstellung und Aufrechterhaltung der Vitalfunktionen nicht auszuschöpfen braucht. Nach der „Einbecker Empfehlung" der Deutschen Gesellschaft für Medizinrecht[47] besteht keine solche Behandlungspflicht, „wenn nach dem aktuellen Stand der medizinischen Erfahrungen 1. das Leben dadurch nicht auf Dauer erhalten werden kann, sondern nur der sichere Tod hinausgezögert wird, ... 2. es trotz der Behandlung ausgeschlossen ist, daß das Neugeborene jemals die Fähigkeit zur Kommunikation mit der Umwelt erlangt, ... 3. die Vitalfunktionen des Neugeborenen auf Dauer nur durch intensivmedizinische Maßnahmen aufrechterhalten werden können ...".

Die Frage bleibt, ob der Arzt dazu berechtigt ist, die Vitalfunktionen des todgeweihten, schwerstgeschädigten Neugeborenen nur darum künstlich aufrecht zu erhalten, um die Möglichkeit von Transplantationen zu schaffen oder zu verbessern. Auch in einem solchen Eingriff liegt — streng genommen — eine Instrumentalisierung des menschlichen Lebens. Indessen erfährt es dadurch weder eine Gefährdung noch eine Beschwernis. Erweist sich die spätere Organentnahme als gerechtfertigt, so gilt dies auch für die vorbereitenden Maßnahmen, sofern sie keine wesentlichen Opfer vom noch Lebenden fordern.

Den Gefahren einer Kommerzialisierung von Schwangerschaften im Dienste der Transplantationsmedizin haben Gesetzgeber und Rechtspflege zu wehren[48].

---

45 Vgl. auch die Hinweise in: Die Neue Ärztliche Nr. 23 v. 4.2.1987 (Wissenschaft und Forschung).

46 Zur Gehirnaktivität als Kriterium des Lebensbeginns von Embryonen kritisch *G. Schirmer,* Status und Schutz des frühen Embryos bei der „In-vitro-Fertilisation". Rechtslage und Diskussionsstand in Deutschland im Vergleich zu den Ländern des angloamerikanischen Rechtskreises, 1987, 180 ff.

47 *H.-D. Hiersche, G. Hirsch* u. *T. Graf-Baumann* (Hg.), Grenzen ärztlicher Behandlungspflicht bei schwerstgeschädigten Neugeborenen, 1987, 183 ff.; MedR 1986, 281. Empfehlungen in Überarbeitung.

48 *H.-L. Schreiber* u. *G. Wolfslast,* in: E. Dietrich (Hg.), Organspende, Organtransplantation. Indikationen, Technik, Resultate. Ein Report des Machbaren, 1985.

Es bestehen ähnliche Bedenken wie sie sich im Rahmen der Reproduktionsmedizin gegen den entgeltlichen Leihmuttervertrag richten. Dieser erhält sein sittenwidriges Gepräge vor allem dadurch, daß die Partner der Abrede das gewünschte Kind zum Gegenstand eines Geschäfts machen und dadurch gleichsam zu einer Handelsware degradieren[49].

7. Die Fortschritte der medizinischen Technik werfen je und je zusätzliche Grenzprobleme auf. Sollen die Ärzte, so lautet eine neue Frage aus der Intensivmedizin, den Kreislauf und die gebliebenen Vitalfunktionen einer hirntoten Frau aufrechterhalten, bei der eine intakte fortgeschrittene Schwangerschaft besteht, um damit das Leben des Nasciturus bis zur angestrebten Schnittentbindung[50] zu bewahren? Der Hirntote ist im Rechtssinne tot. Der Hirntod bildet die allgemein anerkannte, normativ, nicht medizinisch bestimmte Scheidelinie. Mit dem Hirntod enden definitiv die Pflicht wie das Recht des Arztes zu weiteren Intensivmaßnahmen. Der postmortale Persönlichkeitsschutz[51] verbietet grundsätzlich Eingriffe, die das organische Absterben hinhalten und verlängern. Anderes wird hier gelten, wo ein weiteres Menschenleben auf dem Spiel steht. Das werdende Leben ist im gegebenen Falle dem Arzt anheimgestellt. Die dem Arzt obliegende Lebenserhaltungspflicht besteht hier gegenüber dem Nasciturus. Die postmortalen Integritätsinteressen der Mutter wiegen ungleich geringer. Die Lebenserhaltungspflicht ergibt sich arztrechtlich aus der Fallübernahme. Die klinische Aufnahme einer Schwangeren schließt den Schutz für das noch ungeborene Leben mit ein, selbst wenn dessen Existenz sich erst in der Folge erweist. Soweit der intensivmedizinische künstliche Weg zur Geburt für den Nasciturus Gefahren heraufbeschwört, mit denen die Ärzte erfahrungsgemäß rechnen müssen oder die sich gar wegen der Unerprobtheit der Methode noch nicht voll absehen lassen, kompliziert sich die Rechtsfrage weiter. Was soll geschehen, wenn kindliche Gebrechen und Behinderungen drohen? Wenn das Recht grundsätzlich den Ärzten gebietet, ein durch kongenitale Schäden belastetes, überlebensfähiges Neugeborenes therapeutisch zu behandeln[52], dann wird die Erhaltungs- und Hilfspflicht wohl prinzipiell auch zu Gunsten des möglicherweise oder voraussichtlich beeinträchtigten Nasciturus der hirntoten Mutter gelten, zumal die embryopathische Indikation zum Schwangerschaftsabbruch nicht den Vater oder das Vormundschaftsgericht dazu befugte, das ungeborene Leben preiszugeben. Schwierigkeiten der Prognose und der Abwägung können den Arzt an die Grenzen des Rechts und vor schwere

[49] *A. Laufs,* Rechtliche Grenzen der Fortpflanzungsmedizin, 1987, 32.

[50] Zur Schnittentbindung an der Toten und Sterbenden *H.-D. Hiersche,* MedR 1985, 45-52.

[51] *P. Nikoletopoulos,* Die zeitliche Begrenzung des Persönlichkeitsschutzes nach dem Tode, 1984; *V. Albrecht,* Die rechtliche Zulässigkeit postmortaler Transplantatentnahmen, 1986.

[52] Über die Grenzen ärztlicher Behandlungspflicht bei schwerstgeschädigten Neugeborenen aus ärztlicher Sicht *V. v. Loewenich,* MedR 1985, 30-33; aus juristischer Sicht *E.-W. Hanack,* MedR 1985, 33-38; vgl. ferner das in Fn. 47 genannte Sammelwerk.

Gewissensentschlüsse führen. Zu unerprobten Maßnahmen der Neulandmedizin ist der Arzt auch hier im allgemeinen nicht verpflichtet, allenfalls berechtigt. Solange für den Arzt die Pflicht besteht, das Leben des Nasciturus über den Kreislauf der hirntoten Mutter aufrecht zu erhalten, darf er kein Organ der Schwangeren entnehmen, um damit das Leben eines anderen Patienten zu retten. Wäre die Organentnahme, wenn keine Schwangerschaft bestünde, nach dem rechtfertigenden Notstand des § 34 StGB auch gegen den Willen der Toten legitimiert, so gilt das hier nicht ebenso, weil die in Frage stehenden Güter — das Leben des potentiellen Organempfängers und das Leben des ungeborenen Kindes — in ihrem Verhältnis zueinander gleichen Rang einnehmen. Die Rettung des Dritten verlangte die Aufopferung des Embryos und der Rechte der Toten; darum ließe sich § 34 StGB nicht zur Rechtfertigung anführen[53].

---

[53] Wie skizziert, so riet die Ethikkommission bei der Ärztekammer Baden-Württemberg.

IV. Der Rechtsstatus des menschlichen Embryos

1. Im Streit der Gegenwart um den Lebensschutz der Ungeborenen gerieten die geistigen Errungenschaften der Aufklärungszeit in Vergessenheit. Es erscheint angezeigt, sich ihrer zu erinnern. Das Allgemeine Landrecht für die Preußischen Staaten bestimmte 1794: „Die allgemeinen Rechte der Menschheit gebühren auch den noch ungebornen Kindern, schon von der Zeit ihrer Empfängniß“[1]. In den offiziösen Anmerkungen zum Feuerbachschen Strafgesetzbuch Bayerns aus dem Jahr 1813 findet sich der ebenso klare wie eindeutige Satz: „Daß an Embryonen sowohl als an abgelebten Greisen und den Tod erwartenden Kranken oder des Todes schuldigen Verbrechern, desgleichen an allen Menschen ohne Unterschied der Nation, Religion, Standes und Alters das Verbrechen der Tötung begangen werden könne, ist mit dem Worte Mensch ausgesprochen“. Das österreichische Allgemeine Bürgerliche Gesetzbuch von 1811 gab selbst ungeborenen Kindern vom Zeitpunkt ihrer Empfängnis an einen Anspruch auf den Schutz der Gesetze[2]. Diese Regel hatte zum Hintergrund die Diskussion darüber, ob sich eine Zäsur in der Entwicklung des Embryos bestimmen lasse.

Franz von Zeiller, einer der Schöpfer des österreichischen Gesetzes, der die naturwissenschaftlichen wie die philosophisch-moraltheologischen Gesichtspunkte kannte, äußerte sich in seinem Kommentar wie folgt: „Die Gesetzgeber älterer und neuerer Zeiten verdienen die dankbarste Verehrung, daß sie ihre rechtliche Vorsorge auch über die noch ungeborenen aber schon empfangenen Kinder breiten, ohne sich um die von den Naturforschern und Rechtsphilosophen geführten, wenigstens nicht mit einleuchtender Gewißheit entschiedenen Streitigkeiten, wann das empfangene Wesen zu den lebenden, vernunfts- oder rechtsfähigen Wesen gehöre, zu bekümmern. Die sicherste Maßregel ist es wenigstens, ihnen gleich den Geborenen Anspruch auf die Gesetze zu geben“[3]. Der in diesem Kommentar zum Ausdruck gelangende Tutiorismus verdient es, in den Vordergrund gerückt zu werden.

In der Spruchpraxis des BVerfG findet sich je und je der Grundgedanke, wonach bei der Verfassungsinterpretation diejenige Auslegung den Vorzug verdiene, welche die juristische Wirkungskraft der betreffenden Grundrechtsnorm

---

[1] ALR I, 1 § 10.

[2] § 22 ABGB.

[3] Zitiert nach *W. Selb*, Der Ungeborene im österreichischen Zivilrecht, in: Institut für medizinische Anthropologie und Bioethik, Wien, und Schweizerische Gesellschaft für Bioethik, Zürich (Hg.), Der Status des Embryos. Eine interdisziplinäre Auseinandersetzung mit dem Beginn des menschlichen Lebens, 1989, 170-173 (172).

am stärksten entfalte[4] oder die dem Bürger einen Rechtsanspruch einräume[5]. Ein allgemeines Gesetz sei, so das höchste deutsche Gericht, im Lichte der Bedeutung des Grundrechts zu sehen und daher so auszulegen, daß der Wertgehalt des Grundrechts auf jeden Fall gewahrt bleibe und daß der grundsätzlichen Vermutung für die vom Grundrecht gewährte Freiheit Rechnung getragen werde[6].

2. In der Sicht der Naturwissenschaft beginnt mit der Vereinigung der mütterlichen Chromosomen der Eizelle und der väterlichen Chromosomen der Samenzelle die Entwicklung eines neuen menschlichen Individuums. Der Göttinger Humanembryologe Erich Blechschmidt hat das alte Haeckelsche Dogma widerlegt[7]. Ein Mensch wird nicht Mensch, sondern er ist es, und zwar in jeder Phase seiner Entwicklung. Der menschliche Keim ist keine Bildung, zu der nachträglich als Akzidens das Menschsein hinzukäme. Zum Wesen des Menschen gehören Veränderung, Wandel und Wandlungsfähigkeit. Das Leben des Menschen ist „von der Zeugung an ein unaufhörlicher Strom des Stoffwechsels, des Wachstums, der Gestaltung und der sinnvollen Funktion, das heißt nach eigenen Gesetzen Ausdruck eigengeprägter Individualität, in einem nie mehr abreißenden Kontinuum von der Zeugung bis zum Tode". Franz Büchner hat diese Sätze unter die Überschrift gestellt: „Von der Zeugung an ein Mensch"[8]. „Die extracorporale Befruchtung deckt auf", so Jérome Lejeune, „daß das menschliche Sein bei der Befruchtung beginnt"[9].

Die naturwissenschaftliche Erkenntnis bestätigt ihrerseits die Position der aufgeklärten Gesetzgeber. Jede andere Zäsur als die Empfängnis erschiene normativ willkürlich. So muß sich denn auch aus philosophischer Sicht der Entschluß, die befruchtete menschliche Eizelle als zu schützendes menschliches Leben anzuerkennen, orientieren — wie Reinhard Löw denkt — „an dem einzig zweifelsfreien Kriterium darüber, ob ein Mensch Mensch ist: seiner biologischen Zugehörigkeit zur Art homo sapiens. Mit dieser Entscheidung erkennt der Mensch diese Zelle frei als einen teleologisch verfaßten Keim an, aus welchem ein gleich Freier hervorgehen soll, wenn nichts dazwischen kommt. Jeder Mensch tritt in dieser Weise als gezeugtes und geborenes, nicht als kooptiertes Mitglied in die Gesellschaft ein. Er ergreift seine Rechte, ohne sie anderen verdanken zu müssen. Die Tatsache, daß es sich dabei auch um ein komplexes organisches Konglomerat

---

4 BVerfGE 6, 72; 39, 38.

5 BVerfGE 15, 282.

6 BVerfGE 21, 281.

7 *E. Blechschmidt,* Wie beginnt das menschliche Leben. Vom Ei zum Embryo, [5]1984. — Vgl. ferner *H. M. Beier,* Beginn des menschlichen Lebens aus biologischer Sicht, in: Ch. Fuchs (Hg.), Möglichkeiten und Grenzen der Forschung an Embryonen, 1990, 67-88 („Aus der Sicht der Biologie ergeben sich deutliche Argumente für eine abgestufte Schutzwürdigkeit", 87).

8 *F. Büchner,* Der Mensch in der Sicht moderner Medizin, 1985, 74, 66.

9 *J. Lejeune,* Genetik, Ethik und Manipulation, in: Schriftenreihe d. Juristen-Vereinigung Lebensrecht e. V. zu Köln, Nr. 3, 15-25 (16).

handelt, ist kein Einwand, sondern diese Tatsache stellt eine Bedingung dar für die Entwicklung jenes freien Wesens. Eine stichhaltige, ethische Argumentation kann nur von einer Basis aus erfolgen, auf welcher jeder Angehörige der Gattung Mensch jeden anderen Menschen als Wesen gleichen Rechtes und gleicher Würde respektiert. Anderenfalls könnte durch die Definitionen von gerade lebenden Menschen jederzeit die Zahl derer, die dieses Recht beanspruchen dürfen, eingeschränkt werden"[10].

3. Nicht wenige Autoren verknüpfen die Frage nach dem Anfang des menschlichen Lebens mit dem Beginn der Hirnaktivität, wobei sie eine Parallele zur modernen Todesdefinition ziehen, ohne freilich überzeugen zu können[11]. Zuletzt hat Hans-Martin Sass die These verfochten, die Entwickeltheit des Gehirns mache den Menschen aus[12]: Es gelte, in Analogie zum Hirntod vom „Hirnleben" zu sprechen, das mit dem Beginn der neuronalen Synapsenbildung, der Vernetzung der Nervenzellen, zusammenfalle. Die durch die Synapsenbildung am siebzigsten Tage nach der Empfängnis erst ermöglichte Funktionsfähigkeit des Gehirns stelle das biologische Korrelat zum personalen Leben des menschlichen Individuums dar. Erst die zentrale neuronale Steuerung, Schmerzempfindung und Kommunikation, Bewußtsein und Selbstbewußtsein machten den Menschen aus. Vom siebzigsten Tage nach der Empfängnis an seien dem „werdenden menschlichen Leben" voller rechtlicher Schutz, ungeteilte ethische Solidarität und Achtung bedingungslos entgegenzubringen. Eine den Einzelfall abwägende ethische Begründung für den Gebrauch empfängnisverhütender Mittel oder des Schwangerschaftsabbruchs entfalle bei gesellschaftlicher Akzeptanz der Kriterien des Hirnlebens ebenso wie beim Behandlungsverzicht am Lebensende nach eingetretenem Hirntod. Wer diese Definition aus ethischen Gründen ablehne, sollte jedes Recht haben, Kontrazeption und Schwangerschaftsabbruch für sich selbst auszuschließen. Er sollte aber andere Bürger und die pluralistische Gesellschaft insgesamt nicht bevormunden.

Diese Lehre läßt sich nicht halten. Sie setzt Grundverschiedenes gleich. Als normatives Datum bezeichnet der Hirntod, der unumkehrbare Ausfall des Gesamthirns, von Hirnrinde und -stamm, eine Grenze, jenseits derer dem Arzt weder die Pflicht noch das Recht zukommt, den sterbenden Menschen weiter zu behandeln. Es geht dabei um den Respekt vor der erlöschenden Existenz, vor dem

---

10 *R. Löw*, Gen und Ethik. Philosophische Überlegungen zum Umgang mit menschlichem Erbgut, in: P. Koslowski, Ph. Kreuzer u. R. Löw (Hg.), Die Verführung durch das Machbare, 1983, 33-48 (41 f.). Grundsätzlich anders philosophiert *B. Schoene-Seifert*, Überlegungen zum moralischen Status des Embryos, in: Ch. Fuchs (Hg.), vorstehende Note 7, 99-111: gegen einen globalen oder abgestuften Schutz embryonalen Lebens um seiner selbst willen.

11 Vgl. *G. Schirmer*, Status und Schutz des frühen Embryos bei der „In-vitro"-Fertilisation, 1987, 180 ff.

12 International Conference on the Beginning of Human Life, The University of Iowa, November 1990; Die Zeit Nr. 49 v. 30. 11. 1990, S. 95.

sterbenden Menschen und dessen Recht auf den eigenen würdigen Tod. Der Eintritt des Hirntodes verbietet dem Arzt, das Sterben durch medizinische Eingriffe zu verlängern. Ganz anders stellt sich die Lage dar, in der sich ein junges menschliches Leben befindet, dessen Gehirnfunktionen noch nicht begonnen haben. Den Arzt trifft die berufsrechtliche Pflicht, das keimende menschliche Leben von Anbeginn zu achten und zu schützen, dessen Zukunft zu wahren. Der Embryo, der das Gehirnleben noch nicht erreicht hat, trägt die Anlagen bereits in sich, die dahin und schließlich zu einem Erwachsenenleben führen. Der noch nicht siebzig Tage alte Embryo ist potentiell — auch im Blick auf die cerebralen Funktionen — ein ganzer Mensch, dessen Existenzrecht nicht von einer Annahme durch Erwachsene abhängen darf.

Die Versuche, in der Embryonalgeschichte eine Zäsur nachzuweisen, bei der das Menschsein beginne, müssen als gescheitert gelten. Sie haben eine lange Geschichte, zu der auch die theologische Kontroverse um Simultan- oder Sukzessivbeseelung und um die Distinktion zwischen beseelter und unbeseelter Leibesfrucht gehört[13]. Anders als Sass meint, läßt die moderne Embryologie einen Unterschied zwischen vormenschlichem und menschlichem Keim nicht zu. Mit der Befruchtung der Eizelle nimmt ein Prozeß kontinuierlicher biologischer Entwicklung seinen Gang, in dem das von Anfang an in seiner konkreten Individualität vorhandene menschliche Leben durch ständige äußerliche Modifikation allmählich seine voll ausgeprägte Gestalt gewinnt.

Auch der Hinweis auf die pluralistische Gesellschaft ändert daran nichts. Gewiß verlangt die postmoderne Philosophie plurale Denk- und Handlungsmuster. Das Geschichtsverständnis der Postmoderne lebt nicht neuzeitlich-fortschrittlich aus der Negation des Vorausgegangenen, sondern aus der gegenwärtigen Gleichzeitigkeit des Ungleichzeitigen. Die Vielheit prägt als Strukturelement das postmoderne Denken. Indessen: „Das offene Ganze wird zusammengehalten durch die Anerkennung von Grenzen dessen, was nicht hinnehmbar ist, weil es die Grundstruktur dieses Pluralismus negiert. Das ist also ein sozusagen negativer Konsens, der den inhaltlichen Konsens ablehnt"[14]. Zu diesem unverzichtbaren und uneinschränkbaren Grundgefüge gehört das Lebensrecht jedes Menschen in seiner jeweiligen Eigenart, das ohne Verleihung durch andere besteht unabhängig von Reife-, Gesundheits- oder Bewußtseinszuständen.

---

13 Vgl. die Nachweise bei *R. Peters,* Der Schutz des neugeborenen, insbesondere des mißgebildeten Kindes, 1988, 48 ff. Siehe ferner *D. Kluge,* eyn noch nit lebendig kindt. Rechtshistorische Untersuchungen zum Abbruch der Schwangerschaft in den ersten 3 Monaten der Entwicklung der Frucht auf der Grundlage der Carolina von 1532, 1986 (Europ. Hochschulschriften II, Bd. 578).

14 Treffend zum postmodernen Denken auch in der Jurisprudenz *R. Schnur,* Aktuelle Probleme der rechtswissenschaftlichen Grundlagenforschung in der Bundesrepublik Deutschland, in: S. H. Kaszyński (Hg.), Die Wissenschaften in der Entwicklung — Perspektive 2000 —, Poznań 1990, 97-112 (110).

4. Es erscheint ebenso bemerkenswert wie bedauerlich, daß in der Debatte der Ethiker die Gesetze des demokratischen Rechtsstaats oft außer Betracht bleiben. Sie gewährten dem Embryo von Anbeginn Rechte, schon bevor § 8 Abs. 1 des Embryonenschutzgesetzes klarstellte: „Als Embryo im Sinne dieses Gesetzes gilt bereits die befruchtete, entwicklungsfähige menschliche Eizelle vom Zeitpunkt der Kernverschmelzung an, ferner jede einem Embryo entnommene totipotente Zelle, die sich bei Vorliegen der dafür erforderlichen weiteren Voraussetzungen zu teilen und zu einem Individuum zu entwickeln vermag".

Mit gutem Grund führte ein Abgeordneter des Deutschen Bundestages bei den parlamentarischen Beratungen des Gesetzes aus: „Wir haben unsere Verfassung mit den Art. 1 und 2 geschaffen, um den Staat für alle Zukunft zum Schutz der Menschenwürde zu zwingen. Um jegliche Manipulationsmöglichkeit auszuschalten, muß der Schutz vom Anfang bis zum Ende des Lebens reichen. Dieser Schutz beginnt im Augenblick der Entstehung menschlichen Lebens, d. h. im Augenblick der Verschmelzung der Kerne von Eizelle und Samenzelle. Ohne diese genaue Festlegung, die in § 8 des Gesetzes vorgenommen wird, wären die Vorschriften des Gesetzes sinnlos. Es gibt weder naturwissenschaftlich noch rechtlich noch religiös eine andere Lösungsmöglichkeit, wenn wir die Herstellung von Embryonen z. B. zu Forschungszwecken unterbinden wollen"[15].

Diese Rechtsposition entspricht der Verfassungslage. Das Grundgesetz schützt das menschliche Leben. Dieses besteht nicht allein und erst beim Menschen im vollen Rechtssinn und beginnt darum nicht erst mit dem Einsetzen[16] oder der Vollendung der Geburt[17]. „Die Auffassung, die eine derartige Beschränkung aus der Art der verfassungsrechtlichen Verbürgung herleitet, die das Vorhandensein einer Person als Rechtsträger voraussetze, verkennt den objektiv-rechtlichen Gehalt der Garantie sowie ihre Bedeutung als (von der Verfassung rezipierte) naturrechtliche Grenze staatlicher Tätigkeit"[18].

Jedenfalls seit dem Urteil des BVerfG aus dem Jahr 1975 zur Verfassungswidrigkeit der Fristenregelung beim Schwangerschaftsabbruch[19] genießt anerkanntermaßen auch ungeborenes Leben den Verfassungsschutz des Art. 2 Abs. 2 S. 1

---

15 *H. Seesing*, Deutscher Bundestag, Plenarprotokoll 11 / 230, Stenographischer Bericht, 230. Sitzung, 24. 10. 1990, 18208. — Ein wesentlicher Mangel des von *Ch. Fuchs* hg. Sammelbandes, Möglichkeiten und Grenzen der Forschung an Embryonen, 1990, besteht darin, daß er dem Verfassungsrecht keinen eigenen Raum gibt.

16 Vgl. § 217 StGB.

17 § 1 BGB.

18 *D. Lorenz*, in: J. Isensee u. P. Kirchhof (Hg.), Handbuch des Staatsrechts der Bundesrepublik Deutschland, Bd. VI, 1989, 8 (§ 128, Rdnr. 9). Vortrefflich *M. Schlag*, vornehmlich aus österreichischer Sicht: Verfassungsrechtliche Aspekte der künstlichen Fortpflanzung. Insbesondere das Lebensrecht des in vitro gezeugten Embryos, 1991. Vgl. ferner *A. Suarez*, Schweiz. Juristen-Zeitung 1990, 205-211.

19 BVerfGE 39, 1 = NJW 1975, 573.

GG und zwar als insoweit teil(grund)rechtsfähiges Rechtssubjekt[20]. Eine Differenzierung des verfassungsrechtlichen Basisschutzes aus Art. 2 Abs. 2 S. 1 GG läßt sich auch in zeitlicher Hinsicht ohne Willkür nicht begründen[21]. Aufgrund der in ihm angelegten potentiellen Fähigkeiten kommt dem menschlichen Sein auch von Anfang an Menschenwürde zu. „Eine Unterscheidung zwischen menschlichem Leben ⟨im biologischen Sinne⟩ und menschlichem Leben im personalen, ⟨vollwertigen⟩ Sinne, eine Differenzierung zwischen ⟨Leben⟩ einerseits und ⟨Mensch⟩ andererseits ist aus der Perspektive der Art. 1 Abs. 1, 2 Abs. 2 GG in der Tat nicht zulässig. Die Leibesfrucht ist insofern Schutzgut der Menschenwürde. Sieht man Art. 1 Abs. 1 GG nicht nur als objektiven Verfassungsrechtssatz, sondern als Grundrecht i. S. einer subjektiv-öffentlichen Anspruchsnorm, so ist die Leibesfrucht Träger dieses Grundrechts. Da jedes menschliche Leben Würde besitzt, muß Würde auch der Eizelle vom Augenblick der Befruchtung an — und unabhängig von der Art der Befruchtung — zukommen, liegt doch nun artspezifisches, ja bereits individualspezifisches menschliches Leben vor“[22].

In seinem berühmten Kommentar hat Günter Dürig bereits 1958 das Lebensrecht des Nasciturus verfassungsrechtlich begründet und klargestellt: Wenn der Nasciturus Inhaber des Grundrechts auf Leben im Sinne des Art. 2 Abs. 2 S. 1 sei, dann treffe den Staat auch hier eine doppelte Verpflichtung; er müsse sich eigener Eingriffe in das ungeborene Leben enthalten (Achtungspflicht), und er müsse Angriffe auf das ungeborene Leben, die von Privaten ausgehen, abwehren (Schutzpflicht)[23]. Ebenso hat Dürig früh erkannt, daß dem Nasciturus auch Menschenwürde zukomme und sich dabei auf Ernst Wolf berufen[24], der ausführte[25]: Der Beginn, der Sein und Nichtsein trenne, liege im Augenblick der Zeugung. Hier entstehe der neue Wesens- und Persönlichkeitskern, der sich hinfort nicht mehr ändere. In ihm liege alles Wesentliche und Wesenhafte dieses Menschen beschlossen, und er treibe zur Entfaltung dessen, was keimhaft in ihm stecke, bewirke, daß der Mensch, möge er wachsen oder vergehen, stets er selber bleibe. „Daß zunächst Stufen des Aufbaus und der Vorbereitung zu durchlaufen sind, die ⟨höheren⟩ Tätigkeiten später als die ⟨niederen⟩ beginnen, manche überhaupt nicht zur Entwicklung kommen, vermag nichts daran zu ändern, daß, sobald und

---

20 *D. Lorenz*, wie Fn. 18.

21 *M. Pap*, Extrakorporale Befruchtung und Embryotransfer aus arztrechtlicher Sicht, 1987, 237 ff.; *S. Vollmer*, Genomanalyse und Gentherapie. Die verfassungsrechtliche Zulässigkeit der Verwendung und Erforschung gentherapeutischer Verfahren am noch nicht erzeugten und ungeborenen menschlichen Leben, 1989, 84 f.

22 *W. Graf Vitzthum*, Gentechnologie und Menschenwürde, MedR 1985, 249-257 (252).

23 *G. Dürig*, in: Th. Maunz, G. Dürig, R. Herzog u. a., Grundgesetz Kommentar, Art. 2 Abs. 2, Rdnr. 21 f.

24 *G. Dürig*, wie Fn. 23, Art. 1 Abs. 1, Rdnr. 24 (1958).

25 *E. Wolf* u. *H. Naujoks*, Anfang und Ende der Rechtsfähigkeit des Menschen, 1955, 144 f.

solange jener Kern besteht, ein lebendiger Mensch vorhanden ist. Jeder Erzeugte ist Mensch".

5. In der Diskussion um den Status des menschlichen Embryos bleiben die zivilrechtlichen Gesichtspunkte oft im dunkeln, obwohl sie den Ungeborenen in starkem Maß seit langem, schon vor Inkrafttreten des GG, schützen[26]. Nach § 1 BGB beginnt die Rechtsfähigkeit des Menschen mit Vollendung der Geburt. Danach entbehrt die Leibesfrucht der vollen Rechtsfähigkeit. Andererseits gesteht das Gesetz der schon erzeugten, aber noch nicht geborenen Leibesfrucht bestimmte Rechte zu, die ihr im Falle späterer Lebendgeburt anfallen. So kann der Nasciturus Erbe sein, auch Nacherbe oder Vermächtnisnehmer[27]. Dem Nasciturus steht ein Ersatzanspruch wegen schuldhafter Tötung des Unterhaltspflichtigen zu[28]. Ferner läßt das BGB einen Vertrag zu, der das Versprechen einer Leistung zugunsten des Nasciturus enthält[29]. Eine einstweilige Verfügung vermag schon vor der Geburt einen zukünftigen Unterhaltsanspruch zu sichern[30]. Ein Pfleger kann die Rechte des Nasciturus wahren[31]. Auch ein vor der Vertreibung Erzeugter, aber erst nachher Geborener kann Vertriebener im Sinne des Lastenausgleichsgesetzes sein[32]. Als Opfer des Krieges nach dem Bundesversorgungsgesetz „muß auch eine solche Person angesehen werden, die durch kriegsbedingte und im übrigen als rechtserheblich anerkannte Schädigungstatbestände als Leibesfrucht so betroffen worden ist, daß sich bei ihr nach der Geburt Gesundheitsstörungen als Folgen der Schädigung zeigen"[33].

Im Unterschied zum Gemeinen Recht enthält das BGB keinen Satz über die Rechtsfähigkeit des Nasciturus, weil der Gesetzgeber Einschränkungen für erforderlich hielt, solche sich aber allgemein schwer formulieren ließen. Darum begnügte er sich mit einzelnen, den Nasciturus begünstigenden Sonderregeln vornehmlich zum Erbrecht, wobei er die Interessen des ungeborenen Menschen wie im Straf-, so auch im Privatrecht berücksichtigt wissen wollte. Die Leibesfrucht sollte also keineswegs schutzlos bleiben. Es gilt vielmehr, Gesetzeslücken im Wege der Rechtsanalogie zu schließen. „Einer solchen Analogie stehen aufgrund der Entstehungsgeschichte und der Intention des Gesetzgebers keine Bedenken entgegen"[34]. Art. 2 des GG gebietet die Analogie geradezu. Denn eine verfas-

---

26 Vgl. *W. Gitter*, Münchener Kommentar zum BGB, Bd. 1, ^{2}1984, § 1, Rdnr. 13 ff., mit weiteren Nachweisen.

27 §§ 1923 Abs. 2, 2108, 2178 BGB.

28 §§ 844 Abs. 2 S. 2 BGB, § 10 Abs. 2 S. 2 StVG, § 35 Abs. 2 S. 2 LuftVG, § 5 Abs. 2 S. 2 HPflG, § 28 Abs. 2 S. 2 AtG.

29 § 331 Abs. 2 BGB.

30 § 1615 o BGB.

31 § 1912 BGB.

32 § 11 LAG; BVerwG, NJW 1962, 1459 (Leits.).

33 BSG, NJW 1963, 1078, 1080. Im Unterschied zum BVerwG lehnte das BSG eine beschränkte Rechtsfähigkeit des Nasciturus aber ab — eine eher theoretische Feststellung.

34 *W. Gitter*, wie Fn. 26, Rdnr. 26, m. w. N.

sungskonforme Anwendung des BGB verlangt die Ausfüllung privatrechtlicher Begriffe und Vorschriften mit den im Grundgesetz ausgeformten Wertgehalten. Dies führt praktisch zu einer beschränkten Rechtsfähigkeit des Nasciturus[35].

Art. 2 Abs. 2 S. 1 GG gewährleistet Leben und körperliche Unversehrtheit des Nasciturus. Der Schutz des Nasciturus vor schädigenden Eingriffen ergibt sich überdies ausdrücklich aus Normen des Haftpflichtrechts[36]. In diesen Vorschriften geht es um mittelbare Unbill, die der Nasciturus infolge schädigender Handlungen gegen einen ihm Unterhaltspflichtigen erlitt. Daraus ergibt sich als Rechtsprinzip der zivilrechtliche Schutz von Leben, körperlicher Unversehrtheit und Vermögen des Nasciturus. Der ungeborene Mensch kann darum „ein anderer" im Sinne der deliktsrechtlichen Grundnorm des § 823 Abs. 1 BGB sein.

Die Leibesfrucht sei dazu bestimmt, so erkannte der BGH[37], als Mensch ins Leben zu treten; sie und das später geborene Kind seien identische Wesen, eine naturgegebene Tatsache, der das Haftpflichtrecht entsprechen müsse. „Verletzungen der Leibesfrucht werden daher jedenfalls mit Vollendung der Geburt zu einer Verletzung der Gesundheit des Menschen, für die der Schädiger gemäß § 823 BGB Ersatz leisten muß. Auch aus dem Zusammenhang der Rechtsordnung ergeben sich keine Bedenken gegen die Anwendung des § 823 BGB. Dabei mag außer Betracht bleiben, daß der Leibesfrucht durch das Verbot der Abtreibung, d. h. ihrer Abtötung, ein gewisser strafrechtlicher Schutz gewährt ist. Die Tatsache, daß ihre bloße Schädigung, um die es hier geht, nicht unter Strafe gestellt ist, steht der Auffassung nicht entgegen, daß der Mensch auch dann zivilrechtlichen Schutz, jedenfalls einen Anspruch auf Schadensersatz besitzt, wenn die Verletzung seiner Gesundheit auf einer Vorschädigung in seinem embryonalen Zustand beruht. Schon in diesem Stadium seiner Entwicklung ist der Mensch Gefahren und biologischen Schädigungen ausgesetzt, die sich später als Verletzungen seiner Gesundheit i. S. des § 823 BGB auswirken; er bedarf daher des Schutzes".

Das Gericht hat für die Fernwirkungs- und Schockschadensfälle bei diesem Erkenntnis angeknüpft: Der Schädiger haftet grundsätzlich auch dann dem gesundheitlich beeinträchtigt geborenen Kind aus unerlaubter Handlung auf Schadensersatz, wenn ein Angriff auf die Psyche der Schwangeren die Verletzung der Leibesfrucht vermittelte[38].

Die Spruchpraxis des BGH verträgt und verdient einen klärenden Zusatz: Auch wenn es im Prozeß regelmäßig um einen Schadensersatzanspruch des lebend

---

35 *W. Gitter*, wie Fn. 26, Rdnr. 26, m. w. N.

36 § 844 Abs. 2 S. 2 BGB und die entsprechenden Vorschriften des StVG, LuftVG, HaftpflG und des AtG.

37 BGHZ 58, 48 = NJW 1972, 1126.

38 BGH, NJW 1985, 1390 m. Anm. v. *K. G. Deubner* = MedR 1985, 275 (Leits.) m. Anm. v. *W. Dunz*.

geborenen, rechtsfähigen Kindes geht, verletzte der Delinquent das Rechtsgut Gesundheit beim Nasciturus und vollendete damit den Haftpflichttatbestand des § 823 Abs. 1 BGB bereits zu diesem vor der Geburt liegenden Zeitpunkt[39].

6. Das Recht des ungeborenen Menschen auf körperliche Unversehrtheit läßt sich nicht mit dem Hinweis auf das Fehlen strafrechtlichen Schutzes in Frage stellen, auch wenn das Embryonenschutzgesetz jüngst bedenkliche Strafbarkeitslücken nicht geschlossen hat, die dem Arzt in der Pränataldiagnostik und -therapie einen weithin straffreien Raum überlassen[40]. Sogar der grob fahrlässige, zum vorzeitigen Tod der Leibesfrucht führende Diagnose- oder Behandlungsfehler unterliegt keiner Strafsanktion, sowenig wie jede Art von Körperverletzung, wenn sie nicht zum Tod, sondern allein zu nachgeburtlich manifesten körperlichen und gesundheitlichen Folgen führt. Auf dem Felde des Strafrechts blieb die Judikatur des BGH zum Schadensersatz für kongenitale Schäden also ohne Parallele. Denn § 218 StGB droht allein für die vorsätzliche Tötung der Leibesfrucht Strafe an; die Tötungs- und Körperverletzungstatbestände der §§ 211 ff. und 223 ff. StGB gelten nach feststehender allgemeiner Rechtsansicht nur für den Menschen nach der Geburt.

Dieser Befund steht im Widerspruch zu dem Grundgedanken des Embryonenschutzgesetzes: Leben und Integrität der befruchteten, entwicklungsfähigen menschlichen Eizelle vom Zeitpunkt der Kernverschmelzung an strafrechtlich zu schützen. Menschliches Leben in utero verdient nicht weniger Schutz als solches in vitro, mögen sich die Gefährdungen auch durchaus unterscheiden. Die Zurückhaltung des Gesetzgebers hat ihren Grund in den Unklarheiten, Kontroversen und Verwerfungen, die auf dem Feld des § 218 StGB bestehen. Das Dilemma des Schwangerschaftsabbruchs schwächt das Gebot des Lebensschutzes überhaupt.

7. Das Urteil des BVerfG zur Verfassungswidrigkeit der Fristenlösung[41] und die ihm folgenden Novellen zu den §§ 218 ff. StGB, 616 BGB, 63 HGB, 133c GewO, § 12 Berufsbildungsgesetz, zum Lohnfortzahlungsgesetz, zur RVO und zu den entsprechenden Beihilfevorschriften schufen einen Kompromiß, der sich nicht als dauerhaft und tragfähig erwies. Es stellte sich vielmehr heraus, „daß hinter der Indikationslösung als kompromißhafter Fassade die Fristenlösung der tatsächlichen Praxis entsprach — rechtlich umhegt von Rechtsprechung und Sozialverwaltung. Mehr noch: die faktische Straffreiheit nichtindizierter Abtreibung wandelte sich zum faktischen Recht auf nichtindizierte Abtreibung. Was bis vor kurzem noch strafbares Unrecht war, erwies sich nach und nach als

39 So zutreffend unter Hinweis auf die beweisrechtlichen Konsequenzen *W. Gitter*, wie Fn. 26, Rdnr. 35.

40 *W. H. Eberbach*, Pränatale Diagnostik — Fetaltherapie — selektive Abtreibung: Angriffe auf § 218a Abs. II Nr. 1 StGB (embryopathische Indikation), JR 1989, 265-273 (267).

41 Aus dem Jahr 1975, BVerfGE 39, 1 ff., 68 ff.

förderungswürdiger normaler sozialer Vorgang und Gegenstand fürsorglicher Absicherung"[42].

Von den zahlreichen Streitfragen sei wenigstens eine, gewiß eine zentrale, angesprochen, nämlich diejenige nach dem Rechtscharakter der zu allermeist beanspruchten allgemeinen Notlagenindikation. Handelt es sich, wie eine verbreitete Ansicht meint, um einen Rechtfertigungsgrund oder, wie andere Autoren sagen, um einen Schuldausschließungsgrund, oder, wie Hans-Ludwig Günther lehrt[43], um einen Strafunrechtsausschließungsgrund[44]? Von der Antwort hängt viel ab. Wäre der Schwangerschaftsabbruch nach der weit verstandenen Notlagenindikation als rechtswidriger Eingriff zu qualifizieren, so hätte dieses Unwerturteil Folgen für das Sozial- und wohl auch für das ärztliche Vertragsrecht. Jedenfalls der Sache nach hat der BGH in Zivilsachen ein solches Urteil vermieden.

Der jüngeren zivilrichterlichen Judikatur gilt die Tötung ungeborenen menschlichen Lebens als Gegenstand eines wirksamen Vertrages und ein gesundes, wegen mißlungener oder nicht als Möglichkeit eröffneter Abtreibung geborenes „Kind als Schaden". Der BGH erkennt Schadensersatz zu für mißglückte Abtreibung ohne effektive gerichtliche Kontrolle der allgemeinen Notlagenindikation, indem er bei Einhaltung des gesetzlichen Beratungs- und Feststellungsverfahrens eine Vermutung für das Vorliegen der Indikation wirken läßt, den strafbedrohten verklagten Mediziner insoweit also mit einer Behauptungs- und Beweislast beschwert: „Behauptet der auf Schadensersatz in Anspruch genommene Arzt, es habe keine Indikation gemäß § 218a StGB für den von ihm versuchten Schwangerschaftsabbruch vorgelegen, hat er die dafür erforderlichen tatsächlichen Umstände darzulegen und zu beweisen"[45].

Das Bestreben, Indikation und Rechtmäßigkeit gleichzusetzen, den durch eine weit verstandene Notlage der sich versagenden Mutter angezeigten Abbruch der Schwangerschaft als im Grunde und in Wahrheit erlaubten Eingriff aufzufassen, zieht sich durch die ganze Rechtsordnung[46]. Dieses Bestreben und seine Ergebnisse, die das ungeborene menschliche Leben verfügbar machen, lassen sich mit den Wertungen des Bundesverfassungsgerichtes[47] nicht vereinbaren. Denn nach diesen stellt auch das ungeborene Leben „innerhalb der grundgesetzlichen Ord-

---

42 Kritisch und umfassend zum bedauerlichen Stand der Dinge *R. Stürner*, Die Unverfügbarkeit ungeborenen menschlichen Lebens und die menschliche Selbstbestimmung, JZ 1990, 709-724 (709).

43 Strafrechtswidrigkeit und Strafunrechtsausschluß, 1983, 314-322.

44 Fundstellen in den StGB-Kommentaren, auch in der Kritik von *H. Tröndle* an der Entscheidung BGHZ 95, 199: MedR 1986, 31; siehe ferner *ders.*, Jura 1987, 66 ff. (grundlegend). Vgl. ferner *B. Büchner*, Pro und Contra Rechtfertigungsthese zu § 218a StGB, Schriftenreihe Juristen-Vereinigung Lebensrecht e. V. Nr. 5, 1988, 87 ff.

45 BGHZ 95, 199. Mit guten Gründen kritisch dazu *R. Stürner*, JZ 1986, 122 ff.

46 Nachweise im einzelnen bei *R. Stürner*, vorst. Fn. 42.

47 BVerfGE 39, 1 ff.

nung einen Höchstwert" dar, bildet es „die vitale Basis der Menschenwürde und die Voraussetzung aller anderen Grundrechte". Weiter, so das BVerfG, gebiete die Schutzpflicht des Staates, „sich schützend und fördernd vor das sich entwikkelnde Leben zu stellen" und zwar „grundsätzlich auch gegenüber der Mutter", im Verhältnis zu deren Interessen „dem Lebensschutz des Nasciturus der Vorzug gegeben werden" müsse. Es bestehe prinzipiell eine Pflicht zur Austragung der Schwangerschaft, und deren Abbruch sei grundsätzlich als Unrecht anzusehen.

Ein sorgfältig begründetes und überzeugendes Urteil des BayObLG hat für die Rechtsprechung erstmals aus strafrechtlicher Sicht zu der Streitfrage Stellung genommen und der Kritik an der Rechtfertigungstheorie zugestimmt[48]: „Die in § 218a Abs. 1, Abs. 2 Nr. 3 StGB geregelte Indikation der allgemeinen Notlage begründet keinen Rechtfertigungsgrund, sondern einen Schuldausschließungsgrund. Eine Rechtfertigung für die Schwangere oder den abbrechenden Arzt kann sich insoweit nur aus den allgemeinen Rechtfertigungsgründen ergeben"[49]. Die Folgen dieses aus Wortsinn und Entstehungsgeschichte des Gesetzes, aus strafrechtssystematischen Gesichtspunkten und weiteren Erwägungen zur ratio legis hergeleiteten Urteils reichen weit: Für die Fälle der Notlagenindikation vermag § 200f RVO keine sozialversicherungsrechtlichen Leistungspflichten auszulösen, auch fehlt eine rechtliche Voraussetzung für den Lohnfortzahlungsanspruch nach § 1 Abs. 2 des Lohnfortzahlungsgesetzes. Der auf den unbegründeten Schwangerschaftsabbruch gerichtete Arztvertrag ist nach § 134 BGB nichtig und Nothilfe zugunsten des Ungeborenen durch jedermann möglich.

Der Schwangerschaftsabbruch nach der allgemeinen Notlagenindikation[50] muß als rechtswidrig gelten, auch wenn kein Strafanspruch besteht. Ein solcher Eingriff verletzt das Lebensrecht des ungeborenen Menschen auf eine Weise, die der Rechtsordnung schlechthin widerspricht. Dieses Unwerturteil gilt für alle rechtlichen Gebiete und Zusammenhänge gleichermaßen. Die Rechtswidrigkeit der sozial indizierten Abtreibung gilt es bei allem rechtspolitischen Für und Wider um deren Strafbarkeit als Grundsatz festzuhalten, ohne den der Lebensschutz des ungeborenen Menschen eine wesentliche Stütze verlöre.

Der Arzt, der auf dem Boden des Rechts bleiben will, wird sich Abtreibungen aus sozialer Indikation versagen. Er steht damit im Einklang mit dem Berufsrecht, das ihm gebietet, „jedem Menschenleben von der Empfängnis an Ehrfurcht

---

[48] BayObLG, MedR 1990, 334 (mit instruktiver Problemstellung v. *R. Keller)*; zustimmend der Besprechungsaufsatz *R. Beckmanns,* MedR 1990, 301 - 309.

[49] Das Urteil bezieht auch Position zu der Frage, ob die Möglichkeit einer Adoption im Einzelfall als zumutbarer Ausweg gegenüber dem Schwangerschaftsabbruch in Betracht kommen könne. Das Gericht bejaht die Frage im Anschluß an *H. Tröndle.*

[50] Vielfach geht bezeichnenderweise die Rede von der sozialen Indikation. „Mit Recht wird vielfach angenommen, daß sie den Mindestbedingungen nicht gerecht wird, die in BVerfG 39,1 formuliert sind"; *K. Lackner,* StGB mit Erläuterungen, [19]1991, § 218a, Rdnr. 19.

entgegenzubringen" und „das ungeborene Leben zu erhalten". Zwar fügt die Berufsordnung den Satz hinzu: „Der Schwangerschaftsabbruch unterliegt den gesetzlichen Bestimmungen"[51]; doch damit ändert sich an der Rechtslage nichts. Die Berufsordnung kann aus einem Schuldausschließungs- keinen Rechtfertigungsgrund machen. Der Arzt, der aus sozialer Indikation eingreift und die Verfahrensregeln des StGB einhält, bleibt straflos. Auch eine berufsgerichtliche Ahndung hat er nicht zu gewärtigen. Soviel, doch nicht mehr läßt sich aus dem berufsrechtlichen Hinweis auf die strafgesetzlichen Vorschriften zum Schwangerschaftsabbruch entnehmen.

Deren Sinn und Zweck besteht keineswegs darin, den Wert des ungeborenen Lebens einzuschränken. Eine solche Intention läßt sich auch aus dem abgestuften Sanktionensystem nicht ableiten, ebensowenig aus dem Strafschutzverzicht bei Abbrüchen vor Abschluß der Nidation.

Auch beim geborenen Menschen kennt das Gesetz eine Stufung des Strafrechtsschutzes: So bedroht § 217 StGB die vorsätzliche Tötung eines nichtehelichen Kindes in oder gleich nach der Geburt mit einer gemilderten Strafe. Der Grund dafür liegt in der seelischen Ausnahmesituation der nichtehelichen Mutter; es geht um verminderte Schuld. Das Strafrecht vermindert also nicht den Lebensschutz, sondern nimmt nur den Strafschutz zurück. Ähnlich stellt sich die Rechtsfrage beim Lebensschutz der Leibesfrucht dar. Die Symbiose von Schwangerer und Embryo verbindet auch die schützenswerten Rechtsgüter zweier Träger, von Mutter und ungeborenem Kind, und erlaubt damit den Versuch der Abschichtung im Wege eines gestuften Sanktionssystems. Freilich bedeutet dies: allein die Konfliktsituation läßt sich abstufen, nicht das Rechtsgut. Das Gesetz vermindert nicht den Lebensschutz, sondern nimmt den Strafschutz zurück[52].

Den Beginn des strafrechtlichen Schutzes des ungeborenen Lebens vor vorsätzlicher Tötung durch Abbruch einer Schwangerschaft terminiert § 219 d StGB erst auf den Zeitpunkt der abgeschlossenen Nidation des befruchteten Eies in der mütterlichen Gebärmutter; die Einnistung kommt regelmäßig etwa bis zum zehnten Tag, spätestens bis zum vierzehnten Tag nach der Befruchtung zum Abschluß. Der Straffreiheit des Verhütens der Nidation liegen zwei gesetzgeberische Motive zugrunde, die verallgemeinernde Rückschlüsse auf eine generelle Schutzunwürdigkeit des ungeborenen Lebens in der Frühphase seiner Existenz verbieten[53]. Einmal gründet der Verzicht auf einem besonderen Konflikt: der

---

51 Musterberufsordnung § 5 S. 2.

52 *R. Keller*, Beginn und Stufungen des strafrechtlichen Lebensschutzes, in: H.-L. Günther u. R. Keller (Hg.), Fortpflanzungsmedizin und Humangenetik — Strafrechtliche Schranken?, ^{2}1991, 111-135 (121 ff.).

53 *H.-L. Günther*, Strafrechtlicher Schutz des menschlichen Embryos über §§ 218 ff hinaus? Eine Exemplifizierung kriminalpolitischer Grundsätze der Verhaltenskriminalisierung in neuen Grenzbereichen von Recht und Medizin, in: H.-L. Günther u. R. Keller, wie Fn. 52, 137-176 (149 f.), m. w. N.

Kollision des Lebensrechts des menschlichen Keimlings mit dem Selbstbestimmungsrecht der schwangerschaftsunwilligen Mutter. Gegenüber dem drohenden Schwangerschaftsabbruch nach der Nidation erschien dem Gesetzgeber deren Verhütung als das für alle Beteiligten geringere Übel. Die Milderung des Abtreibungsstrafrechts schien mit der Kriminalisierung des Gebrauchs weitverbreiteter nidationshemmender Mittel nicht vereinbar. Zum anderen leiten den Gesetzgeber Beweisschwierigkeiten. Bis zur Nidation lassen sich Befruchtung und Entwicklung des Embryos in vivo nachträglich kaum nachweisen, auch nicht die Kausalität der Verhütungsmaßnahmen für den Tod des Keimlings wegen der hohen natürlichen Sterblichkeitsrate vor der Einnistung der befruchteten Eizelle in der Gebärmutterschleimhaut. Diese den § 219d StGB tragenden gesetzgeberischen Gründe treffen auf die Beurteilung fortpflanzungs- und gentechnologischer Eingriffe in aller Regel nicht zu. Die Norm stellt den Grundsatz des Schutzes auch ungeborenen Lebens nicht in Zweifel, wenngleich sie ihn abschwächt, auch dadurch, daß sie der verbreiteten mißverständlichen Gleichsetzung von Abortiva und Antikonzeptiva nicht entgegenwirkt.

8. Der Rückzug des Strafrechts im In- und Ausland und der überwiegende Trend zum Gleichlauf von Strafrecht und übriger Rechtsordnung schwächen den Schutz des ungeborenen Lebens. Auch im Zeichen des deutschen Einigungsprozesses steht der Schutz des ungeborenen Menschen vor einer ungewissen Zukunft. Nach dem Einigungsvertrag[54] hat der gesamtdeutsche Gesetzgeber die Aufgabe, „spätestens bis zum 31. Dezember 1992 eine Regelung zu treffen, die den Schutz vorgeburtlichen Lebens und die verfassungskonforme Bewältigung von Konfliktsituationen schwangerer Frauen vor allem durch rechtlich gesicherte Ansprüche für Frauen, insbesondere auf Beratung und soziale Hilfen besser gewährleistet, als dies in beiden Teilen Deutschlands derzeit der Fall ist". Damit soll nach verbreiteter Ansicht die grundgesetzwidrige Fristenregelung der vergangenen DDR in den neuen Bundesländern bis zum Ende des nächsten Jahres fortbestehen[55]. Der rechtspolitische und juristische Streit geht darum verstärkt weiter[56],

---

[54] Art. 31 Abs. 4; vgl. Art. 4 Ziff. 5 Einigungsvertrag.

[55] Dagegen wohlbegründet *H. Reis*, NJW 1991, 662-668; ferner *R. Beckmann*, MDR 1991, 117-119, und *B. Büchner*, Schriftenr. d. Juristen-Ver. Lebensrecht e. V. Nr. 7, 1990, 9-17. Kritisch zu Recht auch *G. Roellecke*, NJW 1991, 659. Siehe ferner *H. Tröndle*, StGB-Kommentar, 45 1991, Anm. 17a vor § 218 m. w. N., u. *ders.*, Neuregelung des Lebensschutzes Ungeborener im geeinten Deutschland, 1991 (= Kirche und Gesellschaft Nr. 179). — Zum Schwangerschaftsabbruch durch Minderjährige im vereinten Deutschland *K. Reiserer*, FamRZ 1991, 1136-1141.

[56] Eine Bestandsaufnahme gibt *I. Schlingensiepen-Brysch*, ZRP 1990, 224-229. — Instruktiv *P. Hoffacker*, *B. Steinschulte*, *P.-J. Fietz* u. *M. Brinsa* (Hg.), Auf Leben und Tod. Abtreibung in der Diskussion, 1991. Vgl. ferner *M. v. Renesse*, §§ 218 f. StGB — eine unvollkommene Antwort auf ein unlösbares Problem. Rechtsdogmatische Überlegungen zur Reform des Schwangerschaftsabbruchrechts, ZRP 1991, 321-325. *A. Eser*, Schwangerschaftsabbruch zwischen Grundwertorientierung und Strafrecht. Eine rechtspolitische Überlegungsskizze, ZRP 1991, 291-298. („Nachdem alle rechtsvergleichenden und kriminologischen Erkenntnisse darauf hindeuten, daß zur Eindämmung von Schwan-

auch zur Frage der Lohnfortzahlung nach notlagenindiziertem Schwangerschaftsabbruch[57].

In einer umfassenden Bestandsaufnahme und im Blick auf die zukünftige deutsche Rechtsentwicklung schlägt Stürner vor[58], dem Gesamtansatz des bundesverfassungsgerichtlichen Urteils den Vorzug zu lassen; „man sollte aber bei der Umsetzung des Mißbilligungsgebots das Gewicht stärker auf die Gesamtrechtsordnung legen und sich weniger am Strafrecht und (an) isoliert betrachteten Rechtsgebieten festbeißen". Dieser Gedanke verdient aufgenommen und weiter ausgearbeitet zu werden, weil er den Rechtsfrieden zu stiften und zugleich den Schutz für das ungeborene Leben zu stärken verspricht.

Indessen hoffen die Anhänger der Fristenlösung auf einen Durchbruch auch über eine veränderte Verfassung oder Verfassungsjudikatur. Die Rechtsprechung des BVerfG sieht sich Angriffen ausgesetzt. Sie sei eine zureichende Begründung für den verfassungsrechtlichen Schutz der Leibesfrucht nach Art. 2 Abs. II S. 1 und Art. 1 Abs. I GG schuldig geblieben. Der Begriff „jeder" in der zuerst genannten Vorschrift lasse sich „mit einiger Plausibilität, ohne Verstoß gegen allgemein anerkannte sprachliche Konventionen, sowohl im Sinne von ⟨jedes menschliche Wesen⟩ als auch im Sinne von ⟨jeder geborene Mensch⟩ verstehen". Die Entscheidung hänge letztlich von der moralischen Einstellung ab[59].

In der Tat lassen sich zwingende Antworten auf diese Grundfrage des Rechts kaum finden. Doch es gibt plausible Gründe für das umfassende Tötungsverbot. Die Ausnahme Ungeborener vom Lebensschutz begründete die Sorge vor weiteren Restriktionen, am Ende zum Nachteil Geborener. Schon von daher erscheint das globale Tötungsverbot als plausible rechtliche Grundregel[60]. Wer das Lebensrecht des potentiell personalen Wesens verneint, kann den Schutz menschlichen Lebens nach verlorener Personalität schwerlich begründen, auch der wissenschaftlichen Ausbeutung mit Todesfolge kaum widersprechen. Auch die Möglich-

---

gerschaftsabbrüchen mit bloßen Strafdrohungen nicht allzu viel zu erreichen ist, sollte das Risiko eingegangen, aber damit auch die Chance wahrgenommen werden, durch eine verbesserte Schwangerschaftskonfliktberatung auch die Verantwortlichkeit für das ungeborene Leben zu stärken. Dabei kommt dem Strafrecht nach wie vor die Rolle zu, die Schutzwürdigkeit des ungeborenen Lebens gleichsam appellativ bewußt zu machen und einen Schwangerschaftsabbruch nur für den Fall einer Notlage für zulässig zu erklären"). — Zur Problematik der psycho-sozialen Indikation vgl. DÄBl. 1991, 3603 (Bayer. Ärztetag).

57 Zum Beschl. d. BVerfG (NJW 1990, 241) *R. Jahn*, JuS 1991, 106-110, (das letzte Wort sei noch nicht gesprochen); zur Verfassungswidrigkeit der Leistungstatbestände *R. Jahn* u. *H. Dünisch*, MDR 1990, 490-494. Gegen Lohnfortzahlung bei Fristenregelung *W. Philipp*, MDR 1991, 1-5. Gegen eine Pflicht zum Abbruch der Schwangerschaft *K.-F. Lenz*, VersR 1990, 1209-1214.

58 JZ 1990, 709-724 (724).

59 *N. Hoerster*, Forum: Ein Lebensrecht für die menschliche Leibesfrucht?, JuS 1989, 172-178 (173).

60 Vgl. *R. Stürner*, vorst. Fn. 42, 718 f., auch zum Folgenden.

keiten selektiver Abtreibung schrecken. Das Embryonenschutzgesetz deutet auf diese Zusammenhänge.

Wer den Lebensschutz auch auf Ungeborene erstreckt, kann auf den fortschrittlichen historischen Prozeß verweisen, in dessen Verlauf die Relativierungen des Tötungsverbotes zurücktreten zum Vorteil von Unfreien, Sklaven, Kleinkindern. Der Gedanke an das Lebensrecht des ungeborenen Menschen vornehmlich in seinem Frühstadium reicht rechtshistorisch nicht weit zurück[61], und auch das lückenhafte kanonische Recht hat — anders als die moralische Position der Kirche — erst spät die Menschqualität der jungen Leibesfrucht anerkannt. Eine in Wahrheit progressive Position verfechten diejenigen, die diesen geschichtlichen Prozeß fortführen. Der Entdeckung des geborenen Kindes in seinem Eigenwert, die spät, endgültig erst bei Jean-Jacques Rousseau voll durchdrang[62], folgt die Entdeckung des ungeborenen Kindes. Die Ergebnisse der Embryologie mit ihren eindrucksvollen, auch ein größeres Publikum erreichenden bildlichen Darstellungen und die das frühe Leben erfahrbar machenden Verfahren der In-vitro-Fertilisation tragen dazu wesentlich bei. Das vorgeburtliche Leben als eine durchaus prägende Phase des menschlichen Schicksals mit seiner frühen Gestaltfindung und Schmerzempfindsamkeit[62a] kam erst in jüngster Zeit zum Bewußtsein der Erwachsenen. Daraus gilt es die rechtlichen Konsequenzen zu ziehen.

Das vor- und nachgeburtliche junge Leben erscheint in seinem Zusammenhang auch in der modernen Perinatologie[63]. Als Perinatalperiode gilt in der Medizin der Zeitraum von der vollendeten achtundzwanzigsten Schwangerschaftswoche

---

61 *G. Jerouschek,* Lebensschutz und Lebensbeginn. Kulturgeschichte des Abtreibungsverbotes, 1988. Grundlegend zur Zeitgeschichte *M. Gante,* § 218 in der Diskussion. Meinungs- und Willensbildung 1945 — 1976, 1991. Vgl. ferner *A. Niederhellmann,* Arzt und Heilkunde in den frühmittelalterlichen Leges. Eine wort- und sachkundliche Untersuchung, 1983, 120 ff. Die Autorin zeigt das Nebeneinander christlicher, antiker und germanisch-heidnischer Vorstellungen. Den salfränkischen, ripuarischen, langobardischen und alemannischen Texten gilt allein die Fremdabtreibung als Gegenstand des Rechts. Der Fötus und das Kind standen bis zum achten, neunten oder zehnten Tag oder bis zur Namengebung im Besitz der Sippe. Dieser Gedanke prägte auch eine Regel der Lex Frisionum, nach der die Mutter das Neugeborene straflos töten durfte. „Die Verurteilung der Eigenabtreibung, die Berücksichtigung der gängigen und durch die patristische Literatur überlieferten Vorstellungen über das Problem der Formung und Beseelung des Fötus, die Ablehnung ⟨zauberischer⟩ Abortivmittel sind als Einfluß christlichen wie auch antiken Gedankenguts zu werten und lassen sich bezeichnenderweise im westgotischen Recht und in einer eindeutig vom Codex Euricianus abhängigen Textstelle des bayerischen Rechts finden“ (S. 299). — Die Schonung der Schwangeren im Interesse des Embryos findet sich seit der Antike. „Man en sal obir kein wip richten, de lebende kint treit, hochir den zu hut unde zu hare“, bestimmt der Sachsenspiegel, Landrecht III, 3.

62 *A. Schilson,* Der Mensch als Anfang. Anthropologische und theologische Aspekte, Renovatio 46, 1990, 127 ff., 129 f.

62a Vgl. die Stellungnahme des *Wissenschaftlichen Beirates der Bundesärztekammer* zur pränatalen und perinatalen Schmerzempfindung, DÄBl. 1991, 4157-4169.

63 *H.-D. Hiersche,* Perinatologie und Geburtshilfe unter medizin-rechtlichen Gesichtspunkten. Ausgewählte Probleme, MedR 1990, 309-313.

bis zum Ende des siebten Lebenstages nach der Geburt. In Einzelfällen können Spezialkliniken auch extrem unreife Kinder vor der sechsundzwanzigsten Schwangerschaftswoche und unter einem Geburtsgewicht von siebenhundertfünfzig Gramm am Leben erhalten. Wegen der fixierten Unreife der Lungen und der Fragilität der Gefäße bildet die vierundzwanzigste Schwangerschaftswoche jedenfalls vorerst wohl die äußerste Grenze. Die Perinatalmedizin sucht im Dienste des Lebensschutzes diese Grenze zu erreichen oder noch zu überschreiten, um die Chancen für extrem unreife Frühgeburten zu erhöhen, die vermehrt bei Retorten-Babies auftreten und die oft bleibende Gebrechen zur Folge haben. Das Bemühen und die Fortschritte der Perinatologie und der pränatalen Therapie mit den neuen dynamischen Grenzen erhalten ihren Sinn erst durch das Lebensrecht des ungeborenen Menschen.

Naturwissenschaftliche Einrichtungen und letztlich utilitaristische Argumente genügen als Antwort auf die Frage nach dem Status des Embryos nicht. Diese Grundfrage menschlicher Existenz verlangt nach Vorgaben, die Lebenssinn vermitteln. Dazu gehört der Gedanke des Eigenwerts jedes einzelnen menschlichen Lebens. Das Wort von der Verantwortung vor Gott und den Menschen im Vorspruch des Grundgesetzes deutet auf überstaatliche oder naturrechtliche Normen, die unverfügbar bleiben. Zu diesen zählt das Gebot, das Leben des Nächsten schlechthin zu achten.

Für den Christen gibt es keinen Grund, die Lehre von der Gottebenbildlichkeit und der Würde des Menschen nicht auf die vorgeburtliche Existenz zu beziehen oder ihr den Anspruch auf gleichen Schutz wie für das geborene Leben zu verweigern[64]: Aus theologischer Sicht erhält jedes menschliche Leben einen eigenen Wert und Sinn, „indem Gott es schafft, ruft, achtet und liebt; der Mensch hat eine unverlierbare Würde, weil Gott ihn berufen hat, sein Gegenüber zu sein, und ihn in Jesus Christus unbedingt angenommen hat; ungeborene Kinder sind dabei mitgemeint[65]. Gottes Annahme des ungeborenen menschlichen Lebens verleiht ihm menschliche Würde. Daraus folgt die Verpflichtung, daß auch die Menschen das ungeborene menschliche Leben annehmen und ihm den Schutz gewähren sollen, der der menschlichen Person gebührt".

Wenn der Schutz des Lebens zu den wichtigsten Aufgaben der Rechtsgemeinschaft gehört, „dann kann es nicht zweifelhaft sein, daß der Entzug dieses Schutzes für einen Teil der Angehörigen dieser Gemeinschaft schwerwiegende Konsequenzen für die Rechtsstaatlichkeit haben muß"[66]. Auch Mehrheiten können legitimer-

---

[64] Vgl. auch zum Folgenden die vom Kirchenamt der Evangelischen Kirche in Deutschland und vom Sekretariat der Deutschen Bischofskonferenz hg. gemeinsame Erklärung des *Rates der Evangelischen Kirche in Deutschland* und der *Deutschen Bischofskonferenz* in Verbindung mit den übrigen *Mitglieds- und Gastkirchen der Arbeitsgemeinschaft Christlicher Kirchen in der Bundesrepublik Deutschland:* Gott ist ein Freund des Lebens, ^{3}1990, 44 f.

[65] Vgl. Ijob / Hiob 31, 15; Ps 139, 13-16; Jer 1, 5.

weise Minderheiten nicht rechtlos machen[67]. Die Schutzlosigkeit der Ungeborenen berührte die Legitimität des Staates[68]. Es bleibt an dieser Stelle noch einmal auf die Untaten nationalsozialistischer Gewalthaber hinzuweisen: vor dem Hintergrund der deutschen Zeitgeschichte gewinnt das Werben um den Lebensschutz für Ungeborene zusätzliches Gewicht.

Mit gutem Grund hat Herbert Tröndle[69] das Niveau verurteilt, auf dem Norbert Hoerster die philosophische Diskussion führt[70]. Dabei verdient dessen Ausgangspunkt Beifall: „Wenn *allen* menschlichen Wesen oder Individuen das typische Menschenrecht auf Leben zusteht, wenn somit *alle* menschlichen Wesen oder Individuen als Menschen zu bezeichnen sind, dann trifft dies logisch zwingend auch auf die Leibesfrucht zu. Denn die Leibesfrucht *ist* . . . ein menschliches Wesen oder Individuum"[71]. Doch „die Anknüpfung irgendwelcher ethischer Konsequenzen an die Zugehörigkeit zu einer biologischen Kategorie als solche, d. h. an diese Zugehörigkeit unabhängig von jeder weiteren Eigenschaft" hält dieser Autor für „ganz willkürlich", für „Speziesismus" und damit für keineswegs besser „als Rassismus und Sexismus". Die Eigenschaft, die „für die Einräumung eines Lebensrechtes relevant" sei, liege in dem „Interesse, das gewisse Lebewesen an ihrem Weiterleben oder Überleben besitzen". Dieses Interesse besäßen „jedenfalls Föten nicht". Danach dürfen also Menschen bestimmte andere Menschen töten. Wer als Mensch aufwachsen darf, soll dies dem Umstand verdanken, daß ihn ein blutiger Utilitarismus aus glücklichem Zufall nicht vertilgte. „Keine andere biologische Spezies nimmt für sich in Anspruch, eigene schutzbedürftige Artgenossen aus dem Wege zu räumen, nur um — widernatürlicherweise — Folgen eigenen Vorverhaltens auszuweichen"[72].

---

66 *W. Waldstein*, Lebensschutz und Rechtsstaatlichkeit, in: Der Status des Embryos (vorst. Fn. 3), 174-184 (180); vgl. ferner *ders.*, Das Menschenrecht zum Leben, 1982.

67 *R. Spaemann*, ZRP 1974, 49-53 (52).

68 *R. Spaemann*, ZRP 1974, 52. „Die Legitimität des neuzeitlichen Staates gründet in erster Linie auf seiner Schutzfunktion für das Leben. Dieser Schutz resultiert nicht aus einem Mehrheitsbeschluß, sondern ist Voraussetzung dafür, daß der Minderheit die Unterwerfung unter den Mehrheitsbeschluß zugemutet wird".

69 NJW 1991, 2542 f.: „Zum Begriff des Menschseins".

70 Abtreibung im säkularen Staat. Argumente gegen den § 218, 1991 (stw 929); Föten, Menschen und „Speziesismus" — rechtsethisch betrachtet, NJW 1991, 2540-2542.

71 NJW 1991, 2541.

72 *H. Tröndle*, NJW 1991, 2543.

V. Die In-vitro-Fertilisation (IVF)

1. Seit der Geburt der Louise Brown, des ersten außerhalb des Mutterleibes gezeugten Menschenkindes, im Jahre 1978 hat sich die Technik der künstlichen Befruchtung im Glase entwickelt und ausgebreitet. Gynäkologen vieler Kliniken wenden das Verfahren an. Tausende von Kindern verdanken mittlerweile dieser Technik ihr Leben. Obwohl sie noch immer den weitaus größeren Teil der behandelten Frauen, nämlich ungefähr neun von zehn Patientinnen[1], nicht zum erhofften Ziel einer Geburt bringt, kann sie inzwischen als eine Standardmethode gelten. Die ungünstige Erfolgsquote steht dieser Qualifikation der In-vitro-Fertilisation als Standard nicht entgegen, auch nicht das andauernde Bemühen um Verbesserung des Verfahrens. Das Kriterium bildet nicht der Erfolg, sondern die fachliche Eingeführtheit und Geltung[2]. Die IVF mit anschließendem Embryotransfer hat das Stadium des Heilversuches hinter sich gelassen.

Auch die Berufsregeln haben das Verfahren anerkannt. „(1) Die künstliche Befruchtung einer Eizelle außerhalb des Mutterleibes und die anschließende Einführung des Embryos in die Gebärmutter ist als Maßnahme zur Behandlung der Sterilität eine ärztliche Tätigkeit und nur im Rahmen der von der Ärztekammer als Bestandteil der Berufsordnung beschlossenen Richtlinien zulässig. (2) Jeder Arzt, der diese Maßnahme durchführen will und für sie die Gesamtverantwortung trägt, hat sein Vorhaben der Ärztekammer anzuzeigen und nachzuweisen, daß die berufsrechtlichen Anforderungen erfüllt sind. (3) Kein Arzt kann verpflichtet werden, an einer In-vitro-Fertilisation oder einem Embryotransfer mitzuwirken“[3].

Die berufsrechtliche[4] Freistellungsklausel stellt ein bemerkenswertes Novum der Arztrechtsgeschichte dar. Danach soll der ärztliche Heilauftrag die In-vitro-Fertilisation einschließen, ohne daß die Berufspflicht diese therapeutische Methode umfaßt. Die Freistellungsklausel weist auf die Problematik des Verfahrens

---

1 Vgl. etwa die Angaben von *H. Thomas,* Ethik und Pluralismus finden keinen Reim. Die Ethikdiskussion um Reproduktionsmedizin, Embryonenforschung und Gentherapie, Scheidewege 20, 1990 / 91, 121 - 140 (125). Günstiger erscheinen die Daten von *H. W. Michelmann* u. *B. Hinney,* In-vitro-Fertilisation. Wissen wir, was wir tun?, EthikMed 1990, 13-21 (15).

2 Ähnlich *E. Deutsch,* Arztrecht und Arzneimittelrecht, ²1991, 274.

3 § 6a Muster-Berufsordnung, DÄBl. 1988, 3601; die „Richtlinien zur Durchführung der In-vitro-Fertilisation mit Embryotransfer und des intratubaren Gameten- und Embryotransfers als Behandlungsmethoden der menschlichen Sterilität“ ebenda, 3605 ff.

4 Es handelt sich also nicht — wie beim Schwangerschaftsabbruch — um eine strafgesetzliche Freistellung, vgl. Art. 2 Abs. 1 des 5. StrRG und *H. Tröndle,* StGB-Kommentar, ⁴⁵1991, Rdnr. 9 e vor § 218.

hin und gibt der Gespaltenheit der Ärzteschaft angesichts der Herausforderungen durch das neue Verfahren Ausdruck.

2. Eine gesetzliche Legitimation hat die In-vitro-Fertilisation jüngst durch das Embryonenschutzgesetz[5] insofern erfahren, als der Strafgesetzgeber der artifiziellen Reproduktion und der medizinischen Verfügbarkeit des Embryos Grenzen zog. Noch steht freilich ein umfassendes Fortpflanzungsmedizingesetz aus.

Das „Gesetz über die neunzehnte Anpassung der Leistungen nach dem Bundesversorgungsgesetz sowie zur Änderung weiterer sozialrechtlicher Vorschriften"[6] hat die künstliche Befruchtung seinerseits anerkannt, indem es dem SGB V den § 27a einfügte: „(1) Die Leistungen der Krankenbehandlung umfassen auch medizinische Maßnahmen zur Herbeiführung einer Schwangerschaft, wenn 1. diese Maßnahmen nach ärztlicher Feststellung erforderlich sind, 2. nach ärztlicher Feststellung hinreichende Aussicht besteht, daß durch die Maßnahmen eine Schwangerschaft herbeigeführt wird; eine hinreichende Aussicht besteht in der Regel nicht mehr, wenn die Maßnahme viermal ohne Erfolg durchgeführt worden ist, 3. die Personen, die diese Maßnahmen in Anspruch nehmen wollen, miteinander verheiratet sind, 4. ausschließlich Ei- und Samenzellen der Ehegatten verwendet werden und 5. sich die Ehegatten vor Durchführung der Maßnahmen von einem Arzt, der die Behandlung nicht selbst durchführt, über eine solche Behandlung unter Berücksichtigung ihrer medizinischen und psychosozialen Gesichtspunkte haben unterrichten lassen und der Arzt sie an einen der Ärzte oder eine der Einrichtungen überwiesen hat, denen eine Genehmigung nach § 121a erteilt worden ist. (2) Absatz 1 gilt auch für Inseminationen, die nach Stimulationsverfahren durchgeführt werden und bei denen dadurch ein erhöhtes Risiko von Schwangerschaften mit drei oder mehr Embryonen besteht. Bei anderen Inseminationen ist Absatz 1 Nr. 2 zweiter Halbsatz und Nr. 5 nicht anzuwenden. (3) Die Krankenkasse übernimmt nur die Kosten der Maßnahmen nach Absatz 1, die bei ihrem Versicherten durchgeführt werden"[7].

Die sozialversicherungsrechtliche Vorschrift beschränkt die Verfahren der künstlichen Befruchtung ihrerseits, anerkennt aber andererseits als wesentliches Kriterium die Gebotenheit der Therapie nach ärztlichem Urteil. Die Indikationsstellung bleibt als Hauptaufgabe in der Verantwortlichkeit der Ärzte.

Zuvor bereits hatte ein Urteil des BSG[8] die sozialversicherungsrechtliche Pflicht zur Kostenübernahme für heterologe In-vitro-Fertilisationen abgelehnt: Bei der Frage, ob eine Krankheit vorliege, sei nach feststehender Spruchpraxis auf das Bestehen eines regelwidrigen Körper- oder Geisteszustandes abzustellen, der vom Leitbild des gesunden Menschen abweiche, nämlich darauf, ob der

---

[5] Vgl. dazu das nachstehende Kapitel VI.

[6] KOV-AnpG v. 26. Juni 1990, BGBl. I, 1211.

[7] § 27a Abs. 4 und § 121a gelten dem Verfahren.

[8] NJW 1990, 2959.

Versicherte zur Ausübung der normalen psychophysischen Funktionen imstande sei oder nicht. Die schicksalhafte Unfruchtbarkeit einer im geburtsfähigen Alter stehenden Frau sei als eine Normabweichung in diesem Sinne anzusehen. „Da die Unfruchtbarkeit die Unfähigkeit darstellt, eigene Nachkommen zu erzeugen, also eine Empfängnis zu bewirken, mag auch bei einer homologen In-vitro-Fertilisation, bei der die der Frau entnommenen Eizellen außerhalb des Mutterleibes mit dem Samen des Mannes befruchtet werden, diese Unfähigkeit zu einem Funktionsausgleich gebracht werden. Das ist bei der ... heterologen In-vitro-Fertilisation jedoch nicht (mehr) der Fall. Zwar ist sie darauf gerichtet, die Klägerin ein Kind austragen und gebären zu lassen, nicht jedoch auf die Möglichkeit, eigene Nachkommen zu gebären. Die Klägerin kann infolge der Entfernung der Eierstöcke keine eigenen Kinder zur Welt bringen. Diese physische Anomalie kann aber durch das hier streitige Behandlungsverfahren nicht zu einem Ausgleich gebracht werden". Die Krankheit, keine eigenen Kinder haben zu können, werde damit auch nicht insoweit und dadurch gelindert, als das medizinische Verfahren auf das Austragen und Gebären eines nicht-eigenen Kindes gerichtet sei und zu einer Geburt führen könne. Es fehle der medizinischen Maßnahme also der krankheitsheilende oder -lindernde Charakter.

Trotz manchen Schwankens hat auch die Judikatur zum privatrechtlichen Versicherungsschutz für In-vitro-Fertilisationen legitimierend gewirkt. Bereits im Jahre 1986 hat der BGH die homologe extrakorporale Befruchtung als medizinisch notwendige Heilbehandlung im Sinne der einschlägigen Tarifregeln aufgefaßt und die privaten Krankenversicherer zur Übernahme der Kosten verurteilt[9], um dann im folgenden Jahr auf die Einstandspflicht der Krankenkasse jedenfalls für den zweiten und dritten Versuch zu erkennen[10].

Die ausländische Gesetzgebung hat die In-vitro-Fertilisation, jedenfalls homologer Art, fast überall zugelassen. Verbote blieben die Ausnahme. So hat die Landesgemeinde des Schweizer Kantons Glarus sowohl den Vorschlag des Landrates, die homologe In-vitro-Fertilisation und die heterologe Insemination zuzulassen, wie den Entwurf der Christlichen Volkspartei, diese Verfahren nur unter Ehegatten zu erlauben, abgelehnt. Statt dessen erging der Beschluß, Art. 33a des kantonalen Gesundheitsgesetzes wie folgt zu fassen: „Die homologe Insemination ist gestattet. Sämtliche anderen medizinischen Fortpflanzungstechniken sind untersagt"[11].

9 BGH, MedR 1987, 182, mit zutreffend kritischer Anm. v. *M. Pap*.

10 BGH, MedR 1988, 34. Vgl. auch LG München, MedR 1989, 153. Auf Grenzen macht aufmerksam *B. Kalis*, Zur Erstattungsfähigkeit der Kosten einer sogenannten In-vitro-Fertilisation (extrakorporalen Befruchtung) in der privaten Krankenversicherung, VersR 1989, 1244-1246.

11 Ähnlich der Beschluß des Kantonalsparlaments von Basel-Stadt und ein Großratsbeschluß im Kanton St. Gallen, der freilich Beschwerden beim Bundesgericht teilweise nicht standhielt, vgl. *A. Eser, H.-G. Koch* und *Th. Wiesenbart* (Hg.), Regelungen der Fortpflanzungsmedizin und Humangenetik, Bd. 2, 1990, 193 ff. Die Entwicklung in der Schweiz ist noch im Fluß. — Hingewiesen sei ferner auf einen Antrag der SPD-Fraktion

3. Im Publikum stoßen die neuen Methoden der artifiziellen Reproduktion durchaus auf Vorbehalte. Berichte über spektakuläre Fälle verletzen das Empfinden vieler Menschen. Nach Mitteilungen des Bundesjustizministeriums pflanzte in den USA ein Arzt einer in zweiter Ehe kinderlos gebliebenen Mutter die von ihrer Tochter aus erster Ehe gespendete Eizelle ein; erklärte sich eine südafrikanische Frau dazu bereit, ihrer eigenen Tochter als Leih-Großmutter zu dienen, um sodann ihren Enkel auszutragen und zu gebären; kam es in England bei einem weißen Ehepaar versehentlich zur Befruchtung mit dem Sperma eines schwarzen Spenders; soll ein Arzt einem lesbischen Paar in Belgien dadurch zu einem gemeinsamen Kind verholfen haben, daß er die Eizellen der einen Frau mit dem Samen eines anonymen Spenders befruchtete und die so gewonnenen Embryonen in die Gebärmutter der anderen Frau einpflanzte; hatte ein französisches Gericht über das Verlangen einer Witwe an eine Samenbank zu befinden, ihr das eingelagerte Sperma des verstorbenen Ehemannes auszuhändigen, damit sie noch ein Kind von ihm bekommen könne[12].

Sachverhalte dieser Art wecken Widerstände, schon weil sie gegen das geschmackliche Empfinden verstoßen. Gewichtiger erscheinen die Bedenken aus religiösen und philosophischen Gründen.

Nach der Instruktion der Kongregation für die Glaubenslehre über die Achtung vor dem beginnenden menschlichen Leben und die Würde der Fortpflanzung aus dem Jahre 1987[13] „bleibt die Kirche aus moralischer Sicht bei der Ablehnung der homologen In-vitro-Befruchtung; diese ist in sich unerlaubt und steht in Widerspruch zur Würde der Fortpflanzung und der ehelichen Vereinigung, selbst wenn alles getan wird, um den Tod des menschlichen Embryos zu vermeiden". Die Empfängnis in vitro sei das Ergebnis einer technischen Manipulation, „nicht Ausdruck und Frucht eines spezifischen Aktes ehelicher Vereinigung", weder werde sie tatsächlich so herbeigeführt noch werde sie in diesem Sinne positiv angestrebt als Ertrag geschlechtlicher Vereinigung. Selbst wenn man sie im Kontext der tatsächlich bestehenden ehelichen Beziehungen betrachte, sei bei der homologen In-vitro-Fertilisation die Zeugung der menschlichen Person objektiv der ihr eigenen Vollkommenheit beraubt: nämlich Ziel und Frucht eines ehelichen Aktes zu sein, durch den die Eheleute „im Schenken des Lebens an eine neue menschliche Person zu Mitarbeitern Gottes" werden.

Die homologe In-vitro-Fertilisation werde, so die Lehre in Donum vitae, außerhalb des Leibes der Eheleute mit Hilfe von Handlungen dritter Personen durchge-

im Landtag von Nordrhein-Westfalen, 10. Wahlperiode Drucks. 10 / 3683 v. 13. 10. 1988: „Die künstliche Befruchtung außerhalb des Mutterleibes ist unzulässig".

12 Der *Bundesminister* der *Justiz* informiert: Der Umgang mit dem Leben. Fortpflanzungsmedizin und Recht, 1987.

13 Verlautbarungen des Apostolischen Stuhls Nr. 74, Zitat S. 27. — Zur künstlichen Befruchtung aus katholischer Sicht WMW Nr. 4, April 1991, Diskussionsforum Medizinische Ethik C 2 *(W. Kluth).*

führt, deren Kompetenz und technische Leistung den Erfolg des Eingriffs bestimmten. Diese Methode vertraue das Leben und die Identität des Embryos der Macht der Mediziner und Biologen an und errichte eine Herrschaft der Technik über Ursprung und Bestimmung der menschlichen Person. Eine derartige Beziehung von Beherrschung widerspreche in sich selbst der Würde und der Gleichheit, die Eltern und Kindern gemeinsam sein müsse. „Niemand darf das Auf-die-Welt-Kommen eines Kindes den Bedingungen technischer Effizienz unterwerfen, die nach den Maßstäben von Kontrolle und Beherrschung bewertet werden".

Mit diesen Auskünften der katholischen Kirche berühren sich die Gedanken des Philosophen Robert Spaemann[14]: Der Mensch besitze nicht nur eine räumliche Gestalt, deren Integrität zu respektieren eine Forderung der Menschenwürde sei. Er besitze auch eine Zeitgestalt. Es gehöre zu dieser Gestalt als Repräsentation des Unbedingten, „daß ihr Anfang und ihr Ende nicht das Resultat zweckrationalen Machens anderer Menschen sind". Es gehöre zur Zeitgestalt der menschlichen Person, daß ihr Anfang „anläßlich eines menschlichen Aktes geschieht, der zwei Menschen als Liebende im Ganzen integriert und der gar nicht unmittelbar die Hervorbringung eines ⟨Werkes⟩ zum Ziel hat". Nur so trete der Mensch ins Leben, kraft eigenen Rechtes, von Natur, als Geschöpf Gottes oder der Natur, aber nicht seiner Eltern, gezeugt, nicht gefertigt.

Spaemann führt in seinem Votum das plastische Wort an: „genitum non factum". Es erinnert indessen an das Symbolum Nicaeno-Constantinopolitanum mit seiner Aussage über das Verhältnis des in Christus erschienenen Göttlichen zu Gott selbst, das nicht zu dem gehört, was vom Schöpfer gemacht worden ist. Gemacht ist aber die gesamte Kreatur und mit ihr der Mensch. Das Wort genitum non factum besagt, theologisch verstanden, daß das in Christus erschienene Göttliche eben nicht auf die Seite der Kreatur, sondern ganz auf die Seite Gottes gehört[15]. Der Philosoph darf das Wort gewiß auf seine Weise gebrauchen: eindeutig und einleuchtend. Im Kern geht es darum, ob medizinisch-technische Verfahren als legitim gelten können, die eine planmäßige, selektive Produktion von Menschen bezwecken.

4. Juristische Bedenken wecken zuerst die mit der Fertilisierungstechnik verbundenen hohen Verluste an Menschenleben. Die Opfer der Verfahrensentwicklung und die zwar hergestellten, aber nicht transferierten Embryonen hat niemand gezählt. Die Zahl der gynäkologisch verbrauchten menschlichen Keimlinge läßt sich der Größenordnung nach abschätzen. Das Verfahren der In-vitro-Fertilisation mit anschließendem Embryo-Transfer führt derzeit bestenfalls bei jeder zehnten der behandelten Frauen zur Geburt. Um die Schwangerschaftswahrscheinlichkeit zu erhöhen, gelangen jeweils mehrere Embryonen zum Transfer. Nach dem

---

14 Über den Begriff der Menschenwürde, in: Scheidewege 15, 1985 / 86, 20-36 (32 f.).

15 Vgl. *J. N. D. Kelly,* Altchristliche Glaubensbekenntnisse, 1972, 205 ff.; *A. Grillmeier,* Jesus der Christus im Glauben der Kirche, Bd. 1, 1979, 356 ff.

Embryonenschutzgesetz[16] darf der Arzt höchstens drei Embryonen auf eine Frau übertragen, um die Chancen einer Schwangerschaft zu steigern. Auch darf er nicht mehr als drei Eizellen fertilisieren. Bei der genannten Erfolgsrate und dem Einsatz von drei Embryonen für jede Behandlung müssen danach für das lebendgeborene Kind neunundzwanzig Ungeborene äußerster Jugend sterben. Darum stehen den ungefähr 7.000 bisher geborenen Retortenbabys rund 200.000 Opfer dieser Medizintechnik gegenüber, deren Untergang die verfahrensbeteiligten Erwachsenen bewußt in Kauf nehmen.

Auch der Arzt, der drei ova gewinnt und fertilisiert, sodann die erzielten Embryonen zugleich transferiert, um den hormonellen Impuls für das Endometrium zu verstärken und die Wahrscheinlichkeit einer Implantation zu erhöhen, der sich also des „Helping-Effektes" bei der Mehrfachübertragung bedient, opfert menschliches Leben auf[17]: Das Verfahren soll zur Nidation eines Keimlings führen. Von den drei transferierten Embryonen sollen zwei als Implantationshelfer des dritten dienen. Mit der Anzahl der transferierten Embryonen steigt zwar die Aussicht auf eine Schwangerschaft im ganzen; auf den einzelnen Keimling bezogen sinkt die Nidationschance jedoch ab. Verläuft der Eingriff wunschgemäß wie in der Mehrzahl der Fälle, so bleibt ein Menschenleben bestehen, zwei andere erlöschen — nach glücklichem und unglücklichem Zufall. Mit dem Hinweis auf den überlebenden Menschen läßt sich die Methode nicht rechtfertigen. Ungeborenes Leben läßt sich nicht gegen ungeborenes Leben aufrechnen. Wegen der völligen Gleichwertigkeit der beteiligten Rechtsgüter fehlt es an dem für eine Notstandssituation erforderlichen Interessengefälle[18].

Wer das Lebensrecht des Embryos bejaht — und dies gebietet, wie gezeigt, die geltende Verfassungs- und Rechtsordnung —, der wird allenfalls eine „Eins-zu-eins-Methode" zulassen, nämlich die Fertilisierung jeweils einer Eizelle und den Transfer dieses einen erzeugten Keimlings: ein Verfahren, das freilich weniger Chancen für die Wunschmutter bietet und diese stärker belastet.

In der bisherigen Praxis der artifiziellen Reproduktion brachte der Arzt die nach der hormonell stimulierten Super-Ovulation durch Punktion gewonnenen Eier zur Befruchtung und implantierte nur einige der entstandenen Embryonen; den Tod der übriggebliebenen menschlichen Keimlinge nahm er planmäßig in Kauf. Dabei handelte es sich um eine Todesselektion durch den zweckmäßig handelnden Arzt, also nicht um die Herrschaft der Natur über den Menschen und damit Schicksalhaftigkeit, vielmehr um Herrschaft von Menschen über Menschen[19].

---

16 § 1 Abs. 1 Ziff. 3 ESchG.

17 *M. Pap*, Die Würde des werdenden Lebens in vitro, MedR 1986, 229-236 (235); *ders.*, Extrakorporale Befruchtung und Embryotransfer aus arztrechtlicher Sicht. Insbesondere: Der Schutz des werdenden Lebens in vitro, 1987, 65, 157.

18 *M. Pap*, MedR 1986, 235.

19 Zutreffend *W. Selb*, Rechtsordnung und künstliche Reproduktion des Menschen, 1987, 40.

Auch ein Konzept, das die Implantation von drei Embryonen oder gar von nur einem Keimling vorsieht, enthält Fährnisse für das ungeborene Leben. Gesundheitliche Gründe auf Seiten der Mutter oder gar deren überraschender Widerspruch können die Implantation unmöglich machen, ohne daß rechtliche Mittel dagegen zu Gebote stünden[20].

Nicht nur die Verluste an Embryonen — der als Mittel zum Zweck eingesetzten und der überzähligen — belasten die Gynäkologie, sondern auch das Folgeproblem der Mehrlingsreduktion durch Fetozid[21]. Der Einsatz der neuen Fertilisationstechniken führt vermehrt zu höhergradigen Mehrlingsschwangerschaften, also etwa zu Drillingen, Vierlingen, Fünflingen oder sogar Sechslingen, und damit zu erheblichen Gefahren für Mütter und Kinder. Höhergradige Mehrlingsbildungen lassen sich oft, doch keineswegs immer auf Arztfehler zurückführen. Mitunter stellen sie sich trotz Präventionsmaßnahmen ein „als unvermeidbares und deshalb besonders aufklärungsbedürftiges Risiko der Methodik", wie die Bundesärztekammer in einer Stellungnahme zur Mehrlingsreduktion mittels Fetozid erklärte[22]. Es geht also durchaus auch und „tragischerweise um Fälle an sich kunstgerechten Vorgehens — sofern man die moderne Reproduktionsmedizin nicht schon per se als ⟨verfehlt⟩ bezeichnen will"[23]. Es gibt Mediziner, die dadurch Abhilfe zu schaffen suchen, daß sie einen Teil der Feten abtöten und zwar meist zwischen der achten und der zwölften Schwangerschaftswoche durch eine ultraschallgeführte Punktion des frühkindlichen Herzens oder durch Injektion von Kaliumchlorid in Herz oder Brustraum der Feten. Diese Tötungstechnik hatten Mediziner bereits vordem bei Zwillingsschwangerschaften angewandt, wenn eine der beiden Leibesfrüchte wegen einer schweren Schädigung ihr Ende finden sollte. In diesen Fällen sonderte der Mediziner das Opfer gezielt aus: selektiver Fetozid. Der Terminus trifft nicht zu auf die Sachverhalte, in denen Mediziner ungezielt die ungeborenen Leben quantitativ verringern durch einen unselektiven partiellen Schwangerschaftsabbruch. Den Vorgang verfälscht geradezu, wer ihn „selective birth" nennt.

Die ungewollte Mehrlingsschwangerschaft als Folge medizinischer Maßnahmen der artifiziellen Reproduktion stellt als solche noch keine Indikation für einen teilweisen Abbruch der Schwangerschaft dar. Soll der Eingriff straflos zulässig sein, muß eine Indikation nach § 218a StGB vorliegen und zudem den

---

20 *W. Selb,* Fn. 19, 38, mit weiteren Nachweisen.

21 *G. E. Hirsch,* „Reduktion" von Mehrlingen — Aufriß der rechtlichen Probleme, MedR 1988, 292-295; *A. Eser,* Neuartige Bedrohungen ungeborenen Lebens. Embryoforschung und „Fetozid" in rechtsvergleichender Perspektive, 1990, 60 ff.; zu Esers Schrift jeweils mit weiteren Fundstellen *K. Lenzen,* MDR 1990, 969-971; 1991, 212-213.

22 *A. Eser,* wie Fn. 21, 70 ff.; *C. Schirren* u. *F. Böckle,* EthikMed 1990, 42-44. Vgl. aus ärztlicher Sicht den eindrucksvollen Aufsatz von *H. Hepp:* Höhergradige Mehrlinge — ein klinisches und ethisches Problem der Reproduktionsmedizin, Geburtshilfe und Frauenheilkunde 1989, 225-233.

23 *A. Eser,* wie Fn. 21, 61 f. (Anm. 188).

Beratungs- und Indikationsfeststellungspflichten Genüge geschehen. Am wenigsten problematisch erscheint dabei die medizinische Indikation[24]. Sollte sich eine schwerwiegende Gesundheits- oder gar eine Lebensgefahr durch einen partiellen Abbruch von der Schwangeren abwenden oder jedenfalls erheblich verringern lassen, so deckte das Strafgesetz einen solchen Eingriff[25]. In Betracht kommt auch die allgemeine Notlagenindikation[26]. Sie verlangte jedenfalls den Nachweis, daß ein Austragen aller Kinder die Mutter in unzumutbarer Weise überforderte.

Die schwierigsten Rechtsfragen wirft die Indikation nach § 218a Abs. 2 Nr. 1 StGB auf[27]. Bei der hochgradigen Mehrlingsschwangerschaft drohen wegen der zu erwartenden Unreife die ernsten Gefahren perinataler Mortalität oder schwerwiegender Langzeitschäden, infolge der plazentaren Unterversorgung „schädliche Einflüsse vor der Geburt" — wieder mit der möglichen Folge einer zeitlich, kräftemäßig oder wirtschaftlich unzumutbaren Überforderung der Mutter. Indessen kommt es bei ungefähr jedem vierten Teilabbruch zum Abort aller Mehrlinge. Auch bringt der Eingriff, wenn er gelingt, Gesundheitsgefahren für die verschonten Embryonen mit sich. Darf der Arzt einen möglicherweise geschädigten Embryo, den die Mutter nach dem Strafgesetz nicht auszutragen braucht, auch dann abtreiben, wenn der Eingriff gesunde Geschwisterembryonen ernsthaft bedroht? Grundsätzlich gilt die Straflosigkeit nur für die Tötung des vermutlich geschädigten Embryos, nicht indessen für Eingriffe in die Rechtsgüter Dritter[28]. Auch wenn der Arzt eine Mehrlingsschwangerschaft teilweise abbricht, um dadurch die Chancen der übrigen Embryonen zu erhöhen, gesund zu überleben, handelt er ohne strafrechtliche Indikation. Denn solange es nicht darum geht, eine Gefahr von der Schwangeren abzuwenden, fehlt die medizinische Indikation, und eine kindliche setzte die Wahrscheinlichkeit einer Schädigung gerade der abzutreibenden Embryonen voraus.

Wer diese und weitere Fallkonstellationen des unselektiven Fetozides höhergradiger Mehrlinge bedenkt, kann nicht umhin, mit einem bekannten Gynäkologen zu konstatieren, „daß die Medizin dabei ist, auf der schon lange schief stehenden Leiter eine weitere Sprosse abzugleiten". Jede neue medizinische Möglichkeit weckt bei entsprechender sozialpsychologischer Aufbereitung Bedürfnisse in der Gesellschaft. „Der Teufelskreis (nomen est omen) schließt sich und die Spirale zieht . . . zur nächsten Sprosse der Leiter: Fetozid nach chorion-

---

24 § 218a Abs. 1 Nr. 2 StGB.

25 *G. E. Hirsch,* MedR 1988, 293. Die Indikation für einen Totalabbruch wäre nicht gegeben.

26 § 218 Abs. 2 Nr. 3 StGB.

27 Die sogeheißene eugenische, genetische, embryopathische oder kindliche Indikation. Zur Problematik der Terminologie *H.-G. Koch,* Landesbericht Bundesrepublik Deutschland, in: A. Eser u. H.-G. Koch (Hg.), Schwangerschaftsabbruch im internationalen Vergleich, Teil 1, 1988, 122.

28 *G. E. Hirsch,* MedR 1988, 294, auch zum Folgenden und zu einer Reihe weiterer problematischer Konstellationen.

bioptischer Diagnose des ⟨falschen Geschlechts⟩ eines Zwillings oder überhaupt Zwillingsreduktion"[29].

Angesichts der Überforderung von Medizinern und Eltern durch die Mehrlingsschwangerschaften[30] postulieren ärztliche und juristische Stimmen verstärkte Prävention. Die entscheidende Frage freilich blieb meist ungestellt: ob nämlich Reproduktionstechniken sich nicht schlechterdings verbieten, solange die Medizin Mehrlingsschwangerschaften mit der Folge von Reduktionen mittels Fetozid nicht ausschließen kann. Während die Ärzte bei der hormonellen Sterilitätstherapie für Frauen mit Ovarialinsuffizienz, die nicht auf eine In-vitro-Fertilisation angewiesen sind, durch genaues Monitoring das Paar zwar führen und die Therapie notfalls absetzen können, bleibt ihnen der Erfolg doch immer wieder versagt, weil die Eltern in ihrem Kinderwunsch das Risiko einer Mehrlingsschwangerschaft nicht erfassen und die gebotene sexuelle Enthaltsamkeit nicht üben. Außerdem gibt es Fälle, in denen die Beratung des Paares zu spät kommt. Bei der In-vitro-Fertilisation mit Embryotransfer, beim intratubaren Gametentransfer und beim tubaren Embryotransfer liegt die Verantwortlichkeit voll beim Arzt, ohne daß dieser bei der Mehrfachimplantation den Ablauf beherrschte. Die gebotene Konsequenz daraus hat die „Zentrale Kommission der Bundesärztekammer zur Wahrung ethischer Grundsätze in der Reproduktionsmedizin, Forschung an menschlichen Embryonen und Gentherapie" nicht gezogen[31]; sie läge im Verzicht auf nicht beherrschbare medizinische Verfahren, mit denen die Gefahr notwendiger Menschenopfer einhergeht.

Mit gutem Grund hat der Strafgesetzgeber den Verbrauch von Embryonen für wissenschaftliche Zwecke verboten[32]. Soll der Kinderwunsch mit seinem Leidensdruck die legitimierende Kraft besitzen, die dem Erkenntnisstreben problembewußter Wissenschaftler nicht zukommt? Gewiß will die Fortpflanzungsmedizin Embryonen zum Leben verhelfen, während das wissenschaftliche Experiment um des Fortschritts der Menschheit willen Leben vernichtet. Doch auch der Embryonentransfer bringt keimendes Leben in Gefahr und fordert es als Opfer — Verluste, die sich von Rechts wegen nicht gegen die Erfolge der Reproduktionstechnik aufrechnen lassen. Wie das Experiment, so fordert also auch die In-vitro-Fertilisation in therapeutischer Absicht Menschenleben äußerster Jugend. Dies läßt sich mit dem Rechtsstatus des Embryos nicht vereinbaren.

---

29 *H. Hepp*, Geburtsh. und Frauenheilk. 1989, 231 f.

30 Auch nicht abgetriebene Drillinge werfen schwere Probleme auf bei Frühgeburt durch Kaiserschnitt, Brutkastenpflege in überlasteten Kliniken, ferner drohen emotionale Defizite; vgl. *P. Petersen*, Universitas 1990, 1055.

31 Vorstehende Fn. 22. Kritisch dazu *C. Schirren*, EthikMed 1990, 42 f. Wenig überzeugend der Hinweis von *F. Böckle* auf den Grundsatz, daß das rettbare Leben dem unrettbaren vorzuziehen sei; EthikMed 1990, 44. Die Frage heißt vielmehr, ob der Arzt des Kinderwunsches wegen eine Lage heraufbeschwören darf, in der sich die Tötungsproblematik erst ergibt.

32 § 2 ESchG.

5. Bedenken bestehen nicht zuletzt gegen die Indikation des Embryotransfers aus ärztlicher Sicht. Bereits in seinem Sondervotum zum abschließenden Bericht der Arbeitsgruppe In-vitro-Fertilisation, Genomanalyse und Gentherapie hat Peter Petersen als Psychotherapeut und gynäkologischer Psychosomatiker Einspruch erhoben[33], den er auf eindrucksvolle Weise wiederholte[34]. Die aus der Tiermedizin ohne anthropologisches Konzept übernommenen biomedizinischen Steuerungen der Retortenfertilisation ließen die leib-seelische und geistige Natur des Menschen außer Betracht. Der Arzt übernehme als Mitschöpfer eines Menschenlebens die Rolle des Schicksals, ohne dessen Weitsicht zu besitzen. Die Retortenbefruchtung anonymisiere die Verantwortung des Arztes wie der Zuträger von Samen und Eizelle. Mann und Frau entfremdeten sich durch die medizinisch-technische Prozedur psychosomatisch. Die durchschnittliche Sterilitätspatientin sei stark depressiv und narzißtisch gestört und bedürfe viel eher einer intensiven Psychotherapie denn medizinischer Eingriffe mit Hilfe der Retorte.

Peter Petersen hat aufgrund intensiver klinischer Erfahrung die Merkmale der Reproduktionsmedizin denen der Psychosomatik kontradiktorisch gegenübergestellt und auf solche Weise die Widersprüche zwischen einer neuen medizinischen Methode und dem wohlverstandenen ärztlichen Heilauftrag herausgestellt[35]. In der Reproduktionsmedizin bedeutet Therapie die Substitution eines Defektes, in der Psychosomatik ein Verfahren der Begleitung. Hier findet sich die Perfektion biopsychosozialer Fruchtbarkeitsmechanik, die „MutterMaschine“[36] als abgeschlossenes System, dort ein dialogischer Prozeß mit dem sich öffnenden und wandelnden Menschen, hier der Embryo als Reprodukt und Durchschnittserzeugnis, dort das Kind als Person und Individualität. Der Reproduktionsmediziner — gewiß durchaus besten Willens — bleibt fixiert auf Zweck und Erfolg, während der herkömmlich helfende Arzt einen offenen, zielfreien Weg geht. Die Psychosomatik achtet Sexualität und vertiefte Sensibilität als Ausdruck leib-seelischer

---

33 Der *Bundesminister für Forschung und Technologie* (Hg.), In-vitro-Fertilisation, Genomanalyse und Gentherapie, 1985, 55-65. Vgl. ferner *M. Stauber,* Versuche mit dem zukünftigen Menschen — die neue Reproduktionsmedizin, in: H. Helmchen u. R. Winau (Hg.), Versuche mit Menschen in Medizin, Humanwissenschaft und Politik, 1986, 150-171.

34 Vgl. zuletzt *P. Petersen,* Künstliche Befruchtung: Schöner, geplanter, neuer Mensch?, Universitas 1990, 1048-1057. — Siehe ferner die empirische Bestandsaufnahme und kritische Analyse von *Ch. Hölzle* u. *U. Wiesing,* In-vitro-Fertilisation — ein umstrittenes Experiment. Fakten, Leiden, Diagnosen, Ethik, 1991. Das Buch gelangt zu dem Ergebnis, die In-vitro-Fertilisation sei ein fragwürdiges Experiment, bei dem wenige gewännen und viele verlören.

35 Universitas 1990, 1055 ff.

36 *G. Corea,* MutterMaschine. Reproduktionstechnologien — von der künstlichen Befruchtung zur künstlichen Gebärmutter, 1988. — Vgl. auch *M. v. Renesse,* In vitro veritas — Reproduktions- u. Gentechnologie und die Frauen, in: U. Battis u. U. Schultz (Hg.), Frauen im Recht, 1990, 103-126: „Wir leisten uns eine ungeheuer aufwendige, ungeheuer quälende und ungeheuer gefährliche Technik, um etwas zu erreichen — oder besser gesagt zu reparieren — , was wir selbst als Problem herbeiführen“.

Partnerbegegnung, während bei den Techniken der artifiziellen Fortpflanzung die Sexualität sich zum zweckhaften Instrument verkürzt. Die absolute Fixiertheit auf den Kinderwunsch führt als narzißtische Selbstverwirklichung in die seelische Isolation, während personaler Dialog und Offenheit den Beteiligten Loyalität und Bindung bringen. Medizinische Manipulationen entfremden, anästhesieren psychosomatisch, während das Kind als Geschenk die wechselseitige leib-seelische Wahrnehmung vertieft.

Der subjektive Leidensdruck und die drängend vorgetragenen Wünsche nach einem leiblichen Kind setzen den Reproduktionsmediziner unter starken Handlungsdruck: Die Indikation zur In-vitro-Fertilisation richtet sich weithin oder gar ausschließlich nach somatisch-medizinischen Kriterien. So läuft die Sterilitätstherapie vielfach auf ein am Symptom Kinderlosigkeit orientiertes Mitagieren und damit ein Verfestigen der pathologischen Zustände hinaus[37]. „Aufgrund des vorherrschenden anthropologischen Bildes der modernen Reproduktionsmedizin wird das Leiden der Kinderlosigkeit in seiner wesentlichen Bedeutung für die Patienten nicht erkannt. Indem die Medizin das komplexe Geschehen auf ein krankhaftes Organ reduziert, läuft sie Gefahr, die psychischen Konflikte trotz glaubhafter Helferabsicht zu verdrängen und zu verschärfen. Die Berufung auf das Leiden erfolgt zwiespältig. Während es vor der Therapie wichtigster Handlungsanlaß ist, wird das wahrscheinlich größere Leiden nach der meist erfolglosen Therapie ignoriert“[38].

6. Die vorgetragenen Bedenken lassen der In-vitro-Fertilisation in ihren verschiedenen Spielarten allenfalls einen schmalen Raum. Sofern sie embryonales Leben als Preis für ihren Erfolg fordert oder dessen Verlust in Kauf nimmt, bleibt sie von Rechts wegen unzulässig. Dasselbe gilt für Fertilitätstechniken, die der bloßen Substitution dienen, ohne der reflektierten Verantwortlichkeit aller Beteiligten Raum zu geben, ohne fachkundige Familien- oder Ehetherapeuten heranzuziehen. Das Legitimationserfordernis der ärztlichen Indikation läßt sich nur in einem umfassenden Rahmen gewinnen und feststellen, in dem die medizinische Technik nicht den Mittelpunkt bilden darf.

---

37 *W. Schuth, J. Neulen* u. *M. Breckwoldt*, Ein Kind um jeden Preis? Psychologische Untersuchungen an Teilnehmern eines in-vitro-Fertilisations-Programms, EthikMed 1989, 206-221 (216 f.).

38 *U. Wiesing*, Ethik, Erfolg und Ehrlichkeit. Zur Problematik der In-vitro-Fertilisation, EthikMed 1989, 66-82 (79).

VI. Das Embryonenschutzgesetz

1. Die Verführung durch das Machbare[1] scheint unwiderstehlich, auch für den Gesetzgeber. Werden Ethik und Recht die machtvollen, im internationalen wissenschaftlich-technischen Wettbewerb vorandrängenden Verfahren der Reproduktionsmedizin und Genbiologie noch binden können[2], oder wird die Theorie der Eigengesetzlichkeit des technischen Fortschritts weiter an Wahrscheinlichkeit gewinnen?

Die Ohnmacht des Staates „gegenüber den explosiven Vorgängen, welche die Durchbildung der Technik zur Folge hat", sei längst offensichtlich, urteilte Friedrich Georg Jünger[3]. Es gebe keinen Staat, der diese Vorgänge meistere, denn in alle staatliche Organisation habe sich die technische hineingeschoben; sie höhle den Staat von innen her aus. „Der Mensch meistert die mechanische Gesetzlichkeit nicht mehr, die er selbst in Gang gebracht hat. Diese Gesetzlichkeit meistert ihn". Andere Denker folgten dieser Sicht der Dinge. Arnold Gehlen sieht den Naturforscher durch die naturwissenschaftliche Forschung entmündigt[4]. Denn weder stelle er die Probleme, noch entschließe er sich zur Anwendung des Erkannten, wie der Laie meine. „Was Problem werden muß, folgt aus dem schon Erkannten, und es liegt in der Logik des Experimentes, daß die exakte Erkenntnis bereits die Beherrschung des Effekts einschließt. Der Entschluß zur Anwendung des Erkannten erübrigt sich, er fällt aus, er wird dem Forscher vom Objekt abgenommen". Der Zusammenhang von Wissenschaft, Applikation und Auswertung bilde längst auch eine automatisierte und ethisch indifferente Superstruktur. Eine Änderung lasse sich wohl nur durch Askese beim Wissenwollen oder beim Konsumierenwollen erreichen.

Der französische Embryologe Jacques Testart vertritt unter dem Eindruck der sich abzeichnenden Möglichkeiten eine Ethik der Nichterfindung. In seinem Buch „L'oeuf transparent"[5] stehen folgende Sätze: „A l'instant commence le

---

1 *P. Koslowski, Ph. Kreuzer* u. *R. Löw* (Hg.), Die Verführung durch das Machbare. Ethische Konflikte in der modernen Medizin und Biologie, 1983.

2 Vgl. die Editionen von *J. Stepan*, International Survey of Laws on Assisted Procreation, 1990, u. von *A. Eser, H.-G. Koch* u. *Th. Wiesenbart* (Hg.), Regelungen der Fortpflanzungsmedizin. Eine internationale Dokumentation gesetzlicher und berufsständischer Rechtsquellen, 2 Bde., 1990.

3 Die Perfektion der Technik, [5]1968, 197.

4 Die Seele im technischen Zeitalter. Sozialpsychologische Probleme in der industriellen Gesellschaft. Ausg. 1969, 197.

5 1986 (Flammarion), 113. Vgl. auch FAZ Nr. 217 v. 19.9.1986, 27.

cannibalisme de l'humain par l'homme civilisé". „Il faut bien voir que notre nouvelle condition est sans précédent dans l'histoire et qu'elle ne s'accommodera pas des interdits du passé".

Ernst Jünger hat schon 1959 in seinem Buch „An der Zeitmauer" die künstliche Befruchtung als „Anzeichen der Weltwende", als den „Eintritt in ein neues Haus" bezeichnet und auf die „Hilflosigkeit der Juristen" hingewiesen. Der Mensch trete in eine neue Phase ein, in der sich seine Natur ändere. „Diese Entwicklung verläuft in der Generallinie, auf der auch der Staat fortschreitet. Sein Verhalten wird daher von der Duldung über die Förderung zur Legalisierung und endlich zur Monopolisierung übergehen. Hier eröffnen sich für viele seiner Probleme, für Bevölkerungs- und Geburtenkontrolle, Typen- und Meinungsbildung, Führung und Gefolgschaft, Uniformierung und Kollektivierung Aussichten auf eine ungemeine Vereinfachung".

Scharfsichtig hat sich auch Ernst Forsthoff mit der technischen Realisation im Staat der Industriegesellschaft befaßt. Er gelangt zu der Einsicht, „daß der Staat außerstande wäre, den technischen Prozeß in die Schranken zu verweisen, welche die Humanität (diese in einem wörtlichen und umfassenden, unsentimentalen Sinne verstanden) gebietet. Denn solche Schranken setzen, würde bedeuten, Herrschaftsfunktionen gegenüber der Industriegesellschaft auszuüben. Dazu bedarf es einer eigenständigen Macht, die dem Staate fehlen muß, der seine Stabilität und Funktionsfähigkeit der Industriegesellschaft verdankt"[6].

2. Der deutsche Bundesgesetzgeber hat mit seinem Werk, dem Gesetz zum Schutz von Embryonen[7], die kritischen Autoren, welche die rechtliche Steuerbarkeit der naturwissenschaftlich-technischen Fortschritte bezweifeln, nicht widerlegt, aber wohl auch nicht bestätigt. Der Gesetzgeber konnte aus den Erträgen einer jahrelangen, eindringenden rechtspolitischen Diskussion und aus gediegenen Vorlagen schöpfen[8]. Mit seinem Strafgesetz hat er freilich nur einen Teil des Feldes besetzt und den neuen Fertilisationstechniken einige unumgängliche Grenzen gezogen. Dabei wird eine abgewogene Kritik dem Gesetzgeber zugute halten, daß er am Ende einer Legislaturperiode stand und daß die Probleme der wiedergewonnenen deutschen Einheit die staatlichen Organe stark beanspruchten.

Der Gesetzgeber hat das Verdienst, der Menschenwürde und dem Lebensschutz den Vorrang vor der Freiheit von Wissenschaft und Forschung bestätigt und der

---

[6] *E. Forsthoff,* Der Staat der Industriegesellschaft, 1971, 168.

[7] Embryonenschutzgesetz (ESchG) v. 13.12.1990, BGBl. I, 2746, in Kraft getreten am 1.1.1991.

[8] Vgl. die Nachweise bei *A. Laufs,* Rechtliche Grenzen der Fortpflanzungsmedizin, 1987; *ders.,* NJW 1986, 1515 f.; NJW 1987, 1450 f.; NJW 1988, 1499 ff.; NJW 1989, 1523 f.; NJW 1990, 1511 f.; NJW 1991, 1517 f. Siehe ferner die Bibliographie bei *B. Merz,* Die medizinische, ethische und juristische Problematik artifizieller menschlicher Fortpflanzung, 1991; *D. Giesen,* Menschenwürde und Recht am Anfang und Ende des Lebens, Archivum Iuridicum Cracoviense, XXIII, 1990, 41-59.

befruchteten, entwicklungsfähigen menschlichen Eizelle vom Zeitpunkt der Kernverschmelzung an den Schutz des Rechts eingeräumt, auch das Kindeswohl als hohes Gut anerkannt zu haben. Dennoch kann das Embryonenschutzgesetz im ganzen nicht voll befriedigen[9]. Es fand im Parlament keine breite Mehrheit, stieß vielmehr auf unüberwindliche Bedenken der Opposition. Die prinzipielle Verschiedenheit der Standpunkte auf dem Gebiet der artifiziellen Reproduktion berührt den Konsens über die sittlichen Grundlagen des Zusammenlebens in der Gemeinschaft, der Verfassung und Gesetz trägt. Hier besteht das Gebot, „den Rechtsgedanken so zu entwickeln, daß er gemeinschaftsbildend für jedermann offen und darum verbindlich sein kann“[10]. Im „geläuterten Pluralismus“[11] erfahren überlieferte Werte schonenden Respekt. Mit unzureichenden Strafvorschriften ist die Parlamentsmehrheit indessen über tief begründete Einwände und tradierte Vorstellungen auch der Kirchen hinweggegangen, indem sie den Kreis der zu verwerfenden Manipulationen nicht entschieden und weit genug zog.

Gewissensbedenken zeigten sich auch bei der Mehrheit. Der das Gesetz im Parlament vertretende christdemokratische Abgeordnete Seesing erklärte: „Auf der einen Seite lehne ich für mich alle diese Praktiken der Fortpflanzungsmedizin aus Gewissensgründen, die natürlich von meinen religiösen Überzeugungen geprägt sind, ab. Auf der anderen Seite sehe ich mich aber außerstande, von anderen Menschen dieselbe Einstellung zu verlangen“[12]. Mag der Abgeordnete mit seinen Gewissensgründen keinen inneren unbedingten, die eigene Identität wahrenden Anruf letzten Ernstes gemeint haben, für den ihm das Grundgesetz Raum geboten hätte[13], so werfen für nicht wenige Menschen, auch Ärzte, die Verfahren der artifiziellen Reproduktion und der Gentechnologie Fragen von existentieller Bedeutung auf. Zu vieles von dem, was unverboten blieb und darum als zulässig erscheinen mag, gilt ihnen als sittlich verwerflich.

---

[9] „Vieles ist unzureichend geregelt“: *J. Reiter*, Zu vieles offen geblieben?, Herder-Korrespondenz 12, 1990, 571 - 574. Vgl. ferner *E. Deutsch*, Embryonenschutz in Deutschland, NJW 1991, 721 - 725: „Das Embryonenschutzgesetz ist ein Kompromiß ... Die Umgehung durch Verlagerung ins Ausland ist abzusehen; Nachbesserungen, jedenfalls gesetzliche Änderungen, werden notwendig sein ...“ (725). Wichtig *H.-L. Günther*, Welche Grenzen setzt das Embryonenschutzgesetz der Humangenetik?, Med. Genetik 3, 1991, 41 - 47. („Verboten sind nur fragmentarisch einzelne Maßnahmen .... Die verbliebenen Freiräume sind gelegentlich ... sogar schlechterdings unerträglich“). Rechtsvergleichend *E. Bernat*, MedR 1991, 308 - 315.

[10] Vgl. *A. Arndt*, Gesammelte juristische Schriften, 1976, 40 f. Siehe auch *J. Esser*, Vorverständnis und Methodenwahl in der Rechtsfindung, 1970, 14 ff.

[11] *W. Brugger*, Radikaler und geläuterter Pluralismus, Der Staat 1990, 497 - 520: „Geläuterter Pluralismus zielt ... nicht nur auf größtmögliche Rationalität, sondern will Rationalität auch mit der Achtung für die kulturell überkommene Architektonik des Sittlichen vermitteln“ (520).

[12] Deutscher Bundestag, Plenarprotokoll 11 / 230, Stenographischer Bericht v. 24.10.1990, 18207.

[13] Art. 38 Abs. 1 S. 2 GG: Die Abgeordneten „sind nur ihrem Gewissen unterworfen“.

3. In der zweiten und dritten Beratung des von der Bundesregierung eingebrachten Entwurfs eines Embryonenschutzgesetzes beherrschten die überzeugenden Einwände der sozialdemokratischen Abgeordneten Däubler-Gmelin die Debatte[14]. Mit gutem Grund kritisierte sie den Weg einer strafrechtlichen Lösung: „Das Strafrecht allein ist ein zu grobes Mittel". Geboten sei vielmehr „ein differenziertes System rechtlicher Instrumente — Berufsrecht, Zivilrecht, Strafrecht, Gesundheitsrecht". Dieses Konzept, das eine Zersplitterung der Rechtsmaterie verhinderte, erforderte allerdings eine Grundgesetzänderung, die dem Bundesstaat die Regelungskompetenz einzuräumen hätte. Die konkurrierende Gesetzgebung des Bundes erstreckt sich zwar auf „die Maßnahmen gegen gemeingefährliche und übertragbare Krankheiten bei Menschen und Tieren, die Zulassung zu ärztlichen und anderen Heilberufen und zum Heilgewerbe, den Verkehr mit Arzneien, Heil- und Betäubungsmitteln und Giften", ferner auf „die wirtschaftliche Sicherung der Krankenhäuser und die Regelung der Krankenhauspflegesätze"[15], doch damit ist nur ein Ausschnitt aus dem gesamten Gesundheitswesen bezeichnet, dessen Regelung im übrigen den Ländern obliegt. Fragen der ärztlichen Berufsausübung und der Reichweite des ärztlichen Heilauftrags sind Ländersache. Der Bundesgesetzgeber konnte unter Inanspruchnahme seiner konkurrierenden Zuständigkeit für das Strafrecht[16] bestimmte Handlungen pönalisieren, aber kein umfassendes Fortpflanzungsmedizingesetz erlassen.

Das Embryonenschutzgesetz sucht Mißbräuche zu ahnden. So bleibt denn im einzelnen die Methode der In-vitro-Fertilisation ungeregelt. Sie gilt offenbar als erlaubt, weil nicht ausdrücklich verboten, sondern eher vorausgesetzt. Der Gesetzgeber hat sie nicht, so Däubler-Gmelins berechtigte Kritik, als subsidiär gekennzeichnet, das heißt als ein Verfahren, das der Arzt nur anwenden darf, wenn sich der Kinderwunsch nicht auf andere Weise erfüllen läßt. Diese Schwäche liegt in der Konsequenz des strafrechtlichen Weges.

4. Die Verbote des Klonens, der Chimären- und Hybridbildung entsprechen allgemeiner, unstreitiger Ansicht: Niemand darf künstlich bewirken, „daß ein menschlicher Embryo mit der gleichen Erbinformation wie ein anderer Embryo, ein Foetus, ein Mensch oder ein Verstorbener entsteht"[17]. Das Gesetz verbietet es, „Embryonen mit unterschiedlichen Erbinformationen unter Verwendung mindestens eines menschlichen Embryos zu einem Zellverband zu vereinigen", ferner „mit einem menschlichen Embryo eine Zelle zu verbinden, die eine andere Erbinformation als die Zellen des Embryos enthält und sich mit diesem weiter zu differenzieren vermag", schließlich „durch Befruchtung einer menschlichen Eizelle mit dem Samen eines Tieres oder durch Befruchtung einer tierischen

---

[14] Wie Fn. 12, 18209 ff.
[15] Art. 74 Nr. 19 u. 19a GG.
[16] Art. 74 Nr. 1 GG.
[17] § 6 ESchG (Klonen).

Eizelle mit dem Samen eines Menschen einen differenzierungsfähigen Embryo zu erzeugen"[18].

Wie der zuletzt zitierte Passus bei näherem Zusehen offenbart, bleiben Verschmelzungen menschlicher und tierischer Keimzellen, also über die Artgrenze hinweg, prinzipiell möglich. Damit hat der Gesetzgeber eine Grenze überschritten, die viele Menschen als unübersteigbar ansehen. Es geschah dies mit Rücksicht auf ein diagnostisches Verfahren, den weltweit praktizierten Goldhamstertest. Er dient dazu, die Befruchtungsfähigkeit männlichen Samens festzustellen. Viele menschliche Samenzellen können nur deshalb keine Befruchtung herbeiführen, weil sie die äußere Eihülle nicht zu durchdringen vermögen. Die Eihülle bei einer Frau hat die gleichen Eigenschaften wie die Goldhamster-Eihülle. Darum lassen sich die gewünschten Penetrations-Versuche durchführen, mit deren Hilfe sich der Grund der Unfruchtbarkeit in vielen Fällen klären läßt.

Der Formulierung des Gesetzes liegt die Absicht zugrunde, eine derartige Hybridbildung im Interesse solcher Sterilitätsprüfungen zuzulassen. Der Gesetzestext schließt indessen den Einstieg in Forschungen nicht aus. Darum schlug die sozialdemokratische Fraktion die folgende Fassung vor: Strafbar mache sich, wer „eine menschliche Eizelle mit Samen eines Tieres oder eine tierische Eizelle mit dem Samen eines Menschen befruchtet". Bei der Produktion von Hybridlebewesen stellt sich ferner die Frage nach den Grenzen des sachbezogenen Umgangs mit menschlichem Keimgut. „Wenn die besondere Potenz des Keimguts Gegenstand der Nutzung ist oder war, kommen Persönlichkeitsrechte — damit auch deren Verletzung — in Betracht"[19]. Jedenfalls bedarf der Arzt einer Einwilligung des Samenspenders, der eine ausreichende Information über das Geplante und dessen Tragweite vorausgehen muß. Letztlich geht es bei dem Vorbehalt gegen die Produktion von Hybridwesen um den sittlich und religiös begründeten Respekt vor der Schöpfungsordnung, die der Mensch durch die Konjugation humaner und tierischer Keimzellen nicht sprengen darf.

Auch bei seinem Verbot der Geschlechtswahl hat der Gesetzgeber der vorandrängenden Wissenschaft und der Eugenik Zugeständnisse gemacht, die weitreichende Folgen haben können. Das Gesetz verbietet, „eine menschliche Eizelle mit einer Samenzelle künstlich zu befruchten, die nach dem in ihr enthaltenen Geschlechtschromosom ausgewählt worden ist". Das Verbot soll freilich nicht gelten, „wenn die Auswahl der Samenzelle durch einen Arzt dazu dient, das Kind vor der Erkrankung an einer Muskeldystrophie vom Typ Duchenne oder einer ähnlich schwerwiegenden geschlechtsgebundenen Erbkrankheit zu bewahren, und die dem Kind drohende Erkrankung von der nach Landesrecht zuständigen Stelle als entsprechend schwerwiegend anerkannt worden ist"[20].

---

[18] § 7 ESchG (Chimären- und Hybridbildung).

[19] *M. Lanz-Zumstein,* Die Rechtsstellung des unbefruchteten und befruchteten menschlichen Keimguts. Ein Beitrag zu zivilrechtlichen Fragen im Bereich der Reproduktions- und Gentechnologie, 1990, 241.

Danach darf der Arzt durch Selektion von Spermien das zu erzeugende Kind vor dem unheilbaren Muskelschwund oder einer ähnlich schwerwiegenden geschlechtsgebundenen Krankheit zu bewahren suchen. Die unheilbar fortschreitende Muskelatrophie entsteht durch ein mutiertes Gen auf dem X-Chromosom und vererbt sich nur auf Jungen; die Häufigkeit bleibt sehr gering. In ungefähr dreißig Prozent der Fälle geht indes die Krankheit nicht auf einen Erbvorgang, sondern auf eine spontane Genmutation zurück. Hinter dem Gesetz steht die gute Absicht, vermeidbares Leid infolge schwerer Krankheit schon im Vorfeld durch Spermienselektion auszuschließen. Doch damit hat der Gesetzgeber das Einfallstor zur Eugenik ein erstes kleines Stück weit aufgestoßen. Dies mag die Kräfte anregen und bestärken, die einen Indikationenkatalog der zu bekämpfenden Erbkrankheiten aufstellen wollen. Das neue Recht mag auch eine Praxis begünstigen, die künftig bei der In-vitro-Fertilisation jeden Samen nach geschlechtsgebundenen Erbkrankheiten selektiert. Möglicherweise erblich belastete Paare können unter den Druck geraten, sich nur noch über das artifizielle Verfahren mit positiver Selektion fortzupflanzen. Die bisherigen Erfahrungen mit der pränatalen Diagnostik und den mit den wachsenden wissenschaftlichen Möglichkeiten zunehmenden Bedürfnissen begründen die Sorge vor einer sich ausbreitenden Eugenik.

Zu den rechtspolitisch umstrittenen Verfahren gehört auch das Tiefgefrieren von Eizellen und Embryonen. Der Deutsche Juristentag 1986 zu Berlin hatte der Kryokonservierung von Eizellen aus Gründen der Verhältnismäßigkeit in jedem Falle den Vorzug gegeben vor der Konservierung von Embryonen. Die Kryokonservierung von Embryonen sei „nur zu deren Erhaltung und zum Zwecke einer in zeitlich begrenztem Rahmen liegenden späteren Implantation zulässig". Der sozialdemokratische Entwurf und die Bund-Länder-Arbeitsgruppe[21] hatten ein Verbot vorgesehen. In der Parlamentsdebatte erklärte der Berichterstatter Seesing, er wolle „ganz deutlich machen, daß die Konservierung von Embryonen nur ausnahmsweise zuzulassen ist". Das Gesetz indessen enthält kein Verbot. Das Einfrieren von Embryonen bleibt also straflos möglich. Auch darin liegen Gefahren. Mit Hilfe des Einfrierverfahrens lassen sich Embryonen ansammeln, die — aus welchen Gründen auch immer — nicht zum Transfer gelangen und in tiefgekühltem Zustand einer ungewissen Zukunft entgegengehen. Die Gefahr eines wissenschaftlichen Zugriffs läßt sich nicht ausschließen. Die Kryokonservierung ermöglicht die Geburt generationenversetzter Menschen.

Aber vor allem die durch den Gefrier- und Auftauvorgang hohen Verluste[22] lassen die Kryokonservierung im Hinblick auf das Lebensrecht des Embryos als unverantwortlich erscheinen. Gewiß läßt sich für die Fälle, in denen die zum

---

20 § 3 ESchG.

21 Diese nur grundsätzlich: Ausnahmsweise sollte die Kryokonservierung zulässig sein, wenn der Gesundheitszustand der Frau den Transfer vorübergehend ausschloß, die Frau eine Übertragung aber weiterhin wünschte.

22 Von über fünfzig Prozent.

Transfer vorgesehene Frau erkrankt oder gar stirbt oder sich wider Erwarten weigert, den Embryo anzunehmen, das Prinzip des rechtfertigenden Notstandes anführen[23]. Die Kryokonservierung bietet in solchen Fällen die einzige Chance für den Embryo[24]. Doch hier muß sich die Frage anschließen, ob ein Verfahren der artifiziellen Reproduktion als zulässig gelten kann, das diesen Notstand heraufzubeschwören vermag. Das Gebot des Lebensschutzes steht dagegen. Der gesetzliche Arztvorbehalt lindert die Bedenken kaum.

5. Auf Vorschlag des Rechtsausschusses kam der Arztvorbehalt in das Gesetz[25]: „Nur ein Arzt darf vornehmen: 1. die künstliche Befruchtung, 2. die Übertragung eines menschlichen Embryos auf eine Frau, 3. die Konservierung eines menschlichen Embryos sowie einer menschlichen Eizelle, in die bereits eine menschliche Samenzelle eingedrungen oder künstlich eingebracht worden ist".

Die Methoden der artifiziellen Reproduktion, so die dem Gesetz zugrunde liegenden Gedanken, setzten wissenschaftlich gesicherte medizinische Kenntnisse voraus. Sie erschöpften sich nicht in technischen Eingriffen. Jede adäquate fortpflanzungsmedizinische Maßnahme verlange eine umfassende Diagnostik zur Sterilitätsursache. Ferner erfordere die Behandlung eine sehr gründliche Aufklärung des Paares über alle möglichen Alternativen, Konsequenzen und Gefahren. Überdies begrenze der Arztvorbehalt die Möglichkeit des Mißbrauchs, weil Ärzte ihrem Standesrecht unterworfen seien.

In der Tat gehört der Arztvorbehalt zu den begrüßenswerten Elementen des Embryonenschutzgesetzes. Er bringt die Legitimationserfordernisse ins Spiel, an die das Handeln des Arztes stets gebunden bleibt: die Indikation, die Einwilligung nach Aufklärung, die fachlichen Standards. Er verweist auf die Pflichten der Berufsordnung und damit auch auf diejenigen zum Schutze des keimenden Lebens. Die Grauzone freilich, die der Gesetzgeber mit den Vorschriften zur Geschlechtswahl, zur Hybridbildung und zur Kryokonservierung bestehen ließ, hellt der Arztvorbehalt kaum auf, zumal die Ärzteschaft selbst sich in vielen Fragen gespalten zeigt.

6. Die Befürworter der Forschung an menschlichen Embryonen versprechen sich einen Erkenntnisgewinn, der zu besseren Therapiemöglichkeiten führen werde. Die Gegner argumentieren aus der Sorge um die überlieferten Grundwerte menschlichen Zusammenlebens. Die Argumente stehen sich unversöhnlich ge-

---

23 Zuletzt etwa *H.-L. Günther*, Wie geschützt sind Embryonen? Ethische und rechtliche Aspekte, Universitas 1991, 27-35 (31: These 15) m. w. N.

24 Oder, wenn — wie meist — mehrere Embryos zum Transfer anstehen, die einzige Chance für dieselben.

25 § 9 mit § 11 EschG. Kritisch dazu *D. Coester-Waltjen* in (gemeinsam mit *S. Trotnow)*: Möglichkeiten, Gefahren und rechtliche Schranken befruchtungstechnischer und gentechnischer Eingriffe unter besonderer Berücksichtigung des Entwurfs eines Embryonenschutzgesetzes, 1990, 7. Die Autorin unterschätzt die beratende und helfende Funktion des berufsrechtlich gebundenen Arztes, auch im Blick auf Kontraindikationen.

genüber. Selbst die Arbeitsgruppe „Schutz des Embryos“ der Akademie für Ethik in der Medizin vermochte das Problem nicht zu lösen[26]. Auch für den Gesetzgeber, so schloß die Stellungnahme, sei das ethische Problem nicht lösbar; er sei „jedoch als einziger legitimiert, darüber zu entscheiden, zu welchem praktischen Umgang mit diesem Dilemma unsere Gesellschaft finden soll“.

Der Bundesgesetzgeber hat die Grundfrage im Sinne des Lebensschutzes entschieden. Es wird bestraft, wer „es unternimmt, eine Eizelle zu einem anderen Zweck künstlich zu befruchten, als eine Schwangerschaft der Frau herbeizuführen, von der die Eizelle stammt“, weiter „wer 1. künstlich bewirkt, daß eine menschliche Samenzelle in eine menschliche Eizelle eindringt, oder 2. eine menschliche Samenzelle in eine menschliche Eizelle künstlich verbringt, ohne eine Schwangerschaft der Frau herbeiführen zu wollen, von der die Eizelle stammt“[27]. Strafbar macht sich ferner, „wer einen extrakorporal erzeugten oder einer Frau vor Abschluß seiner Einnistung in der Gebärmutter entnommenen menschlichen Embryo veräußert oder zu einem nicht seiner Erhaltung dienenden Zweck abgibt, erwirbt oder verwendet“, außerdem „wer zu einem anderen Zweck als der Herbeiführung einer Schwangerschaft bewirkt, daß sich ein menschlicher Embryo extrakorporal weiterentwickelt“[28].

Damit erlaubt das deutsche Recht die Erzeugung menschlicher Embryonen in der Retorte ausschließlich im Dienste menschlicher Fortpflanzung. Verboten bleibt das Erzeugen menschlicher Keimlinge mit dem Ziel, sie im Interesse hochrangiger Forschungszwecke zu verwenden. Darin läge ein planmäßiger Verbrauch menschlicher Existenz als bloßes Forschungsobjekt für andere — geradezu der Paradefall einer Verletzung der menschlichen Würde[29].

Einem Verbot unterliegt auch die verbrauchende Forschung an ungewollt überzähligen, nicht auf eine Frau transferierbaren Embryonen[30]. Soll der todgeweihte Embryo seinem Schicksal überlassen bleiben oder soll das ungewollt nutzlose kurze Leben einen Sinn erhalten, indem es hochrangigen Forschungszielen zum Wohle der Menschheit dient? Diese Frage führte zu den heftigsten Kontroversen, freilich nicht im deutschen Parlament, das die Embryonenforschung — anders als etwa der britische Gesetzgeber[31] — eindeutig verbot. Denn wie und durch wen lassen sich hochrangige Forschungsziele bestimmen? Noch

---

26 Stellungnahme der *Arbeitsgruppe „Schutz des Embryo“* der *Akademie für Ethik in der Medizin zur Embryonenforschung,* 1990 (Broschüre).

27 § 1 Abs. 1 Nr. 2 u. Abs. 2 ESchG.

28 § 2 Abs. 1 u. 2 ESchG.

29 Darüber mit allen einschlägigen Nachweisen *H.-L. Günther,* MedR 1990, 161 - 167 (162 f).

30 Die Einzelheiten bei *H.-L. Günther,* MedR 1990, 163 ff.

31 *H. v. Schubert,* Med.Ethik 38, Sonderbeil. ÄrzteBl.Bad.-Württ. 1 / 1991. Vgl. ferner *A. Eser, H.-G. Koch* u. *Th. Wiesenbart,* Regelungen der Fortpflanzungsmedizin und Humangenetik, Bd. 1, 1990, 383 f., 392, 396.

haben Wissenschaftler kein hochrangiges Forschungsziel definiert, das den Verbrauch menschlicher Embryonen verlangte. Ließe sich ein solches Ziel benennen, so bliebe doch fraglich, ob die Forscher sich dann mit einzelnen überzähligen Keimlingen begnügten. Die Freigabe von Experimenten beschwörte die Gefahr von Dammbrüchen herauf, das Risiko einer immer weiter ausgreifenden Wissenschaft, die tötet um des Erkenntnisgewinns willen[32].

Unter das strafbewehrte Verbot fällt auch die Präimplantationsdiagnostik, bei der die Mediziner dem Embryo in vitro nach ersten Zellteilungen eine noch totipotente Zelle entnehmen, um sie genetisch verbrauchend zu untersuchen, während der übrig gebliebene Keimling tiefgekühlt wird, um nach einem günstigen Befund zur Implantation zu gelangen[33]. Nach dem Gesetz[34] gilt die entnommene, entwicklungsfähige totipotente Zelle als Embryo, den Mediziner nicht fremdnützig aufopfern dürfen[35]. Als unzulässig muß bereits die Produktion eines Embryos im Glase unter dem Vorbehalt der Tötung bei Qualitätsmängeln gelten, ganz abgesehen von den Gefahren des Tiefgefrierens und eugenischer Selektionen.

Das Gebot des Lebensschutzes verlangt vom Arzt, überzählige Embryonen bei der artifiziellen Reproduktion zu vermeiden. Das neue Gesetz bedroht den Mediziner mit Strafe, „der es unternimmt, innerhalb eines Zyklus mehr als drei Embryonen auf eine Frau zu übertragen", ferner den, der „es unternimmt, durch intratubaren Gametentransfer innerhalb eines Zyklus mehr als drei Eizellen zu befruchten", schließlich denjenigen, der „es unternimmt, mehr Eizellen einer Frau zu befruchten, als ihr innerhalb eines Zyklus übertragen werden sollen"[36]. Diese beschränkenden Maßgaben verringern die Verluste an Menschenleben und das Risiko unerwünschter Mehrlingsschwangerschaften. Damit hat der deutsche Gesetzgeber einen Kurs eingeschlagen, der Beifall verdient. Allerdings läßt die gesetzliche Regel den Einwand fortbestehen, der Arzt setze menschliches Leben aufs Spiel und letztlich ein, um den Kinderwunsch seiner Patientin zu erfüllen, auch habe die Entwicklung der Methode der artifiziellen Reproduktion Menschenopfer gefordert und verlange solche auch weiterhin.

---

32 *H. v. Schubert,* Embryonenforschung in protestantischer Sicht, in: H.-M. Sass u. H. Viefhus (Hg.), Güterabwägung in der Medizin. Ethische und ärztliche Probleme, 1991, 183-197, schließt mit den Sätzen: „Das Dilemma scheint unumgänglich: Ohne Angabe therapeutischer Ziele keine Embryonenforschung, ohne Freigabe nichttherapeutischer, verbrauchender Embryonenforschung keine Angabe therapeutischer Ziele. Selbst wenn die Embryonenforschung in der Bundesrepublik verboten wird" (was inzwischen geschah, d. Verf.), „wird man auch hier über kurz oder lang die Ergebnisse der entsprechenden Forschungen aus dem Ausland übernehmen, wie es ja schon bei der In-vitro-Fertilisation geschehen ist?".

33 *H.-L. Günther,* MedR 1990, 166.

34 § 8 Abs. 1 ESchG.

35 § 2 Abs. 1 ESchG.

36 § 1 Abs. 1 Nr. 3, 4 u. 5. Die Gewinnung überzähliger Eizellen hat der Gesetzgeber aus gutem Grund nicht unter Strafe gestellt; vgl. *H.-L. Günther,* MedR 1990, 165.

Indem der Gesetzgeber die Zahl der Eizellen und der Embryonen innerhalb der artifiziellen Reproduktionsprozesse begrenzte, um das ungeborene menschliche Leben zu schonen und zu schützen, gestand er im Grunde ein, daß die Medizin im Dienste des Kinderwunsches Verluste an Keimlingen einplante. Diese Verluste erfordern eine ärztliche Legitimation, welche die Natur weder zu geben vermag noch braucht. Die Grenzzahl drei bleibt durchaus fragwürdig. Sie kommt den Bedürfnissen der medizinischen Technik entgegen und hält den Verlust in Grenzen. Aber sie bedeutet doch die Inkaufnahme des Untergangs zweier Embryonen zugunsten eines dritten, wobei die größere Wahrscheinlichkeit für den Fehlschlag des ganzen Verfahrens spricht. Streng genommen läßt sich auch beim Gebrauch nur eines zu befruchtenden Eies oder eines zu übertragenden Embryos fragen, ob der Arzt, nicht die Natur, den Einsatz wagen dürfe, um das Bedürfnis eines anderen Menschen zu stillen. Jedenfalls gilt es, den hohen Einsatz im Zusammenhang des gesamten medizinischen Vorgangs, seines Ertrages und seiner Gefahren, zu sehen und abzuwägen. Nach neueren Urteilen erweist sich das Verhältnis zwischen Nutzen und Risiken der In-vitro-Fertilisation als keineswegs überzeugend.

„Die Verbreitung der Methode vollzog sich jenseits einer vernünftigen Effektivität und eines abschätzbaren Nutzen-Kosten-Kalküls. Die IVF wurde innerhalb kurzer Zeit im wissenschaftlichen Kollektiv als unverzichtbar erachtet". Die Verfasser dieses Satzes, Christina Hölzle und Urban Wiesing[37], zitieren den Internisten Paul Schölmerich, der erklärte, keine große Frauenklinik könne es sich leisten, nicht auf diesem Gebiet tätig zu sein. Nach ihrem auch empirisch wohlbegründeten Urteil erreicht die In-vitro-Fertilisation als Therapie des unerfüllten Kinderwunsches ihr angestrebtes Ziel, eine Geburt, nur in geringem Maße. Bei neunzig von hundert Frauen bringt der unternommene Versuch keinen Erfolg. „Die unerwünschten Wirkungen und Gefährdungen sind beträchtlich. Sie äußern sich nicht nur in der großen Zahl erfolgloser Behandlungen, sondern auch in vermehrten Komplikationen beim Schwangerschafts- und Geburtsverlauf. Nur achtundfünfzig Prozent der IVF-Schwangerschaften enden in einer Lebendgeburt . . ., wobei der Gesundheitszustand der Kinder vielfach beeinträchtigt ist. Die Langzeitfolgen für die betroffenen Eltern und Kinder sind weitgehend unerforscht"[38]. Außerdem: „Mit dem angestrebten Ziel ist nicht jedem Paar geholfen. Wie psychosomatische Untersuchungen zeigen, sind persönliche, partnerschaftliche und sexuelle Probleme häufig ursächlich an der Fruchtbarkeitsstörung beteiligt oder ergeben sich daraus. Eine medizinisch indizierte Schwangerschaft kann diese Probleme nicht lösen. Unsichere Erfolgsaussichten und zyklisch wiederkehrende Erfahrungen des Mißerfolges tragen im Gegenteil dazu bei, die psychischen Probleme zu verstärken und das Leiden zu verlängern. Der implizite Aufforde-

---

37 In-vitro-Fertilisation — ein umstrittenes Experiment. Fakten, Leiden, Diagnosen, Ethik, 1991, 94.

38 *Ch. Hölzle* u. *U. Wiesing*, vorst. Note, 92.

rungscharakter des reproduktionsmedizinischen Angebotes erschwert die Akzeptanz der Kinderlosigkeit"[39].

Vor diesem Hintergrund erscheint das Embryonenschutzgesetz mit seinen Strafbarrieren gegen Mißbräuche auch deshalb verfehlt, weil es eine problematische Methode durchaus stabilisiert, wenn nicht in den Augen vieler legitimiert, indem es die In-vitro-Fertilisation als solche voraussetzt und zuläßt.

7. Die Richtlinien des Wissenschaftlichen Beirats der Bundesärztekammer zur Forschung an frühen menschlichen Embryonen[40], ein Teil des Berufsrechts[41], haben durch das neue Gesetz ihre Gültigkeit verloren. Diese Richtlinien hatten „wissenschaftlichen Untersuchungen im frühesten, der Vereinigung von Ei- und Samenzelle unmittelbar folgenden Entwicklungsstadium" über tiefreichende Dissense im eigenen Berufsstand hinweg einen begrenzten und kontrollierten Raum offen gehalten, weil sich Fragen stellten, „die allein durch Untersuchungen von menschlichen Embryonen erfolgreich bearbeitet werden können". Bezeichnenderweise versprach sich der Wissenschaftliche Beirat „medizinischen Fortschritt und damit einen Nutzen für die Allgemeinheit" zuerst auf dem Felde der „Entwicklung und Verbesserung von Methoden zur Behandlung der Infertilität, insbesondere zur Verbesserung der Erfolgsrate der IVF / ET". Im amtlichen Kommentar heißt es dazu durchaus zutreffend: „Allein die Geburt von etwa eintausend extrakorporal erzeugten Kindern wäre ohne Forschung mit menschlichen Embryonen . . . nie möglich geworden". Solche Forschungen verbietet nunmehr das Gesetz. Ohne sie wird sich die noch sehr unzulängliche Methode der In-vitro-Fertilisation schwerlich verbessern lassen, ein Umstand, der gegen das Verfahren spricht, auch wenn es als Standard gelten mag.

In einem anderen wesentlichen Punkt hat der Gesetzgeber dem Berufsstand nicht widersprochen, freilich dafür die Kritik der Opposition im Bundestag und in der öffentlichen Diskussion erfahren: die gespaltene Vaterschaft bleibt strafgesetzlich ebenso unverboten wie die künstliche Befruchtung in nichtehelichen Lebensgemeinschaften. Die berufsständischen „Richtlinien zur Durchführung der In-vitro-Fertilisation mit Embryotransfer und des intratubaren Gameten- und Embryotransfers als Behandlungsmethoden der menschlichen Sterilität"[42] lassen

---

39 Wie Fn. 38.

40 DÄBl. 1985, 3757-3764, abgedr. bei *A. Eser, H.-G. Koch* u. *Th. Wiesenbart* (Hg.), Regelungen der Fortpflanzungsmedizin und Humangenetik, Bd. 1, 1990, 73 f., 144 ff.

41 Vgl. § 1 Abs. 5 MuBO: „Die Erzeugung von menschlichen Embryonen zu Forschungszwecken sowie der Gentransfer an Embryonen sind verboten. Grundsätzlich verboten ist auch die Forschung an menschlichen Embryonen. Der Arzt muß sich vor der Durchführung der Forschung mit vitalen menschlichen Gameten und lebendem embryonalen Gewebe durch eine von der Ärztekammer oder bei einer medizinischen Fakultät gebildete Ethik-Kommission über die mit seinem Vorhaben verbundenen berufsethischen und berufsrechtlichen Fragen beraten lassen". Zu Recht kritisch dazu *M. Schröder*, VersR 1990, 243-253.

42 DÄBl. 1988, 3605-3608, abgedr. bei *A. Eser* u. a. (Fn. 40), 134 ff.

die Verfahren der artifiziellen Reproduktion grundsätzlich nur bei Ehepaaren zu. „Dabei dürfen grundsätzlich nur Samen und Eizellen der Ehepartner Verwendung finden (homologes System). Ausnahmen sind nur zulässig nach vorheriger Anrufung der bei der Ärztekammer eingerichteten Kommission“[43].

Damit besteht berufsrechtlich die Möglichkeit, den unfruchtbaren Ehemann durch einen Dritten zu ersetzen. Die Kriterien für den Ausnahmefall, nach denen die Kommission votieren soll, blieben allerdings undeutlich. Selbstverständlich müssen die Umstände des Einzelfalles das Kindeswohl gewährleisten[44]. Dieses Erfordernis verlangt dem Arzt prognostisch viel ab, wenn es ihn denn nicht überfordert. Er hat jedenfalls Bewandtnisse des Falles nötigenfalls mit der Hilfe Sachverständiger gründlich zu prüfen, und bei Zweifeln die Kontraindikation festzustellen. Auch wenn das Embryonenschutzgesetz solche Verfahren nicht mit Strafe bedroht, welche die Vaterschaft eines bestimmten Erzeugers verdekken[45], trifft den Arzt die dem Kindeswohl dienende Pflicht, die Identität des Samenspenders festzuhalten. Der Anspruch des gewünschten Kindes auf Kenntnis seiner genetischen Herkunft muß voll gewahrt bleiben[46].

Welche Umstände also rechtfertigen eine heterologe In-vitro-Fertilisation ausnahmsweise? Die Kommissionen stehen je und je vor dieser Frage. Liefern den Ausweis die hohe Ernsthaftigkeit oder die Dringlichkeit des Kinderwunsches vor dem Hintergrund eines berührenden Schicksals, oder sollen eine vorzügliche Prognose im Blick auf die Zukunft des geplanten Menschenlebens, die Gediegenheit der Wunscheltern den Ausnahmefall ergeben? Es wird darauf ankommen, diese und weitere Faktoren des konkreten Sachverhalts zusammen zu sehen und zu würdigen im Hinblick darauf, ob die Nachteile und Gefahren des heterologen Systems im gegebenen Falle unterdurchschnittlich angelegt erscheinen. Dabei steht im Mittelpunkt das Schicksal des gewünschten Kindes.

---

43 Punkt 3.2.3. — Das als „Ständige Kommission“ bezeichnete Aufsichtsgremium unterscheidet sich von den Ethik-Kommissionen der Ärztekammern in personeller und funktioneller Hinsicht. Zu den Besonderheiten nach baden-württembergischem und Berliner Kammerrecht vgl. *G. Eggstein,* in: H. Kamps u. A. Laufs (Hg.), Arzt- und Kassenarztrecht im Wandel, Festschrift für Helmut Narr zum 60. Geburtstag, 1988, 16-26.

44 Richtlinien 3.2.3, Abs. 1: „Vor der Sterilitätsbehandlung soll der Arzt sorgfältig darauf achten, ob zwischen den Partnern eine für das Kindeswohl ausreichend stabile Bindung besteht“.

45 Wie der anonymisierende „Samencocktail“, ein Spermiengemisch verschiedener Spender.

46 Grundlegend *D. Giesen,* Genetische Abstammung und Recht, JZ 1989, 364-377; *Ch. Endres,* Das Recht auf Kenntnis der eigenen Abstammung, NJW 1989, 881-884; *E. Koch,* Der Anspruch des Deszendenten auf Klärung der genetischen Abstammung — ein Paradigmawechsel im Abstammungsrecht, FamRZ 1990, 569-574. Vgl. ferner *M. Balz,* Heterologe künstliche Samenübertragung beim Menschen, 1980. Zu den Statusfragen vgl. insbesondere *D. Coester-Waltjen,* Die künstliche Befruchtung beim Menschen — Zulässigkeit und zivilrechtliche Folgen. 2. Teilgutachten: Zivilrechtliche Probleme. Gutachten B für den 56. Deutschen Juristentag, 1986.

Während der Strafgesetzgeber die geteilte Vaterschaft zuließ, verbot er die geteilte Mutterschaft. Darin liegt ein Widerspruch. Eine Novelle zum Adoptionsvermittlungsgesetz hatte bereits 1989 das Vermitteln von Ersatzmüttern untersagt und ein Anzeigeverbot ausgesprochen[47]. „Ersatzmutter ist eine Frau, die auf Grund einer Vereinbarung bereit ist, 1. sich einer künstlichen oder natürlichen Befruchtung zu unterziehen oder 2. einen nicht von ihr stammenden Embryo auf sich übertragen zu lassen oder sonst auszutragen und das Kind nach der Geburt Dritten zur Annahme als Kind oder zur sonstigen Aufnahme auf Dauer zu überlassen“[48].

Nach dem Embryonenschutzgesetz macht sich strafbar, wer „auf eine Frau eine fremde unbefruchtete Eizelle überträgt“, wer „es unternimmt, eine Eizelle zu einem anderen Zweck künstlich zu befruchten, als eine Schwangerschaft der Frau herbeizuführen, von der die Eizelle stammt“, wer „einer Frau einen Embryo vor Abschluß seiner Einnistung in der Gebärmutter entnimmt, um diesen auf eine andere Frau zu übertragen“, ferner wer „es unternimmt, bei einer Frau, welche bereit ist, ihr Kind nach der Geburt Dritten auf Dauer zu überlassen (Ersatzmutter), eine künstliche Befruchtung durchzuführen oder auf sie einen menschlichen Embryo zu übertragen“[49].

Diese Verbote entsprechen dem Diskussionsstand in Deutschland. Sie können als wohlbegründet gelten[50]. Wer freilich die Personalität im Zusammenhang mit der Mutterschaft bejahe, so die Sprecherin der Opposition im Deutschen Bundestag zu Recht, der müsse auch der personellen Zuordnung bei der Vaterschaft zustimmen. Ein Unterschied mache keinen Sinn.

Einer verbreiteten Ansicht folgte der Gesetzgeber auch bei dem Verbot der postmortalen Insemination. Strafbar macht sich, wer „wissentlich eine Eizelle mit dem Samen eines Mannes nach dessen Tode künstlich befruchtet“[51]. Bei der postmortalen Besamung hülfe der Arzt nicht mehr, den Zweck einer bestehenden Ehe zu erfüllen. Er verhülfe einem Kind zum Leben, das von vornherein ohne Vater aufwachsen müßte[52]. Er ermöglichte der Frau, „eine soziale Beziehung zu

---

[47] BGBl. I, 2014; abgedruckt auch bei *J. Stepan* (Hg.), International Survey of Laws on Assisted Procreation, 1990, 114. Vgl. auch *A. Lüderitz*, NJW 1990, 1633-1636.

[48] § 13a Adoptionsvermittlungsgesetz.

[49] § 1 Abs. 1 Nr. 1, 2, 6 u. 7 ESchG. Zum Ersatzmutterbegriff des Embryonenschutzgesetzes vgl. *St. Liermann*, FamRZ 1991, 1403.

[50] Vgl. insbesondere *W. Selb*, Rechtsordnung und künstliche Reproduktion des Menschen, 1987. Das Buch sei hier genannt, weil es im Unterschied zu den meisten anderen einschlägigen Schriften die berufliche Kompetenz des Arztes immer wieder kritisch in den Blick nimmt.

[51] § 4 Abs. 1 Nr. 3 ESchG. Der postmortale Embryotransfer ist nicht verboten; hier existiert bereits ein Menschenleben.

[52] „Da aus der Zeugung von Kindern verfassungsrechtlich festgelegte Pflichten folgen, verstößt die Besamung mit dem Samen des toten Ehemannes — das gleiche gilt für tote Samenspender — gegen Art. 6 Abs. 2 GG und darf daher nicht zugelassen werden“: *Ch. Starck*, Gutachten A zum 56. DJT 1986, A 21.

einem Toten und dessen Familie willkürlich zu gestalten"[53]. Dies kann nicht Aufgabe des Arztes sein.

8. Das Embryonenschutzgesetz verbietet bei Strafe die künstliche Veränderung menschlicher Keimbahnzellen[54]. Durch sein prinzipielles Verbot befindet sich der Gesetzgeber im Einklang mit den Ergebnissen einer eindringlich und ausdauernd geführten interdisziplinären Diskussion in allen einschlägigen Arbeitskreisen; genannt seien die Benda-Kommission[55], der Deutsche Richterbund[56], die Bund-Länder-Arbeitsgruppe „Fortpflanzungsmedizin"[57] und vor allem die Enquete-Kommission „Chancen und Risiken der Gentechnologie" des 10. Deutschen Bundestages[58].

Genetische Eingriffe in menschliche Keimbahnzellen sollen dem Ziel dienen, die Nachkommen an Erbkrankheiten leidender Menschen von den dafür ursächlichen Genveränderungen zu befreien. Die Therapie soll nicht den erkrankten Eltern, sondern deren Kindern und Kindeskindern zugute kommen. Solche Eingriffe erscheinen künftig möglich an männlichen und weiblichen Keimbahnzellen oder deren Vorläuferzellen, ferner an der befruchteten Eizelle, schließlich an noch totipotenten Zellen eines Embryonalstadiums. Wie bei der In-vitro-Fertilisation lassen sich auch beim Gentransfer in die Keimbahn Tiermodelle auf den Menschen übertragen.

Den medizinisch verheißungsvollen Aussichten der Gentechnik stehen schwerwiegende Bedenken gegen Eingriffe in menschliche Keimbahnzellen gegenüber. „Kinder sollen nicht als die Produkte ihrer Eltern und deren Ärzte existieren", so die Enquete-Kommission des Bundestags in ihrer kategorischen Argumentation. „Jeder muß die Möglichkeit haben, sich selbst, sein eigenes Wesen als Ausdruck eines dem Menschen entzogenen Schicksals begreifen zu können — oder als von Gott geschaffenen — und nicht als den Entwurf und das mehr oder weniger geglückte Experiment anderer Menschen. Jede zukünftige Generation muß biologisch selbst an der gegebenen Natur des Menschen ansetzen können und nicht an den Resultaten der Manipulation ihrer Vorfahren". Auch pragmati-

---

53 *W. Selb*, Fn. 50, 29.

54 § 5 Abs. 1 ESchG. Vgl. ferner § 5 Abs. 2: „Ebenso wird bestraft, wer eine menschliche Keimzelle mit künstlich veränderter Erbinformation zur Befruchtung verwendet". — Vgl. neuerdings auch *Ch. Rehmann-Sutter*, Gentherapie in der menschlichen Keimbahn?, EthikMed 1991, 3 - 12.

55 In-vitro-Fertilisation, Genomanalyse und Gentherapie. Bericht der gemeinsamen *Arbeitsgruppe des Bundesministers für Forschung und Technologie und des Bundesministers der Justiz*, 1985, 45 ff. („Dem Gesetzgeber wird empfohlen, derzeit einen Gentransfer in die Keimbahn zu verbieten").

56 DRiZ 1986, 229 f. Ziff. VIII: „Hingegen ist jeglicher Eingriff in menschliches Erbgut durch Gentransfer in Keimbahnzellen zu untersagen".

57 1988, 57 („Die künstliche Veränderung der Erbinformation einer menschlichen Keimbahnzelle und deren Verwendung ist zu verbieten").

58 Drucks. 10 / 6775, auch als Buch, 1987, 184 ff. (ausführlich und eindrucksvoll).

sche Gegenargumente erweisen sich als begründet. Mit der Keimbahntherapie gehen unvertretbare Gefahren für die Betroffenen einher. Sie verlangt zerstörende Experimente mit menschlichen Embryonen. Außerdem leistet sie dem Mißbrauch der Technik zur Menschenzüchtung Vorschub[59].

Mit Recht betont die Bund-Länder-Arbeitsgruppe „Fortpflanzungsmedizin“ in ihrem Abschlußbericht, „daß das Grundgesetz von einem Menschenbild ausgeht, bei dem der Mensch ein nicht in seinen Erbanlagen manipuliertes Wesen ist“. Der Gesetzgeber habe das Recht, „die in Art. 5 Abs. 3 GG gewährleistete Freiheit von Forschung und Wissenschaft zu beschränken, um dieses Menschenbild zu bewahren“. Ein wirksamer Schutz verlange „bereits im Vorfeld ein Verbot der künstlichen Veränderung von Keimbahnzellen, nicht erst ein Verbot der Verwendung der in dieser Weise veränderten Keimbahnzellen“[60].

So weit geht das Embryonenschutzgesetz indessen nicht. Von der Strafbarkeit ausgenommen bleiben nämlich „1. eine künstliche Veränderung der Erbinformation einer außerhalb des Körpers befindlichen Keimzelle, wenn ausgeschlossen ist, daß diese zur Befruchtung verwendet wird, 2. eine künstliche Veränderung der Erbinformation einer sonstigen körpereigenen Keimbahnzelle, die einer toten Leibesfrucht, einem Menschen oder einem Verstorbenen entnommen worden ist, wenn ausgeschlossen ist, daß a) diese auf einen Embryo, Foetus oder Menschen übertragen wird oder b) aus ihr eine Keimzelle entsteht“[61].

Damit läßt der Gesetzgeber das Vorfeld der Genmanipulation am Menschen straffrei. Die Tür zur schönen neuen Welt bleibt einen Spalt weit offen. Die Wissenschaft wird ihn zu nützen wissen. Jedes Gesetz läßt sich novellieren und trägt darum einen Zukunftsvorbehalt in sich. Für das sensible Feld der Forschung habe, so eine Stimme in der Diskussion um die Zulässigkeit der Forschung an Embryonen[62], der Zukunftsvorbehalt indessen spezifisches Gewicht. Ihn zu beachten sei der ethischen wie der rechtlichen Auseinandersetzung als gewichtige Pflicht aufgegeben. Dieser Pflicht hat der Gesetzgeber genügt. Die Standesorganisationen der Ärzte haben nun die Aufgabe, den straffreien Raum zu vermessen und innerhalb seiner die nutzbare Parzelle zu bestimmen.

---

59 Wie Fn. 58, 188. — Bewegende Argumente gegen Eingriffe in das menschliche Erbgut finden sich bereits in dem empfehlenswerten Sammelband von *F. Wagner* (Hg.), Menschenzüchtung. Das Problem der genetischen Manipulation des Menschen, ^{2}1970.

60 Wie Fn. 57.

61 ESchG § 5 Abs. 4 Ziff. 1 u. 2. Die Strafdrohung gilt ferner und fast selbstverständlich nicht für „3. Impfungen, strahlen-, chemotherapeutische oder andere Behandlungen, mit denen eine Veränderung der Erbinformation von Keimbahnzellen nicht beabsichtigt ist“.

62 *W. Eberbach*, Forschung an menschlichen Embryonen: Konsensfähiges und Begrenzungen, in: Ch. Fuchs (Hg.), Möglichkeiten und Grenzen der Forschung an Embryonen. Symposium der Akademie für Ethik in der Medizin, Göttingen, in Verbindung mit der Akademie der Wissenschaften und der Literatur, Mainz, 1990, 159 - 179 (179).

9. Herkömmlich und aus guten Gründen gilt der Arzt als Helfer, nicht als Beherrscher des Kranken, als minister naturae, nicht als Schöpfer und Richter, als fördernder Begleiter des Schicksals, nicht als dessen Herr. Über der technischen Realisation darf dieser Leitsatz nicht in Vergessenheit geraten. Ärzte dürfen nicht alles, was sie im Kampf gegen Krankheit, Leiden und Tod auszurichten vermögen, auch ins Werk setzen. Doch wo liegen im einzelnen die Grenzen, auch der Vorfelder? Das Bestreben der Medizin, Not zu wenden und Unheil zu bannen, schiebt sie immer weiter hinaus. Die gute Absicht des medizinischen Wissenschaftlers und verlockender Erkenntnisgewinn machen es der Kritik schwer, Einhalt zu gebieten oder auch nur ein Interim verhaltener Selbstprüfung zu verlangen. Es geht um den Inhalt der Menschenwürde und des Lebensrechts. Es droht die Gefahr, daß sich der Wert des menschlichen Lebens künftig verstärkt nach seinen genetischen Merkmalen bemesse[63]. Fortschritte der Genomanalyse und der Gentechnik werden die menschliche Natur verändernden Zugriffen aussetzen, gezielte Eingriffe in die Erbsubstanz ermöglichen — im Kampf gegen Krankheit und Gebrechen, aber auch zu Zwecken positiver Eugenik.

„Für den Grundrechtsschutz entsteht damit eine neue Situation", so der Bundesverfassungsrichter Dieter Grimm[64], „weil gegenüber der Möglichkeit, vor der Zeugung eines Individuums die menschliche Erbsubstanz zu verändern, alle Grundrechtsgarantien, die sich immer nur auf einen bereits, wenn auch nur embryonal, vorhandenen Menschen beziehen, zu kurz greifen. Einziger grundrechtlicher Ansatzpunkt bleibt dann Art. 1 Abs. 1 GG, dessen Schutzbereich freilich vom einzelnen Menschen auf die Gattung Mensch erweitert werden müßte".

10. Das Embryonenschutzgesetz verkörpert einen Kompromiß. Es bestellt nur einen Teil des durch mehrjährige wissenschaftliche Vorarbeit erschlossenen Feldes. Das Gesetz verzichtet auf Strafvorschriften, die den Embryo über die Phase der Nidation hinaus schützen, woraus sich Wertungswidersprüche ergeben. Viele Fragen der Fortpflanzung bedürfen noch rechtsgültiger und eindeutiger Antworten. Das dem Bundesgesetzgeber verfügbare Mittel des Strafrechts reicht dafür nicht aus. Er sollte durch eine Verfassungsänderung die für den Erlaß des gebotenen Fortpflanzungsmedizingesetzes erforderliche Zuständigkeit erhalten. Die Verfechter des Wirtschaftsliberalismus und des wissenschaftlichen Fortschritts sorgten für mindestens schmale Durchlässe in den neuen strafbewehrten Grenzen des Embryonenschutzgesetzes. Die Suche von Naturwissenschaftlern und Medizinern nach verbesserten Methoden der In-vitro-Fertilisation, nach Fortschritten auf dem Felde der Genomanalyse und auch der Gentherapie kann und wird auf verengten Wegen weitergehen. Die Vertreter der normativen Wissenschaften und

63 Vgl. zuletzt *S. Vollmer*, Genomanalyse und Gentherapie. Die verfassungsrechtliche Zulässigkeit der Verwendung und Erforschung gentherapeutischer Verfahren am noch nicht erzeugten und ungeborenen menschlichen Leben, 1989.

64 NJW 1989, 1310.

die rechtsetzenden Instanzen des Staates und des Berufsstandes werden weiterhin herausgefordert bleiben. Offen bleibt auch die Frage, ob es am Ende gelingen wird, das Menschenbild in dem weltumspannenden dynamischen Prozeß der „technischen Realisation" (Ernst Forsthoff) zu bewahren, von dem sich der Gesetzgeber am Ende einer Legislaturperiode im Jahr 1990 noch leiten ließ.

Eine ausgewogene Kritik hat die Vorzüge des Embryonenschutzgesetzes zu würdigen. Sie fallen ins Auge auch im Vergleich mit dem Recht anderer Staaten. Das Gesetz verbietet den Eingriff in menschliche Keimbahnzellen und anerkennt die Schutzwürdigkeit des Embryos vom Zeitpunkt der Kernverschmelzung an, wobei es den Verbrauch menschlicher Keimlinge zu wissenschaftlichen Zwecken untersagt. Das Bekenntnis des Gesetzgebers zu dieser durch das Grundgesetz vorgegebenen Rechtsposition verdient um so mehr Anerkennung, als die Ansichten dazu unter Fachleuten und im weiteren Publikum auseinander klaffen. Medizinisch hochrangige Embryonenforschung, so ein bekannter Medizinwissenschaftler im Gefolge anderer, werde in vielen Ländern unseres Kulturkreises durchgeführt, anerkannt und gefördert. Die Begründung des Forschungsverbots durch die Wertentscheidungen des Grundgesetzes für Menschenwürde und Lebensschutz stehe im Widerspruch zu anderen Regeln auf Nachbargebieten und bringe mit sich die Gefahr einer Doppelmoral, welche die Akzeptanz des Gesetzes durch die Forscher erschwere, auch wenn diese die Entscheidungen des Gesetzgebers anzuerkennen hätten[65]. Eine Philosophin gelangte mit scharfsinniger Argumentation, doch ohne Auseinandersetzung mit der Verfassung und der ihr zugrundeliegenden Weltsicht jüngst zu dem Ergebnis, „daß jedenfalls alle nicht-theologischen Argumente ... für einen globalen oder abgestuften Schutz embryonalen Lebens um seiner selbst willen einer rationalen Überprüfung nicht standhalten" könnten[66]. Und ein Jurist meinte kürzlich wieder, wenn man das Ende des menschlichen Lebens einer Person durch den Hirntod definiere, dann erscheine es nicht unvernünftig, dessen Anfang mit dem Beginn der Hirnfunktionen etwa ab dem fünfunddreißigsten Lebenstag in Zusammenhang zu bringen[67].

Vor dem Hintergrund der aktuellen Diskussion und der Gespaltenheit der Meinungen kann die der überlieferten Wertidee verpflichtete Entscheidung des Gesetzgebers als eindeutig und mutig gelten. Sie wird auch in den durch die staatliche Wiedervereinigung neu entfachten Streit um den Schwangerschaftsabbruch[68] hineinwirken und das Prinzip des Lebensschutzes stärken.

---

65 *E. Buchborn,* Hochrangige Forschung — wann kann am Embryo geforscht werden, wann nicht?, in: Ch. Fuchs (Hg.), wie Fn. 62, 127-138 (138).

66 *B. Schoene-Seifert,* Überlegungen zum moralischen Status des Embryos, in: Ch. Fuchs (Hg.), wie Fn. 62, 99-111 (110).

67 *H. Hofmann,* Die Pflicht des Staates zum Schutz des menschlichen Lebens, in: E. Schlüchter u. K. Laubenthal (Hg.), Festschrift für Friedrich-Wilhelm Krause, 1990, 115-122 (119).

68 Zur Rechtslage vgl. Anm. 17a vor § 218 in: *H. Tröndle,* StGB-Kommentar, [45]1991.

Mit der Freistellungsklausel[69] griff der Bundesstrafgesetzgeber über seine Kompetenz hinaus. Danach trifft keinen Arzt die Pflicht, künstlich zu befruchten, einen menschlichen Embryo auf eine Frau zu übertragen, einen menschlichen Embryo sowie eine menschliche Eizelle, in die bereits eine menschliche Samenzelle eingedrungen oder künstlich eingebracht worden ist, zu konservieren. Niemand braucht an solchen Maßnahmen mitzuwirken. Die Freistellung gilt bereits nach dem ärztlichen Berufsrecht[70]. Sie offenbart, daß die neuen Methoden der Fortpflanzungsmedizin noch keinen verpflichtenden Standard darstellen. Sie läßt dem ärztlichen Gewissensentschluß Raum, ohne den die Heilkunst nicht gedeihen kann. „Recht und Gewissen lassen sich nicht auf einen Nenner bringen, so wenig wie Recht und Moral. Sie dürfen aber auch nicht geschieden werden, wenn anders die Rechtsordnung nicht dem Menschen entfremdet werden soll“[71].

Arztvorbehalt und Freistellungsklausel ermöglichen es dem ärztlichen Berufsstand, die fachlichen Standards der artifiziellen Reproduktion des Menschen weiter auszubilden. Das Strafgesetz zieht nur äußerste Grenzen. Das geplante Fortpflanzungsmedizingesetz wird wohl weitere Schranken aufstellen. Bis dahin hat zuerst die Ärzteschaft selbst die Aufgabe, Gefahren und Mißbräuchen[72] entgegenzuwirken und sich um sittlich wie wissenschaftlich zuträgliche medizinische Verfahren zu bemühen.

11. Abschließend seien noch die toten Embryonen erwähnt, die in großer Zahl anfallen. Das Interesse der Wissenschaft, der Transplantationsmedizin oder der pharmazeutischen Industrie an toten Embryonen darf Entschlüsse im Zusammenhang mit Schwangerschaftsabbrüchen nicht beeinflussen. Der Verbrauch oder Gebrauch toter Embryonen und Feten zu Forschungszwecken und Transplantationsbedürfnissen bedarf jedenfalls der Zustimmung der genetischen Eltern. Eine kommerzielle Verwertung auch toter menschlicher Embryonen muß ausgeschlossen bleiben[73]. Den ersten Schritt zur Verhütung kommerziellen Mißbrauchs toter menschlicher Embryonen und Feten tat das 24. Strafrechtsänderungsgesetz 1987,

---

69 ESchG § 10 (Freiwillige Mitwirkung).

70 MuBO § 6a Abs. 3.

71 Fazit von *A. Kaufmann,* Das Gewissen und das Problem der Rechtsgeltung, 1990, 25.

72 Von denen auch die Informationsbroschüre des *Bundesministers der Justiz:* Der Umgang mit dem Leben. Fortpflanzungsmedizin und Recht, 1987, 18 ff., handelt. — Vgl. auch die Beiträge in: Aus Politik und Zeitgeschichte. Beilage zur Wochenzeitung Das Parlament, B 6/91, 1. Februar 1991.

73 Beschlüsse des baden-württembergischen Landtags, Drucks. 10/2430 Nr. 1.1 mit 10/1514 (24.11.1989). — Die Frage nach dem Recht an menschlicher Körpersubstanz gewinnt zunehmendes Gewicht; vgl. etwa *J. Taupitz,* Wem gebührt der Schatz im menschlichen Körper? Zur Beteiligung des Patienten an der kommerziellen Nutzung seiner Körpersubstanzen, AcP 191, 1991, 201-246. Zur ethischen Problematik der Verwendung fetalen Gewebes in der Neurochirurgie *P. Fassbender,* EthikMed 1991, 114-120, sowie jetzt die Monographie von *Ch. Bockamp,* Transplantation von Embryonalgewebe. Eine moraltheologische Untersuchung, 1991.

indem es den Schutz der Totenruhe[74] auf die abgestorbene Leibesfrucht erstreckte. Weil Embryonen und Feten der Schutz des Art. 1 Abs. 1 GG zukommt[75], haben sie einen allgemeinen Achtungsanspruch von der Zeugung bis über den Tod hinaus[76]. Daraus hat der Strafgesetzgeber die Konsequenz gezogen, freilich auch hier nur durch den Aufriß einer äußersten Verbotsgrenze.

74 § 168 StGB.

75 BVerfGE 39, 1, 41.

76 Vgl. BVerfGE 30, 173, 194. *H. Tröndle*, StGB-Kommentar, [45]1991, § 168 Rdnr. 2.

VII. Pränatale Diagnostik

1. „Pränatale Diagnostik ist, solange mangels Fetaltherapie das Dilemma des Wissens und Nichthelfenkönnens besteht, ein Test auf Leben und Tod des Föten". Mit diesem Satz faßt ein Frauenarzt seine Gedanken zum Thema zusammen[1]. An anderer Stelle führt er aus[2]: „Als Gynäkologe — und somit als tätiger Arzt im Umgang mit dem Schwangerschaftsabbruch aus kindlicher Indikation — werde ich, der ich gleichzeitig auch Geburtshelfer bin, immer sprach- und hilfloser, je bewußter mir in der geistigen Auseinandersetzung mit dem ganzen Spektrum dieser Indikation mein ärztliches Handeln wird".

Die sich erweiternden Möglichkeiten der Angewandten Humangenetik[3] führen den Arzt in der Tat vor schwierige ethische[4] und rechtliche[5] Fragen im Span-

---

1 *H. Hepp*, Zur Position des Gynäkologen im Wandel der Schwangerschafts- und Geburtsmedizin, in: H. A. Krone (Hg.), Bamberger Symposion. 16. bis 18. März 1990. Die Entwicklung der Geburtshilfe in den vergangenen 30 Jahren. Kritische Bilanz und Zukunftsperspektiven, 1990, 64-73 (67).

2 *H. Hepp*, Schwangerschaftsabbruch aus kindlicher Indikation — Aus der Sicht eines Frauenarztes, Geburtsh. u. Frauenheilk. 1983, 131-137 (131).

3 Auch Medizinische oder Klinische Genetik; vgl. *T. M. Schroeder-Kurth* (Hg.), Medizinische Genetik in der Bundesrepublik Deutschland. Eine Bestandsaufnahme mit politischen, ärztlichen und ethischen Konzepten, Stellungnahmen von Patientengruppen, 1989; vgl. auch *dies.*, in: Geistige Behinderung 1988, 180-189. Außerdem: *R. Baumann-Hölzle, A. Bondolfi* u. *H. Ruh* (Hg.), Genetische Testmöglichkeiten. Ethische und rechtliche Fragen, 1990; *M. Reif* u. *H. Baitsch*, Genetische Beratung. Hilfestellung für eine selbstverantwortliche Entscheidung?, 1986; *J. Murken* (Hg.), Pränatale Diagnostik und Therapie, 1987. — Nach Abschluß dieses Manuskripts erschien die vortreffliche Schrift eines Doktoranden des Autors: *St. Cramer*, Genom- und Genanalyse. Rechtliche Implikationen einer „prädiktiven Medizin", 1991. Vgl. ferner *R. Ellermann* u. *U. Opolka* (Hg.), Genomanalyse. Ihre biochemischen, medizinischen und politischen Aspekte, 1991.

4 *G. Wolf*, Die ethischen Konflikte durch die humangenetische Diagnostik, EthikMed 1989, 184-194 (mit umfänglicher Bibliographie); *U. Eibach*, Genomanalyse und Menschenwürde — Eine theologisch-ethische Stellungnahme, EthikMed 1990, 22-36; *D. Giesen*, Developing Ethical Public Policy on Reproduction and Prenatal Research: Whose Interests Deserve What Protection, Med Law 1989, 553-565.

5 Aus der jüngsten Literatur etwa *G. Wiese*, Gibt es ein Recht auf Nichtwissen? — Dargestellt am Beispiel der genetischen Veranlagung von Arbeitnehmern —, in: E. Jayme, A. Laufs, K. Misera, G. Reinhart u. R. Serick (Hg.), Festschrift für Hubert Niederländer, 1991, 475-488. Treffend S. 481: „Die genetische Analyse ermöglicht die Identifizierung von Genvarianten und den Nachweis einer erblich bedingten Disposition für bestimmte Krankheiten, lange bevor diese manifest werden. Dadurch wird zwar das Verständnis für die Ursachen der Entstehung von Krankheiten erheblich erweitert, möglicherweise auch deren Verhütung oder Therapie erleichtert, zugleich aber eine Information vermittelt, die als solche irreversibel ist".

nungsfeld zwischen Individual- und Allgemeininteressen, insbesondere zwischen dem Lebensrecht des Ungeborenen und elterlichen wie gesellschaftlichen Belangen.

Zuerst dient die pränatale Diagnostik dem Kampf der Medizin gegen fetale Krankheiten[6]. Das ungeborene Kind soll als Patient ärztliche Hilfe erfahren. Immer mehr anatomische und funktionelle Entwicklungsstörungen, eine große und wachsende Zahl von Erbkrankheiten lassen sich bereits vor der Geburt medizinisch erfassen. Wenn der Arzt über einen vorgeburtlichen Eingriff entscheidet, hat er nicht nur das Risiko für die Mutter zu berücksichtigen, sondern ebenso Nutzen und Gefahren für das Kind sorgsam gegeneinander abzuwägen, auch im Vergleich zu den Möglichkeiten postnataler Therapie. Vielfach handelt es sich bei der chirurgischen oder medikamentösen Behandlung ungeborener Kinder noch um Heilversuche, die dem Arzt höchste Bedachtsamkeit und Sorgfalt abverlangen[7].

Chirurgische Neulandschritte gelten etwa den Defekten des Zwerchfells, Fehlbildungen des Harntrakts und dem durch Ultraschall diagnostizierten angeborenen Wasserkopf. Bisher erfolgreicher als invasives Vorgehen erscheint die medikamentöse Therapie. Die Bluttransfusion bei Ungeborenen hat sich in zahlreichen geburtshilflichen Zentren bereits etabliert. Jedem Heilversuch muß ein gründliches ärztliches Abwägen der Vorteile gegen die Gefahren vorausgehen, ferner eine detaillierte Aufklärung der Schwangeren, ohne deren Einverständnis der medizinische Eingriff nicht stattfinden kann. Weil die Fürsorge für das ungeborene Kind als Aufgabe den beiden Eltern obliegt[8] und „als Vorwirkung der elterlichen Sorge“[9] den gleichen Grundsätzen folgt wie letztere selbst[10], hat der Arzt auch den Vater einzubeziehen, ihn aufzuklären und sein Einverständnis einzuholen[11]. Die intrauterine Fetaltherapie, ein Eingriff durch den Körper der Mutter hindurch, läßt sich von Rechts wegen gegen deren Willen nicht erzwingen. Grundsätzlich trifft den behandelnden Arzt nicht die Pflicht, über den eingeführten Standard hinauszugehen und einen Heilversuch zu unternehmen.

Im ganzen freilich haben sich die großen Hoffnungen auf erfolgreiche intrauterine Therapien und Operationen des Fötus außerhalb des Mutterleibes noch nicht erfüllt. Die Schere zwischen dem Diagnostizierbaren und dem Therapierbaren scheint sich weiter zu öffnen. Auch die Probleme, die das Schmerzempfinden

---

6 Zum Stand der fetalen und pränatalen Kardiologie vgl. etwa *Zs. f. Kardiol.* 1990, 211 ff.

7 Zum Heilversuch allgemein *A. Laufs*, Arztrecht ^{4}1988, 219-234. Zum Recht der medizinischen Forschung auch im Hinblick auf den Embryo *R. Keller*, MedR 1991, 11-17.

8 § 1912 Abs. 2 BGB.

9 *J. Gernhuber*, Lehrbuch des Familienrechts, ^{3}1980, 1085.

10 *W. Kapp*, Der Fötus als Patient?, MedR 1986, 275-280 (277).

11 Zu den Rechtsfolgen fehlender Einigung *W. Kapp*, Fn. 10, 279.

des ungeborenen Menschen aufwirft und die beim Schwangerschaftsabbruch meist im Dunkeln bleiben, fanden bisher noch keine überzeugende Antwort[11a].

2. Die Angewandte Humangenetik steht nicht nur und oft nicht einmal zuerst im Dienste des ungeborenen Kindes als eines Patienten. Die Pränataldiagnostik etwa durch Chorionbiopsie, Fruchtwasseruntersuchung, Fetoskopie und Hautbiopsie bildet außerdem zunehmend ein Mittel der Familienplanung, das den Eltern eine weitere Perspektive eröffnet: die Schwangerschaft auf Probe. Führen nicht wenige Ärzte den Kampf gegen fetale Krankheiten im Dienste des Lebens, so folgen andere Mediziner der — horribile dictu — „search and destroy mission".

Eindeutig gegen das Recht verstößt der im Vorfeld der Gravidität geplante auswählende Schwangerschaftsabbruch: „Hier wird die pränatale genetische Diagnose mit nachfolgendem selektiven Schwangerschaftsabbruch bewußt geplant und eingesetzt, um zu einem gesunden Kind zu kommen. Man kann heute bei genetischem Risiko für ein pränatal diagnostizierbares Leiden die Geburt eines gesunden Kindes erzwingen, indem man aufeinanderfolgende Schwangerschaften so lange abbricht, bis ein nachweislich genetisch gesundes Kind empfangen wurde"[12]. Diese Methode setzt planmäßig Menschenleben aufs Spiel und verstößt damit gegen eine elementare Rechtspflicht. Zu diesem Verfahren darf der Arzt weder raten, noch darf er es unterstützen.

3. Außer Streit hingegen steht der präventive ärztliche Rat im Vorfeld einer Schwangerschaft. „Präkonzeptionelle Beratung und Diagnostik dienen den Ratsuchenden als Unterstützung für ihre Entscheidung, ob sie einen Kinderwunsch verwirklichen wollen oder nicht. Die Handlungsfreiheit der Eltern in bezug auf die Verwirklichung eines Kinderwunsches ist Teil ihres allgemeinen Persönlichkeitsrechts. Im Hinblick auf eine verantwortliche Elternschaft muß ein Bedürfnis für eine umfassende Information als Entscheidungshilfe anerkannt werden, etwa wenn schwerwiegende familiäre genetische Belastungen oder äußere Einflußfaktoren ein erhöhtes genetisches Risiko befürchten lassen. Die präkonzeptionelle genetische Beratung kann allerdings nur einen Aspekt zu verantwortlicher Elternschaft beitragen"[13].

Die präkonzeptionelle genetische Diagnostik gehört zur Heilkunde und damit in die Verantwortlichkeit des fachkundigen Arztes. Sie muß immer eingebettet bleiben in eine vorausgehende wie nachfolgende genetische Beratung, die ihrer-

---

11a Vgl. neuerdings die Stellungnahme des *Wissenschaftlichen Beirates der Bundesärztekammer* zur pränatalen und perinatalen Schmerzempfindung im DÄBl. 1991, 4157-4169.

12 *H. Hepp*, Fn. 2, 133.

13 Abschlußbericht der *Bund-Länder-Arbeitsgruppe „Genomanalyse"*, Mai 1990, 53. Vgl. auch *R. Keller*, Rechtliche Schranken der Humangenetik. Ein Beitrag zum Embryonenschutzgesetz und zum Abschlußbericht der Bund-Länder-Arbeitsgruppe „Genomanalyse", JR 1991, 441-447.

seits wissenschaftlich-medizinische Fachkenntnisse voraussetzt und darum gleichfalls dem Arztvorbehalt unterliegt[14].

Auch bei der präkonzeptionellen genetischen Beratung, die erbliche Merkmale mit Krankheitswert festzustellen oder auszuschließen sucht, bewähren sich die drei Legitimationselemente ärztlichen Handelns: Indikation, informed consent und Verfahren lege artis.

Der Arzt soll die präkonzeptionelle gentechnische Diagnostik solchen Paaren mit Kinderwunsch vorbehalten, bei denen ein Anhaltspunkt für die Gefahr einer genetischen Krankheit der Nachkommenschaft besteht. Der Arzt hat nicht die Aufgabe, nach genetischen Anlagen ohne Krankheitsbezug oder nach solchen mit diesem Bezug aber ohne Anhaltspunkte zu suchen[15]. Nur eine indizierte Diagnostik läßt sich verantworten, denn eine allgemeine, nicht eigens begründete Nachsuche erzeugte eugenische Wunschbilder und am Ende einen gesellschaftlichen Zwang. Es steht also keineswegs nur die Kostenlast der nicht indizierten Gefälligkeitsdiagnostik entgegen, sondern zuerst die Sorge vor einem Übermaß genetischer Planung.

Ein Katalog der Indikationen oder genetischen Krankheiten schüfe zwar Klarheit und gäbe dem Arzt eindeutige Kriterien an die Hand, eröffnete indessen den Weg zu Mißverständnissen. Die Weitergabe bestimmter Krankheitsanlagen erführe eine negative Stigmatisation. Die Katalog-Indikation setzte Eltern und Ärzte unter einen gewissen Druck. Außerdem schränkte sie den Arzt unzulässig ein, weil sie ihm die Freiheit nähme, die individuellen Bewandtnisse gebührend zu berücksichtigen, auch das Zusammentreffen mehrerer für sich gesehen leichter oder mittelschwerer Krankheitsbilder als insgesamt schwere Belastung und damit als Indikation zu werten.

Die Bund-Länder-Arbeitsgruppe betont in ihrem Abschlußbericht[16] mit Recht die Erforderlichkeit einer ebenso umfassenden wie qualifizierten Beratung, welche die Freiheit der Entschlüsse zu gewährleisten hat. „Jede genetische Beratung setzt eine ausführliche Beratung voraus, die den Ratsuchenden die Tragweite einer Genomanalyse bewußt macht. Sie erfordert eine ausdrückliche Einwilligung. Nach jeder genetischen Diagnostik ist deren Ergebnis mit den Ratsuchenden eingehend zu erörtern". Bereits bei seiner vordiagnostischen Konsultation hat der Arzt auf die Konsequenzen eines möglichen Befundes hinzuweisen und die Ratsuchenden in die Lage zu versetzen, aus den Erkenntnissen selbstverantwortliche Entschlüsse abzuleiten. Die Information durch den Arzt muß die künftigen Möglichkeiten und Alternativen vorausschauend umfassen; die Ratsuchenden dürfen nicht in überraschende Konflikte geraten.

---

[14] Abschlußbericht, Fn. 13, 53 ff., auch zum Folgenden.

[15] So zutreffend die *Bund-Länder-Arbeitsgruppe*, Fn. 13, 63.

[16] Fn. 13, 56 ff.

Es steht allein in der freien Entscheidung jedes Ratsuchenden, ob er eine präkonzeptionelle genetische Diagnostik durchführen lassen will oder nicht und welche Konsequenzen aus einer solchen Untersuchung er ziehen möchte. Der Arzt hat darum die Pflicht, die Konsultation nicht-direktiv durchzuführen. Denn Beratung bedeutet nicht Direktion. Grundsätzlich bleibt dem Arzt auch die aktive Beratung verwehrt, nämlich das unerbetene, unaufgeforderte Vermitteln von Kenntnissen aus der Beratung Verwandter an einen anderen, um den so Informierten einer genanalytischen Diagnostik zuzuführen. Außerhalb akuter Notfälle hat der Arzt grundsätzlich weder die Pflicht noch das Recht, einem Menschen medizinische Dienste zu leisten oder anzubieten, ohne von diesem in Anspruch genommen worden zu sein. In aller Regel bedarf der ärztliche Dienst einer Abrede oder eines Vertrages. Es gehört zur Autonomie des Patienten, darüber zu entscheiden, ob er ärztliche Hilfe, auch diagnostischer Art, entgegennehmen will oder nicht. Der Arzt darf außerhalb eines Behandlungsverhältnisses auch keine Verdachtsanzeigen mit aufforderndem Charakter erstatten.

Dieses Verbot ergibt sich auch aus dem „Recht, nicht zu wissen"[17]. Die Kenntnis der eigenen Gene vermag Handlungsmöglichkeiten nicht nur zu erweitern, sondern auch zu zerstören, Lebenshaftungen zu bestärken wie zu verdunkeln. Der Einzelne kann durchaus die Unbestimmtheit und Offenheit seiner Zukunft deren Berechenbarkeit vorziehen. Eine solche Position trägt durchaus existentiellen Charakter und verdient den Schutz der Rechtsgemeinschaft. Das Bundesverfassungsgericht hat das Recht auf informationelle Selbstbestimmung anerkannt und damit die Freiheit des Einzelnen, über die Erhebung und Verbreitung persönlicher Daten selbst zu entscheiden[18]. „Jeder hat ein unentziehbares Recht, seine Gene zu kennen, aber er muß auch ein ebensolches Recht haben, sie nicht zu kennen"[19]. In dieses Recht griffe der Arzt ein, der einem Nicht-Patienten einen genetischen Verdacht mitteilte, um eine Diagnose zu veranlassen. Der Empfänger einer solchen Mitteilung kann darüber durchaus in einen inneren Konflikt geraten.

4. Die schwierigste Beratungssituation führt unmittelbar in den Konflikt. „Hier befindet sich die Patientin bereits in einer auf das Kind bezogenen Risikogravidität. Dieses Problem der Interaktion Arzt-Patientin stellt sich vor allem dort scharf und bedrängend, wo eine sichere diagnostische Aussage nicht wie etwa in der genetischen Diagnostik via Amniozentese möglich ist. Hier ist vor allem das breite Spektrum der pharmakologischen, radiogenen und infektiös-teratogenen Fragestellungen angesprochen. Wenn wir hier nach eingehender Beratung und Information gezwungenermaßen nur mit empirischen Prozentzahlen operieren,

---

[17] *W. van den Daele*, Mensch nach Maß? Ethische Probleme der Genmanipulation und Gentherapie, 1985, 79 ff., 83 ff. Die neuere Literatur dazu verzeichnet *G. Wiese*, Fn. 5, 477 f. in der dortigen Fn. 13. Siehe ferner *St. Cramer*, Genom- und Genanalyse, 1991, 266 ff.

[18] BVerfGE 65, 1 ff.

[19] *W. van den Daele*, Fn. 17, 81.

ist der Patient heute nur noch selten bereit, das über dem natürlichen Fehlbildungsrisiko von 1 % liegende Risiko zu tragen"[20].

Wenn die pränatale im Unterschied zur präkonzeptionellen Diagnostik zur Frage nach Leben oder Tod des ungeborenen Kindes führt, so fragt es sich, ob sich daraus Konsequenzen ergeben nicht nur für die Beratung, sondern auch für den Umfang der Untersuchung[21]. Unzweifelhaft gilt auch hier der Arztvorbehalt und die Trias: Beratung-Diagnostik-Beratung, ferner der Grundsatz uneingeschränkter Freiwilligkeit und eine zweifache Verantwortlichkeit: diejenige der Eltern und die des Arztes. Der Kern der Problematik liegt in der strafrechtlichen Indikation zum Schwangerschaftsabbruch.

5. Nach § 218a Abs. 2 Nr. 1 StGB[22] macht sich ein Arzt wegen des Abbruchs einer Schwangerschaft nicht strafbar, wenn „dringende Gründe für die Annahme sprechen, daß das Kind infolge einer Erbanlage oder schädlicher Einflüsse vor der Geburt an einer nicht behebbaren Schädigung seines Gesundheitszustandes leiden würde, die so schwer wiegt, daß von der Schwangeren die Fortsetzung der Schwangerschaft nicht verlangt werden kann". Diese Indikation stellt die in Anspruch genommenen Ärzte vor schwerste diagnostische Aufgaben. Die — verfänglicherweise so geheißene — embryopathische, kindliche, genetische oder eugenische Indikation beruht auf ähnlichen Unzumutbarkeitserwägungen wie die medizinische, weil es auch bei ihr nicht auf die Verhinderung erbkranken oder kongenital geschädigten Nachwuchses ankommt, sondern vielmehr darauf, der Schwangeren die zu befürchtende psychophysische Not zu ersparen.

Dringende Gründe müssen für die Annahme sprechen, daß das Kind infolge einer Erbanlage oder schädlicher Einflüsse vor der Geburt an einer nicht behebbaren Schädigung seines Gesundheitszustandes litte. Dabei mag es sich um körperliche Schäden — etwa Mißbildungen oder Stoffwechselstörungen — handeln oder um seelische Leiden — Psychosen, Epilepsien — oder um geistige Gebrechen wie Schwachsinn oder Schizophrenie. Die drohende Unbill muß sich stets als dauerhafte und nicht behebbare darstellen. Die Indikationen begründen also nicht bloß vorübergehende, im Laufe der kindlichen Entwicklung sich von selbst verlierende oder therapierbare Beeinträchtigungen. Die befürchteten, nicht korrigierbaren Schädigungen des Gesundheitszustandes müssen in absehbarer Zeit den Tod erwarten lassen oder irreparable Demenzen hinterlassen. Gefordert bleibt ein diagnostizierbares spezifisches Krankheitsbild. Hinweise auf eine bevorstehende Gestörtheit des allgemeinen Wohlbefindens genügen nicht.

---

20 *H. Hepp*, Fn. 2, 132 f.

21 Bejahend die *Bund-Länder-Arbeitsgruppe „Genomanalyse"*, Fn. 13, 67 ff.

22 Vgl. dazu die Kommentare von *A. Eser* (in: A. Schönke u. H. Schröder, StGB, [24]1991), *K. Lackner*, StGB, [19]1991, u. *H. Tröndle*, StGB, [45]1991. S. ferner *R. Peters*, Der Schutz des neugeborenen, insbesondere des mißgebildeten Kindes. Ein Beitrag zur Geschichte des strafrechtlichen Lebensschutzes, 1988; dazu die Rez. von *R. Keller*, GA 1990, 219-221, u. *A. Kaufmann*, JZ 1989, 794 f.

Weiter muß die Schädigung in einer väter- oder mütterlicherseits bestehenden Erbanlage oder in schädlichen Einflüssen vor der Geburt ihre Ursache haben. Zu den pränatalen Schadensursachen gehören mütterliche Viruskrankheiten wie Röteln oder Stoffwechselstörungen der Schwangeren, ferner intrauterine Schädigungen durch Medikamente und Gifte, auch Strahlenbelastungen.

Für die Annahme einer nicht behebbaren Schädigung müssen dringende Gründe sprechen. Wann solche vorliegen, blieb umstritten. Diese Formulierung erfordere, so mit Recht Herbert Tröndle[23], wie die Problemlage selbst, einen erheblichen Grad an Wahrscheinlichkeit, der sich auf mögliche Untersuchungen stützen müsse. Risikograde, die bei 6 oder 16 % (wie bei der Pylorushypertrophie, der mißgebildeten Magenausgangsmuskulatur) oder auch bei 25 % liegen (wie etwa bei der Rötelnembryopathie), können nicht ausreichen. Wer sich einem niedrigen Schadensrisiko, also etwa mit 16 oder 25 % begnügt, der nimmt mit 84 oder 75 % Wahrscheinlichkeit den Tod eines gesunden Föten in Kauf, was sich mit dem hohen Rechtswert des ungeborenen Lebens nicht vereinbaren läßt. Diese Rechtsposition zu behaupten fällt schwer. Denn weil es nicht um die Preisgabe mißgebildeter Kinder als solcher, sondern um die Rücksicht auf die Schwangere geht, gewinnen die individuellen Faktoren Gewicht und damit auch Leidensfähigkeit und Opferbereitschaft der Mutter vor dem Hintergrund der Tötung unzähliger gesunder Ungeborener nach der sozialmedizinischen Indikation und zahlloser Embryonen bei der artifiziellen Reproduktion, vor dem Hintergrund einer Versicherungs- und Vorsorgementalität, die sich auf dem Felde der embryopathischen Indikation zur Geltung bringt.

Die gesetzliche Regel zur Kindesindikation habe, so ein erfahrener Gynäkologe[24], „bereits zu einer Bewußtseinsveränderung geführt. Über Medien und vielerlei öffentliche Aktivitäten werden ständig Anspruchshaltungen induziert, welche auf den beratenden und den unmittelbar in den Konflikt eingebundenen Arzt massive indirekte Zwänge ausüben". Eine konsumbewußte Frau fordere heute volle Sicherheit.

Immerhin, Albin Eser betont dies mit Grund[25], geht es bei § 218a Abs. 2 Nr. 1 StGB weder um Eugenik im bevölkerungspolitischen Sinne noch um vorbeugendes Mitleid mit einem Menschen, dem in seinem wohlverstandenen Interesse eine Existenz erspart bleiben soll, die dem Gesunden als wenig lebenswert erscheinen mag, für den Betroffenen selbst aber durchaus ihren eigenen Sinn haben kann, jedenfalls nicht nach irgendeinem Zensus zur Disposition steht. Entscheidend bleibt allein die notstandsähnliche Konfliktlage, in der die Schwangere gegenüber dem als solchem uneingeschränkt anerkannten Leben und Lebensrecht des Embryos, auch des geschädigten, steht und in der ihr die Rechtsgemeinschaft die Hinnahme unzumutbarer Lasten nicht abverlangt.

---

23 StGB-Kommentar, ^{45}1991, § 218a, Rdnr. 16.

24 *H. Hepp*, Fn. 2, 133.

25 In dem vorstehend (Fn. 22) genannten Kommentar, § 218a, Rdnr. 26.

Nach verbreitetem Verständnis auch der höchstrichterlichen Judikatur sind die Grenzen eher weit zu ziehen: Die Belastung der Schwangeren braucht sich nicht in psychischen Nöten oder gesundheitlicher Reduziertheit niederzuschlagen; es sollen vielmehr auch zeitliche, kräftemäßige oder finanzielle Überforderungen durch die Pflege eines unheilbar geschädigten Kindes ausreichen, wobei die Familienverhältnisse mit zu berücksichtigen seien. Auch die Aussicht, das Kind in einer Anstalt versorgen lassen zu können, soll regelmäßig nicht als zumutbar gelten. Aber solche Urteile bergen die Gefahr, der Eugenik am Ende doch Raum zu geben.

Zu betonen bleibt: ärztliche Erkenntnis entscheidet über die Indikation. Neben der Belastbarkeit der Schwangeren bedürfen insbesondere auch die Ursache wie die Nichtbehebbarkeit der kindlichen Gebrechen eigens der Feststellung.

Vielfach wird sich die Indikation mit ihren prognostischen Voraussetzungen erst nach gründlichen Explorationen und wiederholten Unterredungen ergeben. Doch alle Konsultationen und Diskurse können die eigenverantwortliche Entscheidung des Arztes nicht ersetzen.

Der Arzt hat die Aufgabe, Indikationen für medizinisch verantwortbares Handeln zu stellen. Jeder Rückzug auf Entschlüsse der Schwangeren bedeutete Verzicht auf ärztliche Indikation. Mit dem Argument, die Schwangere müsse allein entscheiden, oder auch: was geschehe, müsse auf Wunsch der Eltern erfolgen, akzeptierte der Arzt auch eine solche Indikation[26].

Als verfehlt muß darum ein Urteil des LG Hanau gelten[27], das es „dahingestellt bleiben" ließ, „ob im Falle der Klägerin unter Berücksichtigung der von ihr mitgeteilten besonderen Umstände auch die medizinische Indikation für eine Fruchtwasseruntersuchung bestanden hat". Es sei „nicht die Aufgabe des Arztes, der Patientin als Antwort auf ihre Frage nur das Ergebnis seiner Überlegungen mitzuteilen und seine Entscheidung, ob die Untersuchung ratsam ist. Denn dadurch wird eine Entscheidung der Patientin, die über die Durchführung einer solchen Untersuchung allein (sic!) zu befinden hat, nicht ermöglicht. Selbst wenn das statistische Risiko, daß die Fruchtwasserentnahme zu einem vorzeitigen Abgang der Leibesfrucht führt, höher sein sollte, als das statistische Risiko für die Schwangere, ein mongoloides Kind zu gebären, ist die Entscheidung der Mutter, sich über das Vorliegen einer Chromosomenanomalie zu vergewissern, angesichts der einschneidenden Folgen für sie und das Kind verständlich und zu respektieren. Nur die Mutter kann letztlich die Entscheidung treffen, und der Arzt darf nicht, ausgehend von seinen Wertungen, der Mutter die für deren Entscheidung notwendigen Informationen vorenthalten und ihr damit eine eigene Wertung unmöglich machen".

---

26 *T. M. Schroeder-Kurth,* Der Frauenarzt 1989, 490.

27 Vom 31.5.1990, 7 O 229/89; dazu kritisch *T. M. Schroeder-Kurth,* Ärztliche Indikation und Selbstbestimmung bei der vorgeburtlichen Chromosomendiagnostik, MedR 1991, 128-131.

Das Urteil verkennt die Bedeutung der ärztlichen Indikation. Nur der Arzt befindet sich im Einklang mit dem Recht und erweist sich als legitimiert, dessen Tun und Lassen der Heilauftrag voll umfaßt. Grundsätzlich bleiben dem Arzt nicht indizierte Eingriffe verwehrt. Auf solche darf er den Patienten auch nicht hinlenken. Selbstverständlich liegt die Entscheidung über einen Eingriff oder eine Diagnose zugleich beim Patienten. Ohne oder gar gegen dessen Willen darf der Arzt prinzipiell nichts unternehmen. Die autonomen Verantwortlichkeiten von Arzt und Patient stehen nebeneinander, ohne sich wechselseitig aufheben zu können.

Gewiß spitzt die Problematik sich zu, wenn die beim Embryo gefundene Anomalie nach dem Urteil des Arztes so wenig schwer wiegt, daß dieser das Austragen der Schwangerschaft als zumutbar ansieht, während das ratsuchende Paar sich nicht vorstellen kann, wie sich die Sorge anders als durch einen Abbruch bewältigen lasse. „Hier haben wir lernen müssen", so ein erfahrener Humangenetiker[28], „daß Grundsätze wie ⟨Patientenautonomie⟩ nicht bedeuten können, daß der Arzt sich gewissermaßen zum verlängerten Arm des Ratsuchenden machen läßt. Sondern auch der Arzt ist autonomer, gleichberechtigter Partner. Auch er darf — und muß zur Not — ⟨Nein⟩ sagen, wenn der Versuch, im Gespräch zu einem Konsens zu kommen, scheitert".

6. Die Pränataldiagnostik soll Ratsuchenden Auskunft darüber geben, ob sie aus genetischer Sicht mit der Geburt eines gesunden Kindes rechnen können. Ein negativer Befund vermag die Eltern frühzeitig von Sorge zu entlasten; er liegt im Interesse der Lebenschancen des ungeborenen Kindes. Ein positiver Befund vermag die Voraussetzung für Therapiekonzepte zu bilden, die noch pränatal oder unmittelbar nach der Geburt einen Dauerschaden verhindern. Indessen kann das Bestreben zu therapeutischem Handeln Eltern und Ärzte in schwere Konflikte führen, etwa zu der Frage, ob ein an sich letaler Defekt eine Korrektur erfahren soll, die das Überleben gewährleistet, aber ein schweres lebenslängliches Handicap zur Folge hat[29]. Der ärztliche Befund einer schwerwiegenden Anomalie kann schließlich in den Entschluß der Mütter münden, die Schwangerschaft abzubrechen. Ein positives Ergebnis der Diagnostik begründet freilich auch die Gefahr eines Automatismus zwischen erkanntem Schaden und Schwangerschaftsabbruch.

Auf diese Gefahr hat bereits der Abschlußbericht der Bund-Länder-Arbeitsgruppe „Fortpflanzungsmedizin"[30] in anderem Zusammenhang hingewiesen. Überwiegende Gründe sprächen dagegen, die In-vitro-Fertilisation aus geneti-

---

28 *F. Vogel*, DÄBl. 1989, 2365 ff.

29 *K. Knörr*, Pränatale Diagnostik — Klinik und Folgerungen, in: O. Marquard u. H. Staudinger (Hg.), Anfang und Ende des menschlichen Lebens. Medizinethische Probleme, 1987, 24-36 (33).

30 Vervielfältigtes maschinenschriftliches Manuskript vom August 1988, 91 Seiten; hier: 34 f.

scher Indikation zuzulassen: „Bei Entwicklung entsprechender Untersuchungsmethoden für eine Diagnostik in der Präimplantationsphase könnte die Anerkennung einer genetischen Indikation zwar betroffenen Paaren bessere Chancen einräumen, ein gesundes Kind zu bekommen, und unter Umständen Schwangerschaftsabbrüche aus kindlicher Indikation — die noch bis zum Ablauf der 22. Woche straffrei möglich sind — vermeiden helfen. Eine Diagnostik in der Präimplantationsphase — wenn sie künftig möglich werden sollte — könnte jedoch einen Automatismus zwischen erkanntem Schaden und Verwerfung des geschädigten Lebens fördern. Außerdem muß befürchtet werden, daß ein etwa an § 218a StGB orientierter Indikationenkatalog auf Dauer nicht zu halten wäre, sondern immer weiter ausgedehnt würde".

Mit Recht verlangt der Abschlußbericht der Bund-Länder-Arbeitsgruppe „Genomanalyse"[31], die pränatale Diagnostik dürfe das Lebensrecht kranker oder behinderter Menschen in der Gesellschaft nicht heruntersetzen, in seinem Wert verringern. Eine immer breiter und verfeinerter angewandte, auf genetische Eigenschaften von geringem oder keinem Krankheitswert erstreckte Diagnose dürfe schließlich nicht zu einer Art Zuchtwahl bei der menschlichen Fortpflanzung führen.

Die Frage, wie sich diese verhängnisvollen Möglichkeiten ausschließen lassen, verlangt gebieterisch nach einer Antwort. Die Bund-Länder-Arbeitsgruppe „Genomanalyse" will die Mißbrauchsgefahren durch gesetzliche Beschränkungen bannen. „Die pränatale Diagnostik mit genomanalytischen Methoden ist danach nur insoweit vertretbar, als sie der Feststellung schwerwiegender Erbkrankheiten oder solcher Krankheiten dient, deren pränatale oder perinatale Behandlung indiziert ist"[32]. Ohne Indikation dürfe keine Untersuchung mit einem Risiko für Mutter und Kind stattfinden. Gegen einen Katalog von Indikationen sprächen die nämlichen Gründe wie bei der präkonzeptionellen Diagnostik. „Ein solcher Katalog könnte als Auflistung von Krankheiten mißdeutet werden, die möglichst ausnahmslos diagnostiziert werden sollen und bei deren Vorliegen die Schwangerschaft in jedem Falle abzubrechen wäre".

Diese Position verdient Beifall. Verantwortliche Ärzte lehnen einen Katalog von Krankheiten, die eine Option für den Schwangerschaftsabbruch vermittelten, entschieden ab[33]. Die „Instruktion der Kongregation für die Glaubenslehre über die Achtung vor dem beginnenden menschlichen Leben und die Würde der Fortpflanzung"[34] verurteilt „als Verletzung des Rechts auf Leben in bezug auf den Ungeborenen und als Eindringen in die ursprünglichen Rechte und Pflichten

---

31 Vgl. Fn. 13, 74.

32 Bericht, 75.

33 Etwa *T. M. Schroeder-Kurth*, Pränatale Diagnostik. Probleme der Indikationsstellung und zukünftige Trends, in: Geistige Behinderung 1988, 180-189 (182).

34 Donum Vitae. Verlautbarungen des Apostolischen Stuhls 74, 1987, 15.

der Eheleute eine Richtlinie oder ein Programm der staatlichen Autorität des Gesundheitswesens oder wissenschaftlicher Organisationen, die in irgendeiner Weise die Verbindung zwischen vorgeburtlicher Diagnose und Abtreibung begünstigten oder sogar die Schwangeren dazu brächten, sich einer planmäßigen vorgeburtlichen Diagnostik mit dem Zweck zu unterziehen, Föten, die von Mißbildungen oder Erbkrankheiten betroffen sind bzw. solche übertragen, zu vernichten". Der Bericht der Enquete-Kommission „Chancen und Risiken der Gentechnologie" des 10. Deutschen Bundestages[35] betont, es sei „grundsätzlich sicherzustellen, daß die erweiterten Möglichkeiten der pränatalen Diagnostik keine ⟨eugenisch⟩ bestimmte Abtreibungspraxis etablieren. Einem möglichen gesellschaftlichen Zwang zur Abtreibung von Embryonen, die nachweislich Träger eines genetischen Defekts sind, ist rechtzeitig entgegenzuwirken". Der beratende Arzt habe „die Aufgabe, im Gespräch mit den Eltern auf das Lebensrecht des behinderten Kindes hinzuweisen".

Auch der auf dem Felde der pränatalen Diagnostik tätige Arzt hat die Aufgabe, Leben zu erhalten und das ungeborene Leben zu schützen. Das Berufsrecht verpflichtet ihn dazu[36]. Bei allen Tätigkeiten und Fragen seines ärztlichen Dienstes muß diese Aufgabe sichtbar bleiben.

Die Empfehlungen des Wissenschaftlichen Beirates der Bundesärztekammer zur Pränatalen Diagnostik bieten mehr medizinische denn ärztliche Maßgaben[37]. „Ist aufgrund der pränatalen diagnostischen Maßnahmen ein Schwangerschaftsabbruch zu erwägen", so lautet Punkt 8, „so wird empfohlen, daß die Vertreter der betroffenen Gebiete sich zunächst gemeinsam über mögliche Konsequenzen erhobener pathologischer Befunde abstimmen. Die Beratung der Eltern sollte durch den jeweils am besten informierten Arzt oder durch den Arzt ihres Vertrauens erfolgen, der sich durch das Konsilium oder anderweitig entsprechend informiert hat". Die Empfehlungen bemühen sich nicht um die Kriterien der Indikation zum Schwangerschaftsabbruch. Sie befassen sich nicht mit dem Spannungsverhältnis zwischen dem Lebensrecht des Ungeborenen und der elterlichen Selbstbestimmung, nicht mit dem Gegensatz zwischen der ärztlichen Pflicht, Leben zu bewahren, und dem verbreiteten Wunsch Schwangerer, gesundheitlich belastete Föten abtreiben zu lassen. Damit lassen die Empfehlungen das Hauptproblem unerörtert. Sie werden darum der Berufspflicht des Arztes, das ungeborene Leben zu schützen, und dem Dilemma, in das pathologische Befunde führen, schwerlich gerecht.

Allerdings nennen die Empfehlungen des Wissenschaftlichen Beirates der Bundesärztekammer[38] „anamnestische Konstellationen", bei denen eine geneti-

---

[35] Drucks. 10 / 6775, auch als Buch gedruckt, 153.

[36] Vgl. MuBO: Gelöbnis u. § 5 (DÄBl. 1988, 3601).

[37] DÄBl. 1987, 572 — 574 (mit Kommentar); vgl. ferner die frühere Bekanntmachung ebenda, 1980, 184 — 192.

[38] Vgl. vorst. Fn., Ziffer 5.

sche Beratung möglichst vor der Schwangerschaft, später aber bis zur achten Schwangerschaftswoche erfolgen sollte: „Fehlbildungen, Behinderungen und möglicherweise genetische Erkrankungen in der Familie ...; erhöhtes Alter der Mutter[39]; bereits geborene fehlgebildete Kinder, zwei oder mehr Fehl- oder Totgeburten unbekannter Ursache; Verdacht oder Befürchtung einer Schädigung des Embryos durch chemische ... oder physikalische Belastung ...; Virusinfektion". Die Liste dieser recht allgemein gehaltenen Konstellationen oder Anhaltspunkte mag sich im Zuge weiterer Erfahrungen verlängern und ausfächern. Sie stellt weder einen abgeschlossenen noch zwingenden Katalog dar, wenngleich die Sorgfaltspflicht dem Arzt gebietet, sie im Einzelfall zu bedenken und bei der Konsultation zu nutzen. Wie der Eingangssatz zeigt, stehen die aufgeführten Konstellationen durchaus im Zeichen des Schwangerschaftsabbruchs. Gleichwohl hat der Arzt sich bei seinen Auskünften für das Lebensrecht des Ungeborenen einzusetzen.

Der Arzt darf die Pränataldiagnose nicht von dem vorausgehenden Einverständnis der Eltern mit einem Schwangerschaftsabbruch bei positivem genetischen Befund abhängig machen. Ein solches Verfahren verfehlte nicht nur die Indikationsregel des § 218a Abs. 2 Nr. 1 StGB, nach der die embryonale Schädigung allein nicht ausreicht, sondern sie beförderte auch den als Verhängnis stets drohenden Automatismus zwischen positivem Befund und Abtreibung.

7. Nach allem besteht eine Indikation für die Pränataldiagnose, wenn sie eine genetische Schädigung auszuschließen oder die Möglichkeit einer früheren Therapie abzuklären und zu gewinnen sucht. Als indiziert hat auch die Suche nach schweren embryonalen Gebrechen zu gelten, die den Weg zum Schwangerschaftsabbruch eröffnen können, ohne daß die Diagnose mit der Abtreibung fest verknüpft sein darf.

Immer müssen Anzeichen vorliegen, die Eltern und Arzt zu den diagnostischen Maßnahmen veranlassen. Aus bloßer Gefälligkeit darf der Arzt diagnostische Eingriffe, mit denen Gefahren einhergehen, nicht vornehmen. Diese aus dem ärztlichen Heilauftrag folgende Regel gilt auch für die pränataldiagnostischen Verfahren, die den Embryo mit Risiken belasten. Auch allgemeine Ängste oder Besorgnisse der Schwangeren sollen grundsätzlich nicht zur Pränataldiagnostik führen. Anderes gilt freilich, wenn die psychische Belastetheit sich negativ auf den Verlauf der Schwangerschaft auswirkt.

Wie stets hat der Arzt auch bei diagnostischen Eingriffen Vorteile und Gefahren sorgfältig gegeneinander abzuwägen und möglichst schonend vorzugehen. Nach gefestigter arztrechtlicher Lehre und Judikatur wiegen die Gefahren des Eingriffs in der Diagnostik grundsätzlich schwerer als bei der Therapie. Der diagnostische Eingriff hilft dem Patienten nicht unmittelbar und bleibt mit der Möglichkeit

---

39 Mindestens 35 Jahre; vgl. etwa *T. M. Schroeder-Kurth* (Hg.), Medizinische Genetik in der Bundesrepublik Deutschland, 1989, 30 (Beitrag d. Herausgeberin).

eines negativen Befundes verbunden. Die Gefahren der Diagnostik bedürfen darum gesteigerter Aufmerksamkeit bei der Abwägung zwischen erwartetem Vorteil und drohendem Risiko einerseits, bei der Aufklärung des Patienten andererseits. Je mehr von den befürchteten positiven Ergebnissen eines diagnostischen Eingriffs für das grundsätzliche Schicksal des Patienten abhängt, desto gefährlicher mag er sein. Dabei kann die Gefährlichkeit in der Schwere der möglichen Unbill bis hin zum Tode liegen oder in dem Grad der Wahrscheinlichkeit eines Schadenseintritts. Zwei Dimensionen besitzt auch der Anfangsverdacht, der zum diagnostischen Eingriff führen kann: das ins Auge gefaßte gesundheitliche Übel kann mehr oder weniger schwer und mehr oder weniger wahrscheinlich sein. In dem so bestimmten Gewicht des Anfangsverdachtes, der Indikation für weiterführende aufhellende Maßnahmen, muß der diagnostische Eingriff mit seinem Für und Wider im Einzelfall in einem abgewogenen Verhältnis stehen. Der Arzt hat also eine Mehrzahl von Faktoren prognostisch abzuschätzen, um das optimale Verfahren in der bestehenden konkreten Lage zu finden.

Diese arztrechtlichen Grundregeln gelten auch für die pränatale Diagnostik, die neben nicht invasiven Methoden wie der Ultraschalldiagnostik eine Reihe von häufig benutzten eindringenden Verfahren kennt, die mittels zytogenetischer, biochemischer oder molekulargenetischer Techniken medizinische Aufschlüsse liefern. Dazu gehören vor allem die Amniozentese zur Fruchtwassergewinnung und die Chorionbiopsie in ihren verschiedenen Spielarten, nämlich die Entnahme von Untersuchungsmaterial aus dem extraembryonalen Gewebe. Hinzu kommt die Entnahme fetalen Blutes, die Fetoskopie und die fetale Hautentnahme. Der Arzt darf sich nur für eine Methode entscheiden, die er voll beherrscht. Weil die allgemeine Gefahr und das Infektionsrisiko einer Amniozentese und einer Chorionzottenbiopsie in geburtshilflichen Zentren signifikant geringer sind als in anderen frauenklinischen Institutionen[40], werden letzteren diese Verfahren regelmäßig vorenthalten bleiben müssen. Bei den invasiven Verfahren hat der Arzt vornehmlich die Gefahr eines Abortes abzuschätzen und bei seiner Strategie zu berücksichtigen[41]. Der Lebensschutz, dem der Arzt überall verpflichtet bleibt, muß auch die pränatale Diagnostik bestimmen.

8. Galt es bisher in der Pränataldiagnostik wie in jedem Arzt-Patienten-Verhältnis, Notwendiges zu tun, Unzumutbares zu lassen, Automatismen und Grenzüberschreitungen zu vermeiden, Willkür, Maßlosigkeit und Mißbrauch abzuwehren, Gebotenes zu empfehlen und Überbeanspruchungen auszuschließen, in jedem Einzelfall die Verantwortlichkeit aller Beteiligten zu wahren, so stehen wir heute nach dem Urteil einer erfahrenen Ärztin an einer Wende, „wenn es nicht mehr um die Überforderung der Schwangeren und zukünftigen Mutter geht, sondern

---

[40] Vgl. den Kommentar Ziffer 6 zu den Empfehlungen des *Wissenschaftlichen Beirates der Bundesärztekammer* zur pränatalen Diagnostik, DÄBl. 1987, 574.

[41] Dazu der genannte Kommentar, vorstehende Fn.

um den kranken Menschen selbst, um ein Kind, das einen Genotyp besitzt, der ihm Risiken in seinem späteren Leben verheißt. Wir lernen gerade danach zu fragen, wie Betroffene selbst mit solchen Risiken leben können und wollen"[42]. Todesurteile aus Mitleid dürfen Eltern und Ärzte nicht fällen.

Darüber, ob es bei ernsteren Behinderungen besser sei, nicht zu leben, und wie schwer die Schäden dafür sein müssen, läßt sich unterschiedlich und allenfalls für die eigene Person urteilen. „Für diejenigen, die nicht selbst entscheiden können, gibt unser Recht jedoch mit gutem Grund dem Leben den Vorrang. Ärzte und Eltern eines mit schwersten Schäden geborenen Kindes sind verpflichtet, dieses zu erhalten, sofern es lebensfähig ist. Mit dieser Pflicht läßt sich die Annahme eines schutzwürdigen Interesses, nicht zu leben, nicht vereinbaren"[43].

Die mütterliche Indikation des § 218a Abs. 2 Nr. 1 StGB darf nicht als eine im eigentlichen Sinne kindliche mißverstanden werden. Fetale Gebrechen wie der Klumpfuß oder eine Hüftgelenksluxation lassen sich nicht grundsätzlich als unzumutbar für eine Schwangere und somit als Indikation für den Schwangerschaftsabbruch ansehen. Es gelte in zunehmendem Maße, so ein erfahrener Gynäkologe[44], „nicht mehr die Mutter vor einem geschädigten Kind sondern umgekehrt, den Feten vor der anspruchsvollen Mutter zu schützen".

Erfreulich und bestärkend wirkt das Beispiel vieler Eltern, Ärzte und Helfer, die sich für das Lebensrecht und das Leben der Kinder mit Down-Syndrom einsetzen[45]. Bedenkenswert erscheint das jüngst gedruckte Plädoyer eines Arztes für das Leben von Kindern mit diesem Syndrom[46]. „Der Krankheitswert sowohl für das Kind selbst als für das soziale Umfeld ist aufgrund der genetischen Diagnose einer Trisomie 21 nicht bestimmbar. Es gibt bei dieser genetischen Störung alle Schweregrade der Behinderung, mit der unterschiedlichsten Symptomatik, die nicht vorhersehbar sind. Es zeigt sich dabei, daß der genetische ‚Defekt'

---

42 *T. M. Schroeder-Kurth*, Stand und zukünftige Entwicklungen der pränatalen Diagnostik, in: Ch. Fuchs (Hg.), Möglichkeiten und Grenzen der Forschung an Embryonen. Symposium für Ethik in der Medizin, Göttingen, in Verbindung mit der Akademie der Wissenschaften und Literatur, Mainz, 1990, 35-48 (47).

43 *G. Fischer*, NJW 1981, 1991. Vgl. auch *G. Färber*, „Wrongful Life". Die deliktsrechtliche Verantwortlichkeit des Arztes dem Kind gegenüber. Eine rechtsvergleichende Darstellung des amerikanischen, britischen und deutschen Rechts, 1988. Vgl. auch die Empfehlungen der *DGMR* zu den Grenzen der Behandlungspflicht bei schwerstgeschädigten Neugeborenen, MedR 1986, 281; Ziff. VII: „Der Umstand, daß dem Neugeborenen ein Leben mit Behinderungen bevorsteht, die diesen [vorgenannten] Schweregraden nicht entsprechen, z. B. caudale Dysplasie, Mongolismus, rechtfertigt nicht, lebenserhaltende Maßnahmen zu unterlassen oder abzubrechen".

44 *H.-D. Hiersche*, § 218 StGB aus der Sicht eines Frauenarztes. Quo vadis iustitia? — Quo vadis medicina!, in: Festschrift für H. Tröndle, 1989, S. 669-684 (677). Vgl. auch *ders.*, Ultraschalldiagnostik in der Pränatal-Medizin aus medizinrechtlicher Sicht, MedR 1989, 304-306.

45 Man lese die Publikation des *Arbeitskreises Down-Syndrom e. V.*

46 *H. Müller-Wiedemann*, Gynäkol. prax. 13, 1989, 315-320 (316).

— als monokausale Krankheitsursache unter Ausklammerung der realen Entwicklungsmöglichkeit der Betroffenen gedacht — nicht den Kriterien einer Erkenntnis genügen kann, die eine Entscheidungsgrundlage über Leben und Tod beansprucht".

9. Die Spruchpraxis des VI. Zivilsenats des BGH freilich steht dem Lebensschutz verpflichteten, verantwortlichen ärztlichen Entscheidungen nicht selten entgegen.

Der BGH hat seine Rechtsprechung zur Ersatzfähigkeit des Planungsschadens nach fehlgeschlagener Sterilisation gegen gewichtige Bedenken bekräftigt[47]. Führt ein Fehler des Arztes bei der aus Gründen der Familienplanung gewünschten Sterilisation zur Geburt eines Kindes, so können daraus Ersatzansprüche der Eltern wegen deren Unterhaltspflicht und ein Schmerzensgeldanspruch der Mutter wegen der Belastung durch die Schwangerschaft folgen. Bei der Frage überschneiden sich schadensrechtliche und familienrechtliche Bewandtnisse. Das Gericht will nur die wirtschaftliche Seite des Lebenssachverhaltes erfassen und nimmt in Kauf, daß eine glatte dogmatische Lösung sich nicht anbietet. Jedenfalls nötige der Ersatzanspruch nicht dazu, das Haben des Kindes selbst als Schaden zu betrachten.

Den Sterilisationsurteilen folgten die wrongful-life-Fälle, bei welchen den Mediziner der Vorwurf trifft, seine Unachtsamkeit bei Diagnose oder Aufklärung habe den Weg zum Schwangerschaftsabbruch aus eugenischem Grund[48] nicht eröffnet mit der Folge der Geburt eines unerwünschten behinderten Kindes. Auch auf diesem Feld hat der BGH seinen Kurs bestätigt und fortentwickelt[49]. Erhält die Frühschwangere falsche oder unvollständige Auskunft über die Möglichkeiten der Diagnose von Schäden der Leibesfrucht, die den Wunsch der Mutter nach einem Schwangerschaftsabbruch gerechtfertigt hätten, so kann daraus ein Anspruch der Eltern gegen den Arzt auf Ersatz von Unterhaltsaufwand für das mit körperlichen oder geistigen Gebrechen geborene Kind folgen. Das Gericht hat die Haftpflicht des Arztes durch eine neue Beweisregel auf bedenkliche Weise unter Berufung auf den Schutzzweck der Aufklärung verschärft: Der Arzt soll die Beweislast dafür tragen, daß die Mutter nach umfassender und richtiger Beratung sich nicht für eine pränatale Untersuchung der Leibesfrucht und nach einer ungünstigen Diagnose nicht für den Schwangerschaftsabbruch entschieden hätte. Die naheliegende Parallele zu den Fällen fehlerhafter Aufklärung über die Versagerquote bei Sterilisation zog der BGH nicht; dort haben die durch die ungewollte Geburt belasteten Eltern den Nachweis zu führen, daß sie nach der gebotenen Information zusätzlich verhütende Vorsorge getroffen hätten[50].

---

47 BGH, NJW 1984, 2625 f. Vgl. auch die Übersicht bei *E. Steffen*, Neue Entwicklungslinien der BGH-Rechtsprechung zum Arzthaftungsrecht, ^{4}1990, 57 ff.

48 § 218a Abs. 2 Nr. 1 StGB.

49 BGH, NJW 1984, 658; kritisch dazu *J. Sick*, MedR 1985, 92 f.; u. *G. Fischer*, MedR 1985, 93-95.

Die im Röteln-Fall[51] noch offen gebliebene Frage nach dem Schadensumfang beantwortete das Gericht im umfassenden Sinne: Der Arzt hat nicht nur den Mehrbedarf, sondern den gesamten Unterhaltsaufwand für das geschädigte Kind zu ersetzen. Indessen bleibt der Schutzumfang des Vertrages zu beachten: Nur wenn sich die einen Abbruch zulassende embryopathische Gefahr „bei der Geburt des Kindes auch verwirklicht hat, weil der um Rat gebetene Arzt seine Vertragspflichten schuldhaft verletzt hat, kann er für den Schaden der Eltern haftbar gemacht werden. Für mehr einzustehen, hat er vertraglich nicht übernommen".

Die höchstrichterliche Spruchpraxis zu den Nachkommenschaftsschäden schwächt den ohnehin bemessenen Schutz des ungeborenen Lebens. Die Ärzte sehen sich vermehrt von jüngeren Schwangeren gedrängt, eine Indikation zur Amniozentese zu stellen. Risikobelastete diagnostische Eingriffe wie die Amniozentese gefährden den Nasciturus unabhängig von dem Befund. Den Arzt, der den Weg zum Schwangerschaftsabbruch übersieht und nicht eröffnet, treffen harte Rechtsfolgen, den fahrlässig einen Abort verursachenden Mediziner hingegen regelmäßig kaum. Dabei bestehen ernsthafte Zweifel an der Rechtmäßigkeit der Tötung ungeborener Menschen nach der Maßgabe des § 218a StGB[52], während die Welle der neuartigen Schadensprozesse rollt.

Ein erfahrener hoher Richter hat die Judikatur zum Familienplanungsschaden jüngst in Frage gestellt. Es erscheine jedenfalls zweifelhaft, ob die richterliche Spruchpraxis nach ihrem bisherigen Ansatz die Probleme befriedigend lösen könne, welche die pränatale Diagnostik aufwirft. „Je mehr es künftig im Wege der Genomanalyse möglich wird, vielleicht erst in Jahrzehnten ausbrechende, jedoch schon im Keim angelegte Krankheiten pränatal zu erkennen, desto mehr könnte ein gesellschaftlicher Druck auf die Eltern und den Arzt ausgeübt werden, von solchen Erkenntnismöglichkeiten Gebrauch zu machen und eine auch nur entfernt gefährdete Leibesfrucht nicht mehr auszutragen. Ist nicht zu befürchten, daß sich hier eines Tages auch dem Richter die Frage nach ‚lebensunwertem Leben' stellt?"[53]

Vor dem Forum der Juristen-Vereinigung Lebensrecht hat Rolf Stürner 1986 bereits eindrucksvoll einen Vorschlag zur rechtsdogmatischen Bewältigung vertragswidriger Geburt unterbreitet und auf den tiefen Widerspruch hingewiesen, „einerseits humangenetischer Analyse zur menschlichen Selektion in der Gesellschaft den Kampf anzusagen und andererseits gegen Gefahren blind zu sein, die sich aus dem Zusammenwirken von großzügiger sozialer Indikation und humangenetischer pränataler Diagnostik ergeben"[54]. Die Rechtsprechung zum Familien-

---

50 BGH, NJW 1981, 630, 632; BGH, NJW 1981, 2002.

51 BGHZ 86, 240 = JZ 1983, 447 mit kritischer Anmerkung von *E. Deutsch*.

52 Vgl. *H. Tröndle*, StGB-Kommentar, [45]1991, Rdnr. 8 vor § 218.

53 *H. Franzki*, Versicherungsmedizin 1990, 4, und VersR 1990, 1181-1185.

54 *R. Stürner*, Der Schutz des ungeborenen Kindes im Zivilrecht, Schriftenreihe der Juristen-Vereinigung Lebensrecht e. V. zu Köln, Nr. 3, 1986, 39-56 (50). Vgl. andererseits

planungsschaden begünstigt das Verhängnis des großzügigen Umgangs mit den Kriterien des Schwangerschaftsabbruchs und verkürzt augenfällig den Schutz, der dem ungeborenen Menschenleben gebührt.

10. Ein haftpflichtrechtlicher Zwang zum Einsatz aller Möglichkeiten pränataler Diagnostik darf nicht zu dem Nebeneffekt auswählender Selektion durch Schwangerschaftsabbruch führen[55]. Soll diese zwangsläufige Folge vermieden bleiben, muß die richterliche Spruchpraxis ihre fehlsamen Ansätze korrigieren. Dazu gehören die Kategorisierung der ungewollten menschlichen Geburt als schädigendes Ereignis ohne Rücksicht auf die immateriellen Bewandtnisse des Verhältnisses zwischen Eltern und Kind[56] und die Charakterisierung der ungewollten Schwangerschaft nach freiwilliger geschlechtlicher Hingabe als Körperverletzung. Dazu rechnet nicht zuletzt die in Schadensersatzprozessen wegen fehlgeschlagenen Schwangerschaftsabbruchs faktisch geltende Vermutung der Rechtmäßigkeit praktizierter Abtreibung. Straffreiheit und Rechtmäßigkeit erscheinen zu Unrecht gleichgesetzt[57]. Der BGH schränkt die gerichtliche Kontrolle der Indikation durch Annahme eines ärztlichen Beurteilungsspielraums ein und hebt zudem bei der sozialen Indikation nicht auf die objektive Notlage, sondern den psychischen Befund bei der Mutter ab. Korrigierte die höchstrichterliche Spruchpraxis ihren Kurs, indem sie den haftpflichtrechtlichen Druck auf den Arzt milderte, gewänne dieser wieder mehr Möglichkeit, sich differenziert einzulassen und der Berufspflicht zum Lebensschutz zu folgen. Damit schlösse sich auch die Kluft, die sich aufgetan hat zwischen den weithin akzeptierten Postulaten der Enquete-Kommission „Chancen und Risiken der Gentechnologie" des 10. Deutschen Bundestages und dem Abschlußbericht der Bund-Länder-Arbeitsgruppe „Genomanalyse" einerseits, der Judikatur des BGH andererseits.

Gesetzliche Beschränkungen des Zugangs zur pränatalen genetischen Beratung empfehlen sich nicht[58]. Angezeigt erscheinen vielmehr Standesrichtlinien oder gesetzliche Regeln, die den ärztlichen Auftrag im beschriebenen Sinne verdeutlichten und ihm seinen angemessenen therapeutischen Inhalt zurückgäben. Davon

---

seits auch *H. Harrer,* Zivilrechtliche Haftung bei durchkreuzter Familienplanung, 1989. — Umfassend über die höchstrichterliche Judikatur im Zeichen der neuen biomedizinischen Technologien *D. Giesen,* Recht und medizinischer Fortschritt, JR 1984, 221-229.

55 *R. Stürner,* wie Fn. 54, auch zum Folgenden, m. w. N.

56 Mit der Folge systematischer Brüche: das Prinzip des Vorteilsausgleichs bleibt unbeachtet, der nachträgliche Kinderwunsch soll die Ersatzpflicht beseitigen. — Mit Grund stellt *H. Lange* in seiner Mainzer Akademierede über: Haftung für neues Leben?, 1991, die Frage, „ob Störungen in der Familienplanung nicht überwiegend die Persönlichkeitssphäre und damit den immateriellen Bereich betreffen, so daß eine einmalige billige Entschädigung in Geld über eine erweiterte Auslegung des allgemeinen Persönlichkeitsrechts zugesprochen werden könnte".

57 Ein verhängnisvolles Mißverständnis, das differenzierenden Lösungen auch rechtspolitisch im Wege steht und damit wesentlich zur Verkürzung des Lebensschutzes beiträgt.

58 Abschlußbericht der *Bund-Länder-Arbeitsgruppe „Genomanalyse"*, 1990, 73.

könnten dann auch die Anstöße zu einer Korrektur des richterlichen Schadensrechts ausgehen. Notwendig erscheint eine jeweils indizierte Diagnostik mit behutsamen Auskünften im Rahmen eines freiwilligen therapeutischen Konzepts, das primär dem Leben und der Gesundheit des Ungeborenen zu helfen sucht, um eine existentielle Not der Mutter zu bannen. Eine betont therapeutisch konzipierte Pränataldiagnostik bildete eine Parallele zum Neugeborenen-Screening, also zu den Suchtests oder Reihenuntersuchungen auf genetisch bedingte Krankheiten[59].

In Deutschland findet im Rahmen der allgemeinen Untersuchung Neugeborener ein genetisches Screening für vier angeborene Stoffwechseldefekte oder Entwicklungsstörungen statt[60]. Die Aufnahme in ein solches Suchprogramm hängt von den folgenden Kriterien ab[61]: Die Krankheit muß sich wirksam behandeln, ihr Vor- und Frühstadium sich diagnostisch erfassen lassen. Außerdem muß der Arzt die Krankheitszeichen medizinisch-technisch genügend eindeutig nachweisen können, auch müssen genügend Ärzte und Institutionen zu Gebote stehen, um die aufgefundenen Verdachtsfälle eingehend abzuklären und zu therapieren. Demgemäß findet ein Suchtest nach der häufigsten Stoffwechselkrankheit, der Mukoviszidose[62], nur noch selten statt. Es handelt sich dabei um eine Krankheit, die sich nicht behandeln läßt und die immer zum Tod bis zum zwanzigsten Lebensjahr führt. Eine frühzeitige Diagnose mag freilich Vorteile bieten für die Reaktion auf später sich zeigende Symptome.

Neugeborenen-Screening und Pränataldiagnostik dürfen sich nach Ziel und Zweck nicht auseinander entwickeln; hier wie dort muß der ärztliche Heilauftrag im Vordergrund stehen. Innere Widersprüche beim ärztlichen Dienst, eine tiefe Gespaltenheit der Aufgabe des Arztes einmal als Beschützer des Lebens, ein anderes Mal als Wegbereiter des Todes zeigen sich bereits in den Kliniken, in denen unter einem Dach gesunde Ungeborene nach der weit gefaßten sozialen Indikation durch Schwangerschaftsabbruch ihr Ende finden und andererseits schwerstgeschädigte Neugeborene von Rechts wegen intensivmedizinische Hilfe erfahren. Unter solchen Gegensätzen muß der ärztliche Beruf und muß der Rechtsgedanke leiden.

11. Noch deutlicher als auf manchem anderen medizinischen Feld erweist sich der moderne ärztliche Dienst in der Pränataldiagnostik als eine Aufgabe, die zugleich normativen Kriterien zu genügen hat und die unausweichlich in Wider-

---

59 Dazu *R. Keller*, Probleme der Humangenetik und der verbrauchenden Embryonenforschung aus rechtlicher Sicht, in: F. Nicklisch u. G. Schettler (Hg.), Regelungsprobleme der Gen- und Biotechnologie sowie der Humangenetik, 1990, 171 - 191 (177). Aufschlußreich auch zu diesem Thema der Bericht der *Enquete-Kommission „Chancen und Risiken der Gentechnologie“* des 10. Deutschen Bundestages, 1987, 154 - 157.

60 Phenylketonurie, Galaktosämie, Hypothyreose und Mukoviszidose.

61 Vgl. §§ 181, 181a RVO a. F.; heute vgl. § 26 SGB V.

62 Diese Krankheit tritt mit einer Frequenz von 1:2000 auf.

sprüche hineinführt. Der Arzt darf sich nicht nur den Geborenen, dem Lebensglück der Eltern verpflichtet wissen, wenn er nicht einer — wohl utopischen — psychosozialen, leidfreien Glücksideologie verfallen will, die für Behinderte und dann auch für unheilbar Schwerkranke keinen Platz mehr bietet[63]. Ein unbedingtes Eintreten für das Lebensrecht aller Ungeborenen um jeden Preis nähme dem Arzt umgekehrt die Chance, der Mutter in schwerster Not beizustehen und sie zu beraten; denn Rat braucht nur, wem sich Alternativen bieten. Wollte der Arzt allen Frauen gleichermaßen die Möglichkeiten der Pränataldiagnostik nach Wunsch eröffnen, überforderte er seine Kräfte und die der Solidargemeinschaft.

„Die Behandlungsfreiheit des Arztes wird in allgemeiner Form nach Art und Umfang durch die Bestimmungen des SGB V eingeschränkt, das im Einzelfall Angemessene und nach dem Stand der medizinischen Wissenschaft Erforderliche in wirtschaftlicher Form zu erbringen. Im damit gesetzten Rahmen sollen die Ziele der Medizin verfolgt werden. Dem dienen präventive, kurative und rehabilitative Maßnahmen“[64]. Das Gesetz lautet: „Die Krankenkassen und die Leistungserbringer haben eine bedarfsgerechte und gleichmäßige, dem allgemein anerkannten Stand der medizinischen Erkenntnisse entsprechende Versorgung der Versicherten zu gewährleisten. Die Versorgung der Versicherten muß ausreichend und zweckmäßig sein, darf das Maß des Notwendigen nicht überschreiten und muß wirtschaftlich erbracht werden. Die Krankenkassen und die Leistungserbringer haben durch geeignete Maßnahmen auf eine humane Krankenbehandlung ihrer Versicherten hinzuwirken“[65]. Auch diese Sätze, so interpretationsbedürftig ihre Elemente sich darstellen, mahnen den Arzt, sich Grenzen zu setzen auch im Zeichen des Spannungsfeldes zwischen Individual- und Gemeininteressen[66]. Die Gebotenheit von Maß und Gleichmaß im Sozialstaat sollen die Reichweite der Pränataldiagnostik durchaus mit bestimmen. Eine Hauptaufgabe der Pränataldiagnostiker besteht darin, ihren Dienst als ärztlichen auszuüben und darum an gewissenhaften Indikationen festzuhalten[67].

---

63 *T. M. Schroeder-Kurth*, Fn. 42, 46.

64 So der *Sachverständigenrat für die Konzertierte Aktion im Gesundheitswesen*. Jahresgutachten 1990. Herausforderungen und Perspektiven der Gesundheitsversorgung, 104.

65 SGB V § 70 Abs. 1 u. 2.

66 Dieses Spannungsfeld erscheint in der BÄO, die dem Arzt aufgibt, „der Gesundheit des einzelnen Menschen und des gesamten Volkes“ zu dienen.

67 Vortrefflich *C. Grond-Ginsbach* zu *J. Schmidtke* und *G. Wolff*, Med. Genetik 1991, 27-29.

VIII. Verordnung oraler Kontrazeptiva an Jugendliche

1. In der Adoleszentensprechstunde sieht sich der Frauenarzt in einem hohen Anteil der Fälle mit Fragen nach der Kontrazeption befaßt[1]. Diese stark angestiegene Inanspruchnahme des Gynäkologen durch jugendliche oder gar noch kindliche Patientinnen spiegelt die Zunahme der sexuellen Aktivität von Teenagern, die geschlechtliche Freizügigkeit und die Ablösung der Sexualität von der Fortpflanzung, auch die Akzeleration des Menarchealters und das verringerte Alter der Kohabitarche. Die große Zahl der Schwangerschaftsabbrüche bei Minderjährigen zeigt den Ernst der Kontrazeptionsproblematik bei Mädchen.

Die Rechtsfragen, die sich auf diesem Felde stellen, haben einen Hintergrund, den eine vom Bundesministerium für Jugend, Familie und Gesundheit geförderte und in Zusammenarbeit mit dem EMNID-Institut in Bielefeld durchgeführte Erhebung beleuchtet: „Sexualität und Kontrazeption aus der Sicht der Jugendlichen und ihrer Eltern. Ergebnisse einer haushaltsrepräsentativen Erhebung in der Bundesrepublik Deutschland einschließlich Berlin-West“[2]. Auch wenn diese Studie bereits einige Jahre zurückliegt, zeigen ihre Ergebnisse Zustände und Entwicklungen auf, die aktuell geblieben sind.

Nach der Studie[3] haben Mädchen in Westdeutschland mit dreizehneinhalb Jahren die erste Regelblutung und Jungen mit vierzehn Jahren den ersten Samenerguß. Nach dem vierzehnten Lebensjahr werden Kinder in zunehmendem Maß sexuell aktiv. Die Mehrzahl der siebzehnjährigen Mädchen hat schon Koitus gehabt. Die Aufnahme sexueller Beziehungen können die Eltern nur schwer verhindern. Elterliche Strenge wirkt zwar aufschiebend, erhöht aber das Risiko einer schlechten Kontrazeption bei den Jugendlichen. Beim ersten Geschlechtsverkehr betreiben ein Drittel der Mädchen und die Hälfte der Jungen keine oder nur eine höchst unzureichende Kontrazeption. Ein gleich hoher Anteil koituserfahrener Mädchen und Jungen gibt an, auch danach nicht immer auf eine sichere Empfängnisverhütung zu achten. Zunehmend tragen allein die Mädchen die Verantwortung für die Kontrazeption. Jugendliche aus ländlichen Gebieten oder mit geringerer Schulbildung betreiben im Durchschnitt eine schlechtere Kontra-

---

1 *A. Huber*, Schwangerschaftsverhütung, in: A. Huber u. H.-D. Hiersche, Praxis der Gynäkologie im Kindes- und Jugendalter, ²1987, 202-212.

2 Von *I. Schmid-Tannwald* u. *A. Urdze*, Schriftenreihe des Bundesministers für Jugend, Familie und Gesundheit, Bd. 132, 1983. Vgl. ferner *N. Kluge* (Hg.), Jugendsexualität, 1990.

3 246 ff.

zeption. Für das Kontrazeptionsverhalten erweist sich eine umfassende, kontinuierliche Sexualaufklärung als wichtig.

Der Gebrauch zuverlässiger Verhütungsmittel scheint am ehesten gewährleistet, wenn Jugendliche zuvor einen Arzt wegen kontrazeptiver Maßnahmen konsultieren. Der Arztbesuch stellt sich aber mehr als Ausdruck denn als Ursache eines gut motivierten Kontrazeptionsverhaltens dar. Für Jugendliche ist die Konsultation problematisch und erfolgt meist nicht vor dem ersten Koitus. Überdies scheint sie nicht immer zufriedenstellend für die Jugendlichen zu verlaufen. Bemerkenswerterweise bessert sich das Kontrazeptionsverhalten vieler Jugendlicher nicht kontinuierlich mit zunehmender Koituserfahrung.

Bedeutsam erscheinen auch die zur Inanspruchnahme ärztlichen Rates erhobenen Befunde[4]. Danach hat ein Viertel aller vierzehn- bis siebzehnjährigen Mädchen schon einmal den Arzt besucht, um sich Kontrazeptiva verschreiben oder sich darüber beraten zu lassen, freilich nur zwei Drittel von ihnen zu ihrer Zufriedenheit. Die Mädchen akzeptieren die Pille als sicherstes, reversibles Verfahren der Empfängnisverhütung weitgehend. Nur eine kleine Minderheit lehnte hormonale, orale Kontrazeptiva für sich zum Zeitpunkt der Befragung ab. Die wenigsten Eltern gehen zusammen mit ihren Kindern zum Arzt, um Rat einzuholen. Viele Jugendliche haben nur deshalb Angst, allein zum Arzt zu gehen, weil sie befürchten, ihre Eltern könnten dies erfahren. Immerhin glaubt jedes dritte Mädchen, sich dem Arzt nicht anvertrauen zu können, ohne Gefahr zu laufen, sein Geheimnis an die Eltern zu verlieren. Zwei von drei Mädchen meinen, Ärzte würden einem Mädchen unter achtzehn Jahren, das Verkehr hat, auch ohne Wissen der Eltern die Pille verschreiben. Nicht wenige Mädchen erhielten die gewünschten Pillen nicht von dem in Anspruch genommenen Gynäkologen. Der Zugang zur Pille führt nicht immer über den Arzt. So hat ein Viertel der jugendlichen Pillennehmerinnen ohne vorausgegangenen Arztbesuch und ohne medizinische Kontrolle gefährlicherweise verschreibungspflichtige hormonale Kontrazeptiva angewandt.

Die Schwierigkeiten, vor denen die gynäkologische Jugendpraxis steht, deuten die folgenden Daten an: Lediglich ein Drittel der Eltern koituserfahrener Kinder hat sichere Kenntnis von dem Verkehr ihrer Kinder. Siebzig Prozent der Eltern erklären, sie hielten es nicht für richtig, wenn ein Arzt, ohne sie zu unterrichten, ihrer Tochter auf deren Wunsch hin die Pille verschriebe. Ein Drittel aller Eltern[5] bejahen darüber hinaus die Frage, ob sie in einem solchen Fall etwas gegen den Arzt unternehmen wollten. Nach Angaben der Eltern besuchten lediglich in achtzehn Prozent der Fälle Mütter zusammen mit ihrer koituserfahrenen Tochter bereits einmal den Arzt, um sich über die Methoden der Empfängnisverhütung beraten zu lassen. Ärztlich beratene Mädchen nehmen zu siebzig, die anderen

---

[4] 235 ff.

[5] Freilich nur ein Zehntel der Eltern koituserfahrener Jugendlicher.

nur zu fünfundzwanzig Prozent die Pille. Den Arzt sucht eine zur Kontrazeption stark motivierte Auswahl Jugendlicher auf. Auf die Entscheidung Jugendlicher, seinen Rat zu suchen, hat der Arzt meist keinen Einfluß. Die regelmäßige und zuverlässige Applikation der Medikamente hängt von vielfältigen Einflüssen ab.

Das ideale Kontrazeptivum, sicher und frei von allen Nebenwirkungen, gibt es noch nicht. Verglichen mit den biologischen Verfahren, den Barrieremethoden, der intravaginalen Kontrazeption und der intrauterinen Kontrazeption stellt die hormonale, orale Schwangerschaftsverhütung durch Östrogen-Gestagen-Kombinationen, „die Pille", die derzeit beste Methode für heranwachsende Mädchen dar. Alle anderen reversiblen Verfahren erreichen nicht dieselbe kontrazeptive Zuverlässigkeit. „Bei der heute üblichen niedrigen Dosierung, die zum Teil phasenweise dem physiologischen Hormonspiegel angeglichen ist, sind bei Adoleszenten keine negativen Auswirkungen auf Wachstum, endokrine Reifungsvorgänge und Stoffwechselparameter zu befürchten"[6].

2. Fehlen die Voraussetzungen für eine Mutterschaft, dann verdient die Schwangerschaftsverhütung gewiß den Vorzug vor dem Schwangerschaftsabbruch, der ein Menschenleben kostet. Mit diesem unbestrittenen Prinzip allein läßt sich das Verordnen oraler Kontrazeptiva freilich noch nicht legitimieren. Die oralen Kontrazeptiva enthalten hochwirksame Hormone, deren Medikation dem Arzt Umsicht und gesteigerte Sorgfalt abverlangt. Wie bei jedem Heileingriff bedarf der Arzt auch beim Einsatz von Medikamenten der Rechtfertigung durch eine Indikation — den Heilauftrag — , der Einwilligung des Patienten nach Aufklärung — informed consent — und der fachlichen Angemessenheit des therapeutischen Verfahrens.

Wenn der Gynäkologe einer erwachsenen Frau im Interesse der Lebensplanung die Pille verschreibt, also ohne medizinischen Anlaß handelt, dann „dient er der Gesundheit des einzelnen Menschen"[7] durch die Verordnung als solche nicht, allenfalls auf sehr mittelbare Weise. Indessen hat sein Dienst doch ärztlichen Charakter, weil die rezeptpflichtige Medikation an diagnostische und überwachende Maßnahmen gebunden bleibt und weil allein der Gynäkologe die zahlreichen Kontraindikationen[8] handhaben kann. So gesehen, gehört das Verordnen der Pille auch ohne medizinische Indikation im engeren Sinne zum ärztlichen Dienst an der Gesundheit und damit zum Heilauftrag.

Eindeutiger stellt sich die Lage bei der jugendlichen Patientin dar. Hier wird eine Indikation zur hormonalen Kontrazeption regelmäßig bestehen. Die Risiken einer unerwünschten Schwangerschaft liegen vermehrt vor[9]. Die kindliche Morta-

---

6 *A. Huber*, wie Fn. 1, 208. Vgl. auch *G. Freundl* u. *P. Frank-Herrmann*, Empfängnisverhütung bei Jugendlichen, Gynäkologe 1991, 81-86.

7 § 1 BÄO.

8 Vgl. die Hinweise des *Wissenschaftlichen Beirates der Bundesärztekammer*, DÄBl. 1984, 3170.

lität liegt in manchen Regionen zwei- bis dreimal höher als sonst, auch die mütterliche Mortalität ist erhöht. EPH-Gestosen und Anämien treten gehäuft auf. Ein niedriges Geburtsgewicht und ein gehäuftes Auftreten von Mißbildungen wie Anenzephalie, Spinabifida und Wachstumsretardierungen gefährden die Kinder. Die Zahl der Spontanaborte bei heranwachsenden Mädchen zeigt sich mit fünfzehn Prozent deutlich erhöht. Vor allem: Die sozialen und beruflichen Schwierigkeiten wiegen fast immer und überall schwer. Schwangere Mädchen geraten darum meist in Konfliktsituationen, die sich ihnen oft als unlösbar darstellen. So wird der Arzt regelmäßig eine Indikation im eigentlichen Sinne für verhütende Maßnahmen stellen können.

Die Feststellung der Indikation für eine orale Kontrazeption erfordert eine eingehende Unterredung des Arztes mit der Jugendlichen und eine sorgfältige Anamnese. Am Ende der meist differenzierter, problematischer und zeitaufwendiger als bei der erwachsenen Frau verlaufenden Konsultation soll der Arzt nach Abwägung aller Vorteile und Gefahren eine Methode empfehlen. Diese Methode soll möglichst sicher und zugleich reversibel sein, wenig Nebenwirkung zeigen, sich einfach anwenden lassen und nicht zuletzt das Einverständnis des Partners finden. Die indizierten und darum vorgeschlagenen kontrazeptiven Maßnahmen sollen zwar in die natürliche Entwicklung möglichst wenig eingreifen, andererseits aber eine Schwangerschaft mit hoher Sicherheit verhüten.

Oft hat es der Gynäkologe mit weder körperlich noch geistig voll ausgereiften Jugendlichen zu tun, die schwankende und sprunghafte Reaktionen zeigen und sich nicht immer leicht beeinflussen lassen. Vielfach spielen Modetrends eine Rolle. Jugendliche Standpunkte zeigen sich meist mehr emotional denn rational bestimmt. In einzelnen Fällen kann hinter dem jugendlichen Wunsch nach der Pille eine ängstliche Mutter stecken oder ein gewisses Imponiergehabe Mitschülerinnen gegenüber. Freilich wird der Arzt im Zweifel die Gefahr einer Schwangerschaft annehmen und die Indikation für eine orale Kontrazeption stellen.

Auch wenn „die meisten der früher gegen eine Verabfolgung von oralen hormonalen Kontrazeptiva an Jugendliche erhobenen Einwände heute durch eingehende Untersuchungen widerlegt sind“ und „die Pille von Jugendlichen gut vertragen wird“, auch „die Häufigkeit von Nebenwirkungen eher seltener als bei erwachsenen Frauen ist“[10], bleibt der Arzt auf eine Indikation angewiesen. Die Verordnung der Pille an Mädchen gehört zur ärztlichen Aufgabe wegen der spezifischen Gefahren der Schwangerschaft, die es zu bannen gilt. Diese Gefahren hat der Arzt vor dem Einsatz hochwirksamer Hormone bei Jugendlichen festzu-

---

[9] *A. Huber*, wie Fn. 1, 203. In den letzten Jahren erhoben sich Zweifel an dem ungünstigen Einfluß des Alters auf die Schwangerschaftsrisiken. Wichtig erscheint vor allem der sozioökonomische Status; Mitteilung von *I. Schmid-Tannwald* an den Autor.

[10] So die in Fn. 8 genannten Hinweise unter F, DÄBl. 1984, 3171. Eingeschränkter noch die Empfehlungen von 1975, DÄBl. 1975, 2521, 2522 (unter F).

stellen, wobei gewisse Anhaltspunkte und Erfahrungen genügen. Der Arzt „darf das Mädchen ... keinesfalls mit dem Rat wegschicken, erst bei wirklichem Bedarf wieder zu kommen“[11]. Vielmehr müssen eindringlicher Ratschlag und aktive Hilfe bereits vorher einsetzen.

3. Neben der Indikation bedarf der Arzt zu seiner Legitimation der Einwilligung seiner minderjährigen Patientin. Deren Einwilligungsfähigkeit hat der Arzt im Einzelfall zu prüfen und festzustellen. Sie setzt voraus Verständnis des Mädchens für die methodischen Fragen, das Für und Wider der sich bietenden Alternativen, außerdem die Fähigkeit, den Willen nach dieser Einsicht zu bestimmen. Anders als die Volljährigkeit, die uneingeschränkte Geschäftsfähigkeit, die mit der Vollendung des achtzehnten Lebensjahres eintritt[12], besteht die Fähigkeit, in ärztliche Heilmaßnahmen einzuwilligen, regelmäßig schon früher. Bei Jugendlichen mit einem Alter von mehr als sechzehn Jahren wird die Einwilligungsfähigkeit im Zusammenhang mit medizinischen Verhütungsmethoden nur ausnahmsweise fehlen, während sie bei Mädchen unter vierzehn Jahren in aller Regel noch nicht gegeben sein wird[13]. In der Zwischenstufe von vierzehn bis sechzehn Jahren taugt das Lebensalter nicht als Indikator für oder gegen die Einwilligungsfähigkeit. Hier gilt es, die Umstände des Einzelfalles in den Blick zu nehmen und auszuwerten. Bemüht sich die Minderjährige aus eigener Initiative zielbewußt um eine sichere Kontrazeption, so liegt darin wohl ein Indiz für die erforderliche Einsichts- und Entschlußfähigkeit. Auch gewinnt die gegebene Indikation Bedeutung. Die allgemeine Regel gilt auch hier: je eindeutiger und dringender die Indikation, desto geringer die Anforderungen an die Aufklärung und damit letztlich an die Einwilligung. Freilich gilt für alle Fälle das grundsätzliche Verbot der ärztlichen Eigenmacht.

Zu betonen bleibt: Es geht um ein höchstpersönliches Lebens- und Rechtsgut der Minderjährigen, ein Umstand, der die Anforderungen an die Einwilligungsfähigkeit mäßigt, die es als natürliche aufzufassen gilt.

Bleiben am Ende der Konsultation Zweifel an der Einwilligungsfähigkeit des Mädchens, so hat der behandelnde Arzt das Einverständnis der Eltern einzuholen. Nach dem Gesetz haben Vater und Mutter gemeinsam das Recht und die Pflicht, für das minderjährige Kind zu sorgen[14]. Zur elterlichen Personensorge gehört die Inanspruchnahme medizinischer Dienste, wenn das Kind solcher bedarf, und die Einwilligung in die gebotenen ärztlichen Eingriffe. Zwar ist die Einwilligung

---

11 *A. Huber*, wie Fn. 1, 204.

12 § 2 BGB.

13 *A. Eser* u. *H.-G. Koch*, Rechtsfragen bei der gynäkologischen Betreuung minderjähriger Patientinnen, in: A. Huber u. H.-D. Hiersche, Fn. 1, 18-30 (24 f.); *G. Schewe*, Münch. med. Wschr. 1980, 923 ff., hält es bei Mädchen unter 16 Jahren für „immerhin denkbar, daß in Einzelfällen die ⟨Einwilligungsfähigkeit⟩ gegeben ist“; ähnlich *R. Ratzel*, Der Frauenarzt 1991, 272.

14 §§ 1626, 1629 BGB.

der Eltern in einen ärztlichen Eingriff bei ihrem Kind kein Rechtsgeschäft, sondern „Gestattung und Ermächtigung zur Vornahme tatsächlicher Handlungen, die in den Rechtskreis des Gestattenden eingreifen“[15]; gleichwohl wird durch diese Einwilligung die elterliche Personensorge betätigt mit der Folge, daß sie wirksam nur im Einvernehmen beider Eltern erteilt werden kann.

Freilich kann jeder Elternteil den anderen dazu ermächtigen, im Einzelfall oder bei bestimmten abgegrenzten Bedürfnissen für ihn mitzuhandeln, und das kann wie auch sonst im Rechtsverkehr ausdrücklich oder durch schlüssiges Handeln geschehen. Wenn es um die ärztliche Behandlung eines minderjährigen Kindes geht, so der BGH[16], lasse sich typischerweise davon ausgehen, „daß der mit dem Kind beim Arzt oder im Krankenhaus vorsprechende Elternteil aufgrund einer allgemeinen Funktionsaufteilung zwischen den Eltern auf diesem Teilgebiet der Personensorge oder einer konkreten Absprache ermächtigt ist, für den Abwesenden die erforderliche Einwilligung in ärztliche Heileingriffe nach Beratung durch den Arzt mitzuerteilen. Der Arzt wird in Grenzen auf eine solche Ermächtigung vertrauen dürfen, solange ihm keine entgegenstehenden Umstände bekannt sind“. In Routinefällen, wenn es sich etwa um die Behandlung leichterer Erkrankungen und Verletzungen handele, dürfe sich der Arzt, so der BGH, ungefragt auf die Ermächtigung des erschienenen Elternteils zum Handeln für den anderen verlassen. „In anderen Fällen, in denen es um ärztliche Eingriffe schwerer Art mit nicht unbedeutenden Risiken geht, wird sich der Arzt nach Ansicht des Senats darüber hinaus vergewissern müssen, ob der erschienene Elternteil die beschriebene Ermächtigung des anderen hat und wie weit diese reicht; er wird aber, solange dem nichts entgegensteht, auf eine wahrheitsgemäße Auskunft des erschienenen Elternteils vertrauen dürfen. Darüber hinaus kann es angebracht sein, auf den erschienenen Elternteil dahin einzuwirken, die vorgesehenen ärztlichen Eingriffe und deren Chancen und Risiken noch einmal mit dem anderen Elternteil zu besprechen“.

Der Einsatz oraler Kontrazeptiva bei Jugendlichen läßt sich nicht als Routinemaßnahme bezeichnen, auch wenn die Nachfrage zum Alltag der gynäkologischen Praxis gehört. Es geht vielmehr um einen Entschluß von beträchtlicher Tragweite, der durchaus auch Lasten und Risiken umfaßt und in die Lebensführung eingreift. Erweist sich das Mädchen als einwilligungsunfähig, dann — und nur dann — trifft den Arzt die Pflicht, sich im Dienste der angezeigten Verordnung an die Eltern zu wenden und deren beider Einverständnis einzuholen. Erscheint das einwilligungsunfähige Mädchen mit einem Elternteil, also etwa mit der Mutter, hat der konsultierte Gynäkologe nach der Meinung des anderen Elternteils zu fragen und sich auch dessen Einverständnisses zu versichern. In Zweifelsfällen bleibt es Aufgabe des Arztes, Rücksprachen zu veranlassen, um Klarheit zu

---

[15] BGHZ 29, 33, 36.

[16] BGH, NJW 1988, 2946 = MedR 1989, 81 = JZ 1989, 93 m. zust. Anm. v. *D. Giesen*.

gewinnen. Indessen braucht und vermag der Arzt keine Familieninquisition zu betreiben. Er darf sich vielmehr mit schlüssigen Auskünften begnügen. Zeigt sich ein Dissens bei den Eltern, so soll der Arzt das Vormundschaftsgericht anrufen, dessen Aufgabe dann darin besteht, auf eine Einigung der Eltern im Sinne des Kindeswohles hinzuwirken. Gelingt dies nicht, „so kann das Vormundschaftsgericht auf Antrag eines Elternteils die Entscheidung einem Elternteil übertragen, sofern dies dem Wohle des Kindes entspricht“[17]. Sollte also etwa ein Vater der oralen Kontrazeption widersprechen, so könnte die durch das Vormundschaftsgericht dazu ermächtigte Mutter der indizierten verhütenden Medikation zum Wohle der Tochter zustimmen.

Bejaht der Arzt die Einwilligungsfähigkeit einer minderjährigen Patientin im Hinblick auf das geplante medizinische Programm, so kommt es für dessen rechtliche Zulässigkeit allein auf das Einverständnis der Jugendlichen an. Des Einverständnisses der gesetzlichen Vertreter bedarf es nicht; es reichte auch gar nicht aus. Ein elterliches Veto bliebe unbeachtlich. Zum verfassungsrechtlich fundierten[18] elterlichen Sorge- und Erziehungsrecht steht dies nicht im Widerspruch. Das Erziehungsrecht „unterliegt mit zunehmender Reife des Kindes einer Tendenz zur Auflösung zugunsten des Selbstbestimmungsrechts Heranwachsender und hat sich in dem Maße selbst erfüllt, in dem Minderjährige zu eigenverantwortlicher Entscheidung in persönlichen Angelegenheiten in der Lage sind“[19]. Bei der Erziehung sollen die Eltern, wie das Gesetz gebietet[20], „die wachsende Fähigkeit und das wachsende Bedürfnis des Kindes zu selbständigem verantwortungsbewußtem Handeln“ berücksichtigen. Der verantwortliche Arzt wird sich freilich, sofern dies nützlich und möglich erscheint, bei der Beratung und Behandlung Minderjähriger um deren Einverständnis mit der Einbeziehung der Eltern bemühen. Andererseits können die Eltern und der Arzt gemeinsam gegen den Willen der Minderjährigen von Rechts wegen regelmäßig nicht vorgehen. Die Vetomündigkeit der Minderjährigen reicht weiter als die Einwilligungsmündigkeit. Der Arzt und die Eltern dürfen ein Mädchen nicht zur Einnahme von Kontrazeptiva zwingen.

4. Die Schweigepflicht setzt dem Arzt einer jugendlichen Patientin Grenzen, der sich an die Eltern oder an einen Elternteil wenden möchte, um deren Einverständnis mit medizinischen Maßnahmen einzuholen oder sie um ihre Mithilfe zu bitten.

Die Schweigepflicht gebietet dem Arzt, Stillschweigen über alle Tatsachen und Umstände zu bewahren, die ihm beruflich zur Kenntnis gelangten, wenn sie nur einem bestimmten Personenkreis bekannt sind und der Betroffene an der

---

17 § 1628 Abs. 1 BGB.

18 Art. 6 GG.

19 *A. Eser* u. *H.-G. Koch,* Fn. 13, 22.

20 § 1626 Abs. 2 S. 1 BGB.

Geheimhaltung ein sachlich begründetes Interesse hat[21]. Mag die heutige Medizin das alte Prädikat einer ars muta, einer verschwiegenen Kunst, nicht mehr verdienen, so gilt doch die Schweigepflicht als eine der höchsten ärztlichen Standes- und Rechtspflichten fort[22]. Zwischen der Schweigepflicht des Arztes und dem Schutz des durch die Art. 1 und 2 GG begründeten allgemeinen Persönlichkeitsrechts des Patienten besteht ein enger Zusammenhang, den die gerichtliche Spruchpraxis wiederholt herausgestellt hat.

Die jugendliche Patientin, die selbständig einen Gynäkologen aufsucht, steht grundsätzlich uneingeschränkt unter dem Schutz des ärztlichen Berufsgeheimnisses, selbst wenn sie wegen mangelnder Reife in eine begehrte oder geplante Behandlung nicht einwilligen kann. Die Fähigkeit zu dem eigenen Entschluß, einen Arzt um Rat aufzusuchen, qualifiziert das Mädchen dazu, persönlichkeitsrechtlich geschützte Trägerin eines Geheimnisses zu sein. Dazu gehört auch der bloße Umstand des Arztbesuches. Erschiene das Arztgeheimnis hier nicht verbürgt, käme der Gang zum Gynäkologen für viele Mädchen nicht in Betracht — ein verhängnisvoller abschreckender Effekt.

Der ärztlichen Schweigepflicht liegt zuerst das Individualinteresse des leidenden oder vorsorgenden Menschen zugrunde, der medizinischen Rat und Beistand sucht. Wer sich dem Arzt anvertraut, muß diesem im Interesse einer zutreffenden Diagnose und einer angezeigten Behandlung oft Einblicke in die persönlichsten und intimsten Bewandtnisse eröffnen unter Einschluß auch mitmenschlicher und gesellschaftlicher Bezüge. Der Hilfesuchende wird sich nur dann in die Hand des Arztes geben, wenn er die Gewißheit haben darf, daß dieser über alles schweigen werde, was er wahrnimmt und was vom Standpunkt des Patienten aus Diskretion verdient. Der einzelne Patient, die einzelne Patientin brauchen und erwarten also die strenge Verschwiegenheit ihres Arztes, dem sie Vertrauen entgegenbringen. Mit dem Individualinteresse verknüpft erscheint sogleich das überindividuelle, staatliche Interesse an einer guten allgemeinen Gesundheitspflege. Sie erfordert Vertrauen zwischen Ärzten und Patienten, das ohne Verschwiegenheit nicht gedeihen kann.

Danach genießt auch die minderjährige Arztbesucherin vollen Diskretionsschutz, auch im Verhältnis zu ihren Eltern. Mit Recht nahm auch die Schweizerische Gesellschaft für Gynäkologie in ihrer Stellungnahme zur hormonalen Kontrazeption bei Jugendlichen schon 1976 diese Position ein[23]. Der Arzt darf die Schweigepflicht nur im höherrangigen Interesse der jugendlichen Patientin brechen, wenn sich allein auf solche Weise medizinisch oder mitmenschlich notwendige Hilfe erreichen ließe. Der rechtfertigende Notstand nach § 34 StGB befugt

---

21 *A. Laufs,* Art. Schweigepflicht, in: A. Eser, M. v. Lutterotti u. P. Sporken (Hg.), Lexikon Medizin, Ethik, Recht, 1989, Sp. 991 ff., m. w. N.

22 § 2 MuBO; § 203 StGB.

23 Gynäkologische Rundschau 17, 1977, 58 ff., 60.

den — der anders nicht abwendbaren Gefahr entgegentretenden — Arzt dazu, sich zu offenbaren, wenn das durch den Geheimnisbruch geschützte Rechtsgut, etwa die Gesundheit, das preisgegebene, nämlich das Patientengeheimnis, wesentlich überwiegt. So darf der Arzt von Rechts wegen die Eltern seiner jugendlichen Patientin etwa dann unterrichten, wenn diese deren Hilfe objektiv und unerläßlich brauchen sollte. Eine Pflicht des Arztes zur Mitteilung besteht kraft geschuldeter Fürsorge, die eine Inanspruchnahme der gesetzlichen Beschützer des Kindes verlangt. Läßt sich nämlich eine Gefahr für die Minderjährige anders nicht abwenden, hat der Arzt von Rechts wegen infolge der Behandlungsübernahme die personensorgeverpflichteten Eltern zur Hilfe aufzurufen. Selbstverständlich wird der Arzt sich zuvor um das Einverständnis seiner Patientin nach Kräften bemühen.

5. Die Einwilligung wirkt nur insofern, als ihr ausreichende Informationen zugrunde liegen. Jedermann hat die Befugnis, ärztliche Dienste in Anspruch zu nehmen, ärztlichen Vorschlägen und Verordnungen zu folgen oder nicht. Von dieser Wahlfreiheit kann sinnvollen Gebrauch nur machen, wer die Tragweite seines Entschlusses kennt. Das Selbstbestimmungsrecht des Patienten bildet zugleich den Rechtsgrund wie den Maßstab der ärztlichen Aufklärungspflicht[24]. Der Patient soll im großen und ganzen oder in groben Zügen erfahren, was mit ihm geschehen werde. Der Arzt hat den Patienten vornehmlich über die Gefahren des Eingriffs ins Bild zu setzen. Bieten sich Alternativen, so muß die Instruktion diese in ihrem Für und Wider zum Bewußtsein bringen. Je gefährlicher oder belastender die geplante medizinische Maßnahme, je gravierender das Risiko, desto gewichtiger und umfangreicher ist die ärztliche Aufklärungspflicht.

Diese Grundregeln gelten auch für die Kontrazeption. Die sich bietenden Möglichkeiten hat der Gynäkologe detailliert auseinander zu setzen. „Die Beratung über die im Einzelfall geeigneten Verfahren sollte individuell und unter Berücksichtigung des Alters der Frau, ihrer Krankheitsvorgeschichte und ihres Reproduktionsstatus erfolgen“[25]. Die gynäkologischen Besonderheiten bei Jugendlichen verlangen gesteigerte Aufmerksamkeit, desgleichen die Nebenwirkungen und Unsicherheiten der Methode.

Kann die minderjährige Patientin selbst einwilligen, dann hat die Aufklärung ihr zu gelten. Sieht sich der Arzt auf die Einwilligung der Eltern angewiesen, bedürfen diese der Aufklärung. In diesem Fall schuldet der Arzt auch dem Mädchen das diesem zugängliche und ein Veto ermöglichende Maß an Information. Die Aufklärung erfordert eine ausführliche Unterredung, die sich durch Merkblätter keinesfalls ersetzen läßt. Ferner hat der Arzt Beweisvorsorge zu

---

24 *B.-R. Kern* u. *A. Laufs*, Die ärztliche Aufklärungspflicht. Unter besonderer Berücksichtigung der ärztlichen Spruchpraxis, 1983.

25 So zutreffend die „Hinweise zur Verordnung oraler Kontrazeptiva“, DÄBl. 1984, 3170.

treffen durch eine individuelle Dokumentation der Aufklärung. Die Dokumentation kann erfolgen mittels eines Formulars, das Raum für handschriftliche Zusätze bieten muß[26], oder durch Einträge im Krankenblatt.

6. Schließlich hat der Arzt, wenn er ohne Rechtsverstoß verfahren will, die Regeln seines Faches zu befolgen, lege artis zu handeln. Bei der Verordnung oraler Kontrazeptiva hat der Arzt eine Reihe von Maßnahmen vor und während der Behandlung zu treffen, auch in bestimmten Fällen den Verlauf zu überwachen und bei gewissen Anzeichen die Pille abzusetzen[27]. Zu den Pflichten des behandelnden Arztes gehört auch die therapeutische Aufklärung oder Sicherungsaufklärung.

Soweit therapeutische Gründe es gebieten, hat der Arzt seinen Patienten oder seine Patientin rechtzeitig und vollständig aufzuklären. Die ärztliche Information soll das medizinisch Gebotene oder Empfohlene ermöglichen, vorbereiten oder unterstützen und steht darum in vollem Einklang mit dem hochrangigen Standesgrundsatz: salus aegroti suprema lex.

Bei der Verordnung oraler Kontrazeptiva gehört es zu den Aufgaben des Arztes, seiner jugendlichen Patientin alle jene Hinweise zu geben, die sie benötigt, um die Pille erfolgreich und ohne gesundheitliche Nachteile einzunehmen. Eindringlich hat der Gynäkologe auf die erforderlichen medizinischen Kontrollen hinzuweisen. Endlich umfaßt die ärztliche Fürsorgepflicht auch die Aufgabe, die Jugendliche über einen eigenverantwortlichen Umgang mit der Sexualität zu belehren, Zurückhaltung anzuraten und auf die infektiösen Gefahren der geschlechtlichen Freizügigkeit hinzuweisen.

Die wiederholt geänderten Hinweise zur Verordnung oraler Kontrazeptiva des Wissenschaftlichen Beirats der Bundesärztekammer[28] zeigen, wie sehr sich die Medizin auch auf diesem Felde im Fluß befand und wohl noch befindet. Darüber muß sich der Arzt unterrichtet halten und stets auf der Höhe seines Faches bleiben. Die Fortbildung als Berufspflicht[29] bildet den Schlüssel zur Qualitätssicherung auch hier.

Die Pflicht des Arztes, „über die in Ausübung seines Berufes gemachten Feststellungen und getroffenen Maßnahmen die erforderlichen Aufzeichnungen zu machen"[30] gilt selbstverständlich in vollem Umfang auch für die Verordnung oraler Kontrazeptiva. Die Dokumentation hat die wesentlichen Gesichtspunkte bei der Wahl der Methode und alle ärztlichen Maßnahmen zu umfassen, auch die wichtigsten belehrenden Hinweise festzuhalten. Ferner sollten sich aus ihr

---

26 *A. Laufs*, Das Aufklärungsformular, Gynäkologe 1989, 364-368.

27 Vgl. die bereits genannten Hinweise der *BÄK*, DÄBl. 1984, 3170 ff.

28 DÄBl. 1970, 2267 f., 1975, 2521 ff., 1984, 3170 ff.

29 § 7 MuBO.

30 § 11 MuBO.

die Beobachtungen entnehmen lassen, die zur Bejahung der Einwilligungsfähigkeit nach Reife und Verstandeskraft führten. Ging der Arzt doppelspurig vor, beriet er also das Mädchen und dessen Eltern, so soll er auch diesen Umstand dokumentieren.

7. Ein Handbuch zur „Praxis der Gynäkologie im Kindes- und Jugendalter" kritisiert die Ansicht als irrig, „der Arzt könne anstelle der ⟨Pille⟩ ebensogut sexuelle Enthaltsamkeit verordnen"[31] — aus einleuchtenden praktischen Gründen. Die empirischen Befunde zum Sexualverhalten Jugendlicher zeigen, daß der in Anspruch genommene Arzt, der sich auf den Rat zur Enthaltsamkeit beschränkt, in der Regel seiner Pflicht zur Hilfe nicht genügt. Denn viele Ratsuchende zeigen sich erkennbar nicht dazu bereit, dem wohlverstandenen Rat zur Enthaltsamkeit zu folgen. Dieser Umstand führt den verantwortlichen Arzt in ein Dilemma. Verordnet er das Kontrazeptivum nach ärztlichem Erwägen des Für und Wider indizierterweise, so handelt er rechtmäßig, gerät aber damit in Widerspruch zu den ethischen Maßgaben, die dieses Verfahren der Empfängnisverhütung grundsätzlich verbieten. Sieht sich ein Gynäkologe aus Gewissensgründen daran gehindert, orale Kontrazeptiva an Mädchen zu verordnen, so darf er sich von Rechts wegen unter Hinweis auf die Bereitschaft anderer Kollegen versagen. Denn der Arzt darf und soll seinem Gewissen Raum geben. „Der ärztliche Beruf verlangt", so die Berufsordnung[32], „daß der Arzt seine Aufgabe nach seinem Gewissen und nach den Geboten der ärztlichen Sitte erfüllt". Bei einer Absage durch den zuerst in Anspruch genommenen Gynäkologen bleibt der Minderjährigen und deren Eltern in der Regel die Zeit, die Bereitschaft eines anderen Arztes zu finden.

Der Gewissensentschluß gegen die orale Kontrazeption kann sich auf die christliche Sittenlehre stützen[33]. Das Lehramt der katholischen Kirche verwirft den vorehelichen wie den außerehelichen Geschlechtsverkehr. Die vieldiskutierte Enzyklika „Humanae vitae" mißbilligt nicht jede Art der Geburtenkontrolle als dem Naturrecht widersprechend und darum unsittlich. Danach können schwerwiegende persönliche und soziale Gründe die natürliche Empfängnisverhütung rechtfertigen. Zu den natürlichen Methoden zählen die vollständige sexuelle Enthaltsamkeit sowie die Zeitwahlverfahren, nicht aber der Coitus interruptus und alle anderen kontrazeptiven Verfahren. Im Gegensatz zu den Zeitwahlmethoden, bei denen grundsätzlich jeder eheliche Akt für die Zeugung neuen Lebens offen bleibe, widerspreche die künstliche Empfängnisverhütung dem doppelten Sinn ehelicher Liebe und Sexualität, der von Gott gewollt sei und der die liebende Vereinigung und die Fortpflanzung umfasse. Durch die Bewahrung dieser beiden

---

31 *A. Eser* u. *H.-G. Koch,* wie Fn 13, 24.

32 § 1 Abs. 1 S. 3 MuBO.

33 Zum Folgenden, m. w. N., *M. Sailer,* Medizin in christlicher Verantwortung. Sittliche Orientierungen in päpstlichen Verlautbarungen und Konzilsdokumenten, 1982, 145 ff.

wesentlichen Gesichtspunkte, nämlich der liebenden Vereinigung und der Fortpflanzung, behalte der eheliche Akt voll und ganz den Sinngehalt gegenseitiger und wahrer Liebe sowie seine Hinordnung auf die hohe Berufung des Menschen zur Elternschaft. Die Zeugungsfinalität gehöre nicht nur zum ehelichen Leben in seiner Gesamtheit, sondern ebenso zu dessen einzelnen Akten. Über die Zeugungsfähigkeit dürfe der Mensch auch nicht verfügen wegen deren inneren Hinwendung auf die Weckung des Lebens, dessen Seinsgrund Gott sei.

Die Enzyklika „Humanae vitae" tritt der Freigabe der künstlichen Empfängnisverhütung auch wegen deren Konsequenzen entgegen, wobei vornehmlich die sittlichen Gefahren vor allem für junge Menschen und die Würde der Frau als Argumente erscheinen. Ein in der weltlichen strafrechtlichen Literatur anzutreffender Gesichtspunkt läßt sich als Bedenken zusätzlich anführen: Obwohl sich die Empfängnisverhütung als Methode und die „Pille" als sicherstes Mittel mit dem alten Hinweis darauf empfahlen, daß Verhüten besser sei als Abtreiben, dürften die Kontrazeptionsverfahren eher zu der verbreiteten Akzeptanz des Schwangerschaftsabbruchs beigetragen haben. Denn in dem Maße, wie sich eine auf die Selbstverständlichkeit und Verläßlichkeit der Mittel gestützte Planungsmentalität ausbreitet, erscheinen unvorhergesehene Versager als um so härter und unerwünschte Schwangerschaften auch dann noch als grundsätzlich vermeidbar, wenn verhütende Mittel zu spät kämen. „Damit wird aber ein Bedürfnis nach dem Schwangerschaftsabbruch als einer ⟨nachsteuernden⟩ Maßnahme der Geburtenregelung deutlich"[34]. Ein Zusammenhang zwischen Verhütung und Abtreibung zeigt sich auch darin, daß mit dem Siegeszug der „Pille" eine Konjunktur des Schwangerschaftsabbruchs einherging[35].

Wenn Stimmen in der Kirche Coitus interruptus, mechanische und chemische Präventivmaßnahmen, hormonelle Kontrazeption, Intrauterinpessare, Sterilisation und Abtreibung gleichermaßen verwerfen, verkennen sie wesentliche Unterschiede. Eine tiefe Scheidelinie trennt die empfängnisverhütenden Verfahren von den Methoden, die bereits erzeugtes menschliches Leben vernichten, indem sie dessen Nidation verhindern. Noch die frühneuzeitliche Lehre vermochte zwischen Empfängnisverhütung und Abtreibung nicht klar zu unterscheiden, weil sie allein im männlichen Samen das Lebensprinzip verkörpert sah, während sie dem mütterlichen Organismus allein die Funktion einer Art Brutkasten zuschrieb. Die Pflege kontinuierlicher Lehrtradition muß sich von dieser längst widerlegten Vorstellung eindeutig lösen, so zutreffend der Hinweis darauf bleibt, daß alle unnatürlichen Verfahren der Nachkommenschaftsregulation Manipulationen darstellen, die den Geschlechtsakt von der Fortpflanzung trennen, und daß es letztlich darum gehen soll, den Menschen der totalen Verfügbarkeit durch den Menschen zu entziehen

---

34 *H.-G. Koch*, in: A. Eser u. H.-G. Koch (Hg.), Schwangerschaftsabbruch im internationalen Vergleich. Rechtliche Regelungen, soziale Rahmenbedingungen, empirische Grunddaten, Teil 1: Europa, 1988, 49 f.

35 Vgl. *H.-G. Koch*, wie Fn. 34.

und ihn so in seiner Würde zu schützen. Für das kirchliche Lehramt gälte es, den wesentlichen Unterschied zwischen Kontrazeption und Abtreibung stärker zu betonen.

8. Der verantwortlich entscheidende Arzt wird streng differenzieren zwischen den im eigentlichen Sinne kontrazeptiven Methoden und andererseits den abortiven Mitteln wie Postkoitalpillen und Intrauterinpessaren[36], die zum Tod menschlichen Lebens äußerster Jugend führen. Während die mechanischen Nidationshemmer seit längerem bedenklicherweise als sozialadäquat erscheinen, hat die „Pille danach" immerhin eine kontroverse Diskussion ausgelöst. Dabei spielte das Antigestagen RU 486 des Pharmakonzerns Roussel-Uclaf eine herausragende Rolle, ein Präparat, das zumindest bis zum neunundvierzigsten Tag nach der Empfängnis als Abortivum wirkt[37]. Damit gehört dieses Abtreibungsmittel jedenfalls allein in die Hand des Arztes, der dessen Einsatz im Rahmen der strafgesetzlichen Vorschriften und Indikationen zu verantworten hat. In der Literatur findet sich der Hinweis auf die Vorteile dieses Mittels im Vergleich zu chirurgischen Eingriffen.

Mag sich die ärztliche Verordnung dieses neuen Abortivums im Einzelfall als das für die Mutter physisch wie psychisch weniger belastende Verfahren erweisen, so lassen sich doch dessen negative Folgen für den Lebensschutz Ungeborener im ganzen nicht übersehen. Die abortiven Vorzüge des Mittels bedeuten zusätzliche Gefahr für das ungeborene Leben, weil das Präparat RU 486 Hemmschwellen bei Mutter und Arzt heruntersetzen kann. Während in Frankreich strenge Regeln für die Verschreibung gelten, findet in Deutschland das Verlangen zunehmend Ausdruck, Frauen sollten auch diese Pille nach Belieben einnehmen können. Der tiefe Unterschied zwischen kontrazeptiven und abortiven Mitteln droht sich beim Publikum zu verwischen. Die tödliche Pille in der Hand der Frau unterliefe jede Indikationenregel, ja selbst das Fristensystem. „Sollte es möglich werden, eine Schwangerschaft etwa so wie Kopfschmerzen zu bekämpfen, wären die gesetzlichen Schutzvorschriften zugunsten des werdenden Lebens, von der Indikationsregelung bis zur Beratungspflicht, weitgehend ihrer Wirkung beraubt, sie stießen ins Leere. Der Schwangerschaftsabbruch würde dann tatsächlich zu einem üblichen Mittel der Geburtenregelung, zu einer Alternative zur Empfängnisverhütung"[38]. Einem einfach zu handhabenden pharmazeutischen Präparat zur privaten Tötung einer befruchteten Eizelle steht das grundgesetzlich gewährleistete Lebensrecht des Ungeborenen entgegen.

---

36 Spiralen, mechanische Nidationshemmer. Vier „Generationen", vgl. *Pschyrembel*, Klinisches Wörterbuch, [256]1990, 799.

37 *H.-D. Hiersche*, RU 486 des Pharmakonzerns Roussel-Uclaf. Ärztliche und medizinrechtliche Überlegungen, Der Frauenarzt 1990, 893 f. Gegen die verbreitete terminologische und sachliche Verharmlosung *G. Herranz*, La pilule abortive RU 486, in: La documentation catholique Nr. 2036 v. 20. 10. 1991, S. 901-903.

38 *G. E. Hirsch*, Die „Pille danach", MedR 1987, 12-16 (15).

Auch die nidationshemmenden Präparate, die unter die Fristenregel des § 219 d StGB fallen, brechen Schwangerschaften ab. Denn eine Schwangerschaft beginnt nicht erst mit der Nidation, sondern bereits mit der Konzeption[39]. Wie beim verlangten Schwangerschaftsabbruch, abgesehen von den Fällen der strengen medizinischen Indikation, hat der Arzt auch bei dem Begehren nach einem nidationshemmenden Eingriff medikamentöser oder mechanischer Art die sittliche und die rechtliche Freiheit, sich zu versagen. Dieses Weigerungsrecht folgt aus dem Lebensrecht der Zygote und der grundgesetzlich garantierten Gewissensfreiheit des Arztes[40]. Die Entscheidung gegen Verfahren, die dem Embryo mit der Nidations- die Lebenschance nehmen, ist nicht nur sittlich, sondern auch von Rechts wegen zu respektieren. Nach Art. 2 Abs. 1 des 5. Strafrechtsreformgesetzes trifft niemanden die Pflicht, an einem Schwangerschaftsabbruch mitzuwirken, es sei denn, es liege eine enge medizinische Indikation nach Abs. 2 der Vorschrift vor. Diese Regel, ihrerseits Ausdruck der bereits angesprochenen grundgesetzlichen Wertentscheidung, läßt sich auch auf solche Maßnahmen beziehen, die eine Schwangerschaft durch eine Nidationssperre beenden. Jedenfalls überlagert das verfassungsrechtlich fundierte Weigerungsrecht gesetzliche oder standesrechtliche Handlungspflichten. So tritt auch die allgemeine kassenärztliche Pflicht, die medizinische Versorgung zu gewährleisten, hinter dem Gewissensentschluß zurück. Entsprechendes gilt für Apotheker: auch ihnen steht ein Weigerungsrecht zu[41].

Auch bei jugendlichen Patientinnen kommt es, nicht weniger als bei erwachsenen, für den dem Lebensschutz verpflichteten Gynäkologen bei der Methodenwahl im Interesse der Verhütung von Nachwuchs darauf an, Verfahren der Kontrazeption zu bevorzugen. Im Beratungsgespräch sollen das Thema des Lebensschutzes, der Unterschied zwischen den kontrazeptiven und abortiven Mitteln ihren festen Platz haben.

9. Die Kontrazeptionsberatung in der Adoleszentensprechstunde verlangt dem Gynäkologen ein hohes Maß an Aufmerksamkeit und Zuwendung ab, das nicht unvergütet bleiben darf. Handelt es sich bei der Minderjährigen um eine Privatpatientin, so hat der Arzt einen weiteren Anlaß, mit deren Einverständnis die Eltern hinzuzuziehen, wenn diese sich nicht sogleich engagierten. Der Honoraranspruch setzt einen Behandlungsvertrag voraus. Einen solchen kann die minderjährige Patientin selbst rechtswirksam nur mit Zustimmung ihrer Eltern abschließen[42]. Der Behandlungsvertrag gälte als von Anfang an wirksam, wenn die minderjährige Patientin das Honorar mit Mitteln bezahlte, die ihr zu diesem Zweck oder zu freier Verfügung von den Eltern oder mit deren Zustimmung von einem Dritten

---

39 Dies zeigen die Fiktion des § 219 d und das 5. Strafrechtsreformgesetz, vgl. *G. E. Hirsch,* MedR 1987, 14.

40 Art. 4 Abs. 1 GG.

41 *G. E. Hirsch,* Die „Pille danach", MedR 1987, 12-16 (15 f.).

42 §§ 107 ff. BGB.

überlassen worden waren[43]. Meist empfiehlt sich ein Arztvertrag, den die Eltern zugunsten ihrer Tochter schließen und aus dem sie selbst als Vertragspartner das Honorar schulden[44]. Keinesfalls darf der Arzt sich aber ohne Einwilligung seiner minderjährigen Patientin an deren Eltern wenden, um einen Honoraranspruch zu verfolgen. Das Diskretionsinteresse der Patientin steht eindeutig höher als das berechtigte finanzielle Begehren.

Besteht eine sozialrechtliche Familienversicherung, so hat die minderjährige Patientin kraft des Gesundheitsreformgesetzes einen eigenen Anspruch gegen den Sozialversicherungsträger, den sie mittels eines Krankenscheines einlösen kann[45]. Hat sie das fünfzehnte Lebensjahr vollendet, kann sie Anträge auf Sozialleistungen stellen sowie solche entgegennehmen. Der Leistungsträger freilich „soll den gesetzlichen Vertreter über die Antragstellung und die erbrachten Sozialleistungen unterrichten". Auch kann der gesetzliche Vertreter durch schriftliche Erklärung gegenüber dem Leistungsträger die sozialrechtliche Handlungsfähigkeit des Minderjährigen einschränken[46]. Die Schweigepflicht, der die Bediensteten der Krankenkasse unterliegen[47], hat das Gesetz also für antragsberechtigte Minderjährige im Verhältnis zu deren Eltern durchbrochen. Der verantwortliche Arzt wird auf diesen Umstand hinweisen, um der Minderjährigen in einer Verlegenheit oder Zwangslage den Ausweg eines Verzichts auf die Inanspruchnahme der Krankenkasse zu eröffnen.

Besorgnisse unter Gynäkologen hat die Frage geweckt, ob ein Arzt sich wegen Beihilfe zum sexuellen Mißbrauch von Kindern strafbar mache[48], wenn er einem Mädchen unter vierzehn Jahren die „Pille" verschreibe. Die Frage ist grundsätzlich zu verneinen, wobei sich die Bedeutung der Indikation aufs neue erweist. Eine indizierte Ordination bedeutet eine medizinisch gebotene, von der ärztlichen Hilfeleistungspflicht umfaßte, Vorteile und Gefahren abwägende Verordnung zum Wohl des Destinatärs oder der Destinatärin. Es liegt nicht im Normzweck des Strafgesetzes begriffen, den Arzt von der Ausübung seiner Berufspflicht abzuhalten, der dem strafrechtlich geschützten jungen Menschen Notlagen ersparen will. Subjektiv will der Arzt Schaden abwenden, nicht die Straftat eines anderen fördern. Mag die Medikation die Wahrscheinlichkeit sexueller Kontakte objektiv erhöhen, so bleibt das ärztliche Rezeptieren doch von dem überwiegenden Risiko einer Schwangerschaft mit allen ihren schädlichen Folgen für die Jugendliche geprägt. Dieser drohenden Gefahr entspringt die Indikation, die der Arzt zu stellen hat[49].

43 § 110 BGB: „Taschengeldparagraph".

44 Dabei kommt auch § 1357 BGB in Betracht; vgl. aber OLG Köln, VersR 1980, 1077.

45 § 10 Abs. 2 Ziffer 1 SGB V.

46 § 36 SGB I.

47 Vgl. § 203 Abs. 2 Nr. 1, 2 StGB.

48 § 176 StGB.

49 Im Ergebnis ebenso, freilich nicht eindeutig genug *H.-G. Koch*, Medical Tribune Nr. 9 v. 2.3.1990, 14, gegen *M. Bayer*, ebenda, Nr. 51 v. 22.12.1989, 2. Gegen die

Der Arzt, der nach gewissenhafter Abwägung des Für und Wider zum Wohl der Minderjährigen die Indikation begründetermaßen stellt und sich für die im wahren Wortsinne notwendige Medikation entscheidet, handelt nicht in einer Pflichtenkollision, sondern er verfährt auf die allein angemessene Weise. Seine Tat stellt sich dar nicht als ein Hilfeleisten für den sexuellen Mißbrauch eines Kindes, sondern als ein Akt wohlerwogener und angezeigter Fürsorge. Erkennt der Arzt indessen seine Patientin in einer sexuellen Zwangslage, etwa in Abhängigkeit von einem tyrannischen Stiefvater, so trifft ihn die Pflicht, Abhilfe zu ermöglichen etwa durch Inanspruchnahme staatlicher Stellen. Hier wäre die Pille geradezu kontraindiziert.

10. Die indizierte Verordnung oraler, nicht nidationshemmender Kontrazeptiva an Jugendliche erweist sich auch in juristischer Sicht als eine erlaubte und gebotene ärztliche Maßnahme, die freilich eingebunden bleibt in gesteigerte Sorgfalts- und Aufklärungspflichten. Über dem Verfahren liegen allerdings auch Schatten. Der Siegeszug der überaus praktikablen „Pille" hat tradierte sittliche Normen nicht nur verletzt, sondern im Bewußtsein vieler Menschen außer Kraft gesetzt. Die oralen Kontrazeptiva, tief in das Körpergeschehen eingreifende Hormone, haben sich als bequeme Mittel der Wahl weithin durchgesetzt, obwohl die Methoden der Natürlichen Familienplanung eine Alternative darstellen, die freilich Verzicht und Selbstdisziplin verlangt. Die Methoden der Natürlichen Familienplanung, auch Rhythmus-Methoden oder Verfahren der periodischen Abstinenz genannt, haben sich in einem durch das Bundesgesundheitsministerium geförderten Modellprojekt zur wissenschaftlichen Überprüfung und kontrollierten Vermittlung als Alternative durchaus bewährt[50]. Es bleibt zu hoffen, daß die natürlichen Verfahren der Familienplanung und Geburtenregelung sich weiter ausbreiten mögen, auch in der Geschlechtserziehung.

Die natürliche Methode kann und sollte bei Ehepaaren, die schon Kinder haben, durchaus zum Verfahren der Wahl werden. In dauerhafter Partnerschaft finden sich am ehesten Vertrauen, wechselseitige Rücksichtnahme und Selbstbescheidung, die gegeben sein müssen, wenn die unnatürliche und nur scheinbar vorzugswürdige Medikation vermieden bleiben soll. Bei Jugendlichen wird es an diesen Voraussetzungen oft fehlen. Die Verordnung der Pille mag sich dem Gynäkologen hier also um so eher empfehlen, obwohl sie mit der Gefahr einhergeht, die Sexualität zu einem bloßen Konsumgut verkümmern zu lassen. Eltern und Lehrer dürfen die Rolle des alleinigen Retters aus allen Nöten nicht dem

---

Strafbarkeit auch, unter Berufung auf ein nicht näher bezeichnetes Erkenntnis eines Kantongerichts, die Schweizerische Gesellschaft für Gynäkologie, vorst. Note 23, 59.

50 *G. Döring* (Red.), Natürliche Methoden der Familienplanung, Modellprojekt zur wissenschaftlichen Überprüfung und kontrollierten Vermittlung. Katholische Bundesarbeitsgemeinschaft für Beratung e. V., 1988 (Schriftenreihe d. Bundesministers für Jugend, Familie, Frauen und Gesundheit, Bd. 239). — Vgl. neuerdings auch *U. Brandenburg,* Das kirchliche Lehramt und die Empfängnisverhütung. Versuch eines Dialogs, Renovatio 47, 1991, 139 - 149.

Arzt zumuten. Sie haben vielmehr die Pflicht, das Bewußtsein der jungen Leute dafür zu wecken und zu vertiefen, daß die Geschlechtlichkeit mit Zuneigung, Hingabe und Liebe verbunden sein muß, wenn Glück und nicht Unglück aus ihr hervorgehen soll.

Wie bei der Abtreibung so zeigt sich bei der Verhütung auch der verantwortliche Arzt in seinen Möglichkeiten begrenzt. Als Hüter des Lebens und minister naturae vermag er auf Dauer nur zu bestehen, wenn ihn pflichtbewußte Erzieher, Publizisten, Politiker und Juristen in dem Bestreben unterstützen, den überlieferten, bewährten Berufsregeln zu folgen. Nur die Rechtsgemeinschaft als ganzes kann die „Innenweltzerstörung“ (Jürgen Borchert) abwenden.

IX. Sterilisation

1. Der Arzt kann die Unfruchtbarkeit (Sterilität) eines Menschen durch einen chirurgischen Eingriff herbeiführen, indem er die Ei- oder Samenleiter unterbricht oder funktionsunfähig macht. Im Unterschied zur Kastration bleiben dabei Libido und Fähigkeit zum Sexualverkehr erhalten. Für die Tubensterilisation bei der Frau stehen verschiedene Methoden zu Gebote: operative Unterbrechung der Eileiter in Laparotomie oder unter Pelviskopie durch Ligatur, Anbringen von Metall- oder Plastikklemmen, Elektrokoagulation, Teilexzision, Fimbriektomie oder Totalexstirptation. Beim Mann erfolgt die Sterilisation mittels Vasoresektion, einer Durchtrennung des Samenstrangs, wobei die Zeugungsfähigkeit erst nach Wochen erlischt. Der Eingriff beim Mann läßt sich wesentlich einfacher durchführen als die Sterilisation der Frau, weshalb die Vasoresektion in manchen Ländern als zu bevorzugende Methode gilt[1]. Medizinisch bestimmt sich die Wahl des Verfahrens bei der Frau nach den nicht gleichläufigen Kriterien der Zuverlässigkeit, der Ungefährlichkeit und der Reversibilität[2]. Die Möglichkeit der Refertilisierung bei sterilisierten Männern, ein operatives Verfahren der Urologie, gewinnt zunehmend Gewicht[3]. Indessen muß der Eingriff bei beiden Geschlechtern trotz der Erfolge refertilisierender Operationen noch immer als voraussichtlich eher irreversibel gelten.

Als familienplanerisches Instrument und Mittel definitiver Kontrazeption hat sich die Sterilisation in den Industrieländern, auch in der Bundesrepublik Deutschland, weithin durchgesetzt, obwohl ihr die Lehre der katholischen Kirche grundsätzlich entgegensteht. Die höchstrichterliche Spruchpraxis zum Familienplanungsschaden trug dem ihrerseits Rechnung. So hat der BGH „daran festgehalten, daß ein Fehler des Arztes bei der aus Gründen der Familienplanung gewünschten Sterilisation, der zur Geburt eines Kindes führt, Ersatzansprüche der Eltern wegen der Unterhaltsbelastung und einen Schmerzensgeldanspruch der Mutter wegen der Belastungen durch die Schwangerschaft auslösen kann“[4]. Das verbreitete

---

1 *Pschyrembel,* Klinisches Wörterbuch, ^{256}1990, 1586.

2 *H.-D. Hiersche,* Die Refertilisierung nach Eileiterunterbrechung, in: H.-D. Hiersche, G. Hirsch u. T. Graf-Baumann (Hg.), Die Sterilisation geistig Behinderter, 1988, 54-57.

3 *U. Engelmann* u. *R. Bürger,* Möglichkeiten der Refertilisation nach Sterilisation bei Männern, in dem in Fn. 2 genannten Sammelbd., 58-66. Nach überzeugendem Urteil des BSG besteht kein sozialversicherungsrechtlicher Anspruch auf Krankenhilfe für eine Refertilisierung nach bewußt und gewollt ohne medizinische Indikation herbeigeführter Unfruchtbarkeit, NJW 1986, 1572.

4 BGH, NJW 1984, 2625.

Verlangen nach familienplanerischer Selbstbestimmung hat die unabdingbare Frage nach der ärztlichen Indikation gedämpft.

Die Berufsregel verlangt eine Indikation. „Sterilisationen sind aus medizinischen, genetischen oder sozialen Gründen zulässig", so bestimmt die Berufsordnung[5]. Danach bleiben dem Arzt Eingriffe aus bloßer Gefälligkeit verwehrt, Operationen verboten, die nichts anderes als den Willen des Patienten oder der Patientin zum Anlaß nehmen.

In der Bundesrepublik Deutschland blieb die Sterilisation spezialgesetzlich ungeregelt. Die bestehende Rechtsunsicherheit geht zurück auf eine wechselvolle Gesetzgebungsgeschichte[6]. Ursprünglich erfaßten die §§ 223 ff. StGB Kastration und Sterilisation in gleicher Weise wie jeden anderen Eingriff in die körperliche Intergrität, bis diese Sachverhalte durch § 14 des Erbgesundheitsgesetzes[7] sowie durch den 1943 eingefügten § 226 b StGB eine eigene tatbestandliche Form erhielten. Danach durfte eine Sterilisation insbesondere dann stattfinden, wenn sie „zur Abwendung einer ernsten Gefahr für das Leben oder die Gesundheit" erforderlich war. Nachdem der Kontrollrat 1946 § 226 b StGB aufgehoben hatte, hielten die Gesetzgeber in einigen Bundesländern § 14 ErbGesG weiterhin als partielles Bundesrecht für anwendbar, während andere die §§ 223, 225 in Verbindung mit § 226a StGB für verbindlich achteten. Der BGH indessen zog im Dohrn-Urteil[8] aus dem Sondertatbestand des § 226 b und dessen späterer Aufhebung den Schluß, es gebe keine deutsche Strafvorschrift mehr, die freiwillige Sterilisation mit Strafe bedrohe. Diese Gesetzeslücke könne nur der Gesetzgeber schließen. „Der Senat hatte hiernach nicht darüber zu befinden, ob die Eingriffe des Angeklagten i. S. des § 226a StGB gegen die guten Sitten verstießen. Er hatte auch nicht zu der Frage Stellung zu nehmen, inwieweit derartige Sterilisierungen der ärztlichen Standespflicht widersprechen. Das ist Sache der zuständigen ärztlichen Gremien". Weil sich diese Argumentation normtheoretisch nicht halten läßt, erklärt die noch vorherrschende Ansicht den vor der Einführung des § 226b StGB geltenden Rechtszustand für maßgeblich: Die Sterilisation erfüllt, sofern sie nicht als Nebenfolge eines bereits anderweitig angezeigten Eingriffs — etwa einer Tumoroperation — eine Heilbehandlung darstellt, den Tatbestand der schweren Körperverletzung, die der Rechtfertigung durch Einwilligung bedarf und nur bei Vorliegen einer bestimmten Indikation als nicht sittenwidrig nach § 226a StGB gelten kann[9].

---

[5] § 6 Muster-Berufsordnung (seit 1970).

[6] *A. Eser,* in: A. Schönke u. H. Schröder, StGB-Kommentar, [24]1991, § 223 Rdnr. 54 u. 64.

[7] I. d. F. v. 26.6.1935, RGBl. I, 773.

[8] BGHSt 20, 81 = NJW 1965, 355, mit Ausführungen auch zur Rechtsgeschichte. Instruktiv *R. Wille,* Nachuntersuchungen an sterilisierten Frauen. „Der Fall Dr. Dohrn" zwölf Jahre danach, 1978.

[9] *A. Eser,* wie Fn. 6, Rdnr. 60, m. w. N.

Der VI. Zivilsenat knüpfte in einem Urteil des Jahres 1976[10] bei dem strafgerichtlichen Erkenntnis im Falle Dr. Dohrn an, das bei aller Kritik an den Gründen im Ergebnis durchweg Beifall erfahren habe. Daß die Zahl der Sterilisationen zunehme, auch bei erfülltem Kinderwunsch, nehme die Öffentlichkeit ohne Anstoß zur Kenntnis. Mit vorsichtigen Worten gab das Gericht der Selbstbestimmung des einzelnen Raum: „Auch die Wechselwirkungen der verfassungsrechtlichen Wertentscheidung mit der Sittenordnung dürfen nicht außer Betracht bleiben, wenn es darum geht, ob die Gerichte solcher Entscheidung aus dem innersten Bereich der Persönlichkeit aus Gründen der Sittlichkeit Beachtung zu versagen haben. Die Verfassung legt der staatlichen Gemeinschaft gegenüber Entscheidungen aus diesem Bereich Toleranz und Zurückhaltung auf. Deshalb ist für die Beurteilung, inwieweit die Gesellschaftsordnung die mit der Sterilisation verbundene Verkürzung der Persönlichkeit des einzelnen hinzunehmen hat, der Entscheidungsfreiheit des Betroffenen, die auch das Risiko des ‚unrichtigen Gebrauchs' zum Nachteil der eigenen Interessen mit umfaßt, besonderes Gewicht einzuräumen. Sie muß abgewogen werden mit dem, was der Betroffene durch den irreversiblen Verzicht auf seine Fortpflanzungsfähigkeit an Persönlichkeit aufgibt; das Ergebnis solcher Abwägung kann nach Lebensalter und jeweiliger Lebensgestaltung verschieden ausfallen. Ist aufgrund dieser objektiven Kriterien ein Verstoß gegen die guten Sitten nicht festzustellen, dann kann auch der Beweggrund, der dem Wunsch nach Sterilisation zugrundeliegt, ein sittliches Verdikt nicht rechtfertigen. Wo es um Selbstbestimmung und Eigenverantwortung geht, muß die Rangordnung in der Motivation zunächst der Einzelpersönlichkeit überlassen bleiben; dies gilt umso mehr, als dem Arzt nicht zugemutet werden kann, den Gründen für den Entschluß im einzelnen nachzugehen und sie auf ihre Berechtigung zu überprüfen. Andererseits darf nicht aus den Augen gelassen werden, daß die Verfassung dem einzelnen das Recht auf freie Entfaltung seiner Persönlichkeit insoweit nicht gewährt, als er gegen das Sittengesetz verstoßen würde (Art. 2 Abs. 1 GG)".

2. Mag die höchstrichterliche Spruchpraxis die Möglichkeiten der Sterilisation auch erweitert haben, so hob sie doch das Erfordernis einer Indikation keineswegs auf. Nach dem Gesetz dient der Arzt der Gesundheit des einzelnen Menschen und des gesamten Volkes[11]. Er übt die Heilkunde aus[12], das heißt, er stellt fest, heilt oder lindert berufsmäßig Krankheiten, Leiden oder Körperschäden beim Menschen[13]. Stets erhält das Wirken des Arztes „seine Bedeutung und seine Kompetenz erst durch die Anerkennung des Partners und der Gemeinschaft und

10 BGH, NJW 1976, 1790. Leitsatz: „Ein Arzt, der eine vierunddreißigjährige Frau und Mutter von drei Kindern unfruchtbar macht, wenn sie das wünscht, weil sie keine weiteren Kinder haben will, handelt nicht rechtswidrig".

11 BÄO § 1 Abs. 1.

12 BÄO § 2 Abs. 5.

13 Vgl. *H. Narr,* Ärztliches Berufsrecht, ^{2}1989, Bd. 1, Rdnr. 8 ff.

bedarf hierfür der wissenschaftlichen, rechtlichen und sittlichen Rechtfertigung"[14]. Neben den Rechtfertigungselementen der Einwilligung nach Aufklärung und der fachlichen Angemessenheit des Eingriffs hat die Indikation hohes und wachsendes Gewicht[15]. Das Fehlen einer Indikation führt den eingreifenden Arzt aus dem Feld seiner Pflichten hinaus und „entfremdet ihn damit seinen beruflichen Aufgaben"[16], auch wenn das Einverständnis des Behandelnden vorliegt, die Operation oder Medikation gar dessen drängendem Wunsch entspricht. Immer muß das ärztliche Tun und Lassen in unmittelbarem oder jedenfalls mittelbarem Zusammenhang des Heilauftrags stehen.

Eine Regel, die Gefälligkeitssterilisationen zuließe, den einverständlichen Eingriff also schlechthin im Interesse eines Ausschlusses jeglichen Schwangerschaftsrisikos erlaubte, gefährdete nicht nur das Rechtsgut der menschlichen Fertilität, sondern auch den ärztlichen Beruf in seiner herkömmlichen Gebundenheit an den Heilauftrag[17].

Danach darf der Arzt eine Frau sterilisieren, wenn er dadurch Lebens- oder Gesundheitsgefahren im Gefolge einer Schwangerschaft abwenden will. Neben dieser medizinischen kann auch die medizinisch-soziale Indikation als allgemein anerkannt gelten. Dabei braucht sich die gesundheitliche Gefahr nicht unbedingt aus somatischen oder psychischen Umständen zu ergeben; sie kann auch aus sozialen Umständen folgen. Strafrechtlich im Streit blieb, ob auch rein soziale Gründe wie eine belastende Zahl von Kindern, wirtschaftliche Enge oder berufliche Bewandtnisse eine Sterilisation rechtfertigen können. Obwohl sich dagegen der Vorrang staatlicher oder karitativer Hilfen anführen läßt, wächst die Zahl der Befürworter. Dieser Position sei, so Albin Eser[18], „nicht zuletzt deshalb zuzustimmen, weil bei sozialer Indikation sogar der weitaus gravierendere Fall von Schwangerschaftsabbruch gerechtfertigt wird (§ 218a 2 Nr. 3 StGB) und eine präventive Sterilisation demgegenüber das zweifellos kleinere Übel darstellt". Auch wer die genannte Indikation zum Schwangerschaftsabbruch nicht für einen Rechtfertigungsgrund hält[19], wird dem Argument die Plausibilität nicht

---

14 *E. Seidler,* Arzt, in: Staatslexikon I, ^{7}1985, Sp. 366.

15 *A. Laufs,* Der ärztliche Heilauftrag aus juristischer Sicht, 1989.

16 *G. Schwalm,* Kastration, Sterilisation und Einwilligung in strafrechtlicher Sicht, in: A. Mergen (Hg.)., Die juristische Problematik in der Medizin, Bd. III, 1971, 200-250 (236).

17 So zutreffend und immer noch gültig *Schwalm,* vorst. Fn., 236 f., der die Erforderlichkeit einer „Heilhilfetendenz" annimmt und eine zwingende Indikationsregelung fordert.

18 *A. Eser,* Sterilisation in rechtlicher und rechtspolitischer Sicht, in: A. Eser u. H. A. Hirsch (Hg.), Sterilisation und Schwangerschaftsabbruch. Eine Orientierungshilfe zu medizinischen, psychologischen und rechtlichen Fragen. Einschlägige Bundesgesetze und Länderbestimmungen im Anhang, 1980, 55-68 (59); ebenso im Kommentar, Fn. 6, Rdnr. 61, dort, auch zum übrigen, weitere Literatur.

19 Die Einwände gegen die Rechtfertigungsthese sind begründet, vgl. *H. Tröndle,* StGB-Kommentar, ^{45}1991, vor § 218, Rdnr. 8h u. 9.

absprechen können. Aus ähnlichem Grund läßt sich auch bei der eugenisch indizierten Verhinderung von möglicherweise erbgeschädigtem Nachwuchs das Merkmal der Sittenwidrigkeit verneinen, wodurch das Lebensrecht Kranker und Behinderter ungeschmälert bleibt.

Die soziale Indikation bringt den Arzt in eine Rolle, wie sie der problematische Gesundheitsbegriff der Constitution of the World Health Organization nahelegt: „Health is a state of complete physical, mental and sozial well-being and not merely the absence of disease or infirmity“[20]. Auch läßt sich bezweifeln, ob die medizinische Kompetenz und die Erkenntnismittel des Arztes diesem regelmäßig zuverlässige soziale Befunde und Prognosen ermöglichen. Indessen bedeutet die Gebundenheit an eine Indikation von undeutlicher Kontur immerhin die ärztliche Aufgabe, alle Umstände des Falles nach Kräften aufzuhellen und abzuwägen mit dem Ziel, das persönliche Wohl der Patientin oder des Patienten nach bestem Wissen und Gewissen zu befördern. Diese Aufgabe erfordert einen eigenen Entschluß und begründet eine eigene Verantwortlichkeit des Arztes. Sie gibt diesem damit auch das Recht, sich bei fehlender oder zweifelhafter Indikation zu versagen.

Dürfte der Arzt ohne Indikation sterilisieren, bräuchte er nur die Einsichts- und Entschlußfähigkeit seiner Klientin und die Ernsthaftigkeit ihres Wunsches zu prüfen, wobei er die rechtspolitisch geforderte, in der Praxis vielfach eingehaltene Altersgrenze von fünfundzwanzig Jahren[21] beachten könnte. Ob er sich damit strafbar machte, erscheint zweifelhaft. Soll der Mensch eine so wesentliche personale Funktion wie die seiner Fortpflanzungsfähigkeit ohne jeden Vorbehalt zerstören lassen dürfen? Darf der Arzt einem solchen Ansinnen ohne weiteres Folge leisten? Strafrechtlich geht es allein darum, ob der Gefälligkeitssterilisation der Makel der Sittenwidrigkeit derart eindeutig anhaftet, wie dies für die Unbeachtlichkeit der Einwilligung erforderlich wäre[22]. Nachdem bereits zahlreiche namhafte Autoren ein solches Verdikt verweigern[23], fällt es schwer, ein eindeutiges Sittenwidrigkeitsurteil zu fällen. Für § 226 a StGB bildet die Berufsethik zwar einen gewichtigen, indessen keinen letztverbindlichen Maßstab; denn mag die Standesethik ihre Grundlage auch im allgemeinen Sitten- und Rechtsbewußtsein haben, so repräsentiert sie diese doch nicht schlechthin[24].

Wie bei der artifiziellen Reproduktion spielt auch bei der Sterilisation die Sozialversicherung eine legitimierende Rolle[25]: Die Praxis geht dahin, eine von

---

20 Kritisch dazu etwa *W. Bachmann,* MMW 1977, 349.

21 *H.-G. Koch,* Sterilisation (Recht), in: A. Eser, M. v. Lutterotti u. P. Sporken (Hg.), Lexikon Medizin, Ethik, Recht, 1989, Sp. 1110.

22 § 226 a StGB.

23 Nachweise bei *A. Eser,* Fn. 18.

24 *H.-J. Rieger,* Lexikon des Arztrechts, 1984, Sterilisation, Rdnr. 1727, im Anschluß an *A. Eser.*

25 *A. Eser* u. *H.-G. Koch,* Aktuelle Rechtsprobleme der Sterilisation, MedR 1984, 6-13, m. w. N. Vgl. §§ 200 f. u. g RVO; § 1 Abs. 2 Lohnfortzahlungsges.

einem Arzt mit Einwilligung eines volljährigen Versicherten vorgenommene Sterilisation regelmäßig als nicht rechtswidrig zu werten und eine Nachprüfung der Rechtmäßigkeit durch die Träger der gesetzlichen Krankenversicherung nicht vorzusehen. Während die Leistungspflicht der gesetzlichen Krankenversicherung auch die Übernahme von Kosten für eine nicht rechtswidrige Sterilisation umfaßt, treten die privaten Krankenversicherer für medizinisch nicht indizierte Eingriffe regelmäßig nicht ein[26].

Erscheint die Strafbarkeit der nicht, also auch nicht sozial indizierten Sterilisation zweifelhaft, so steht doch das Verbot von Gefälligkeitseingriffen berufsrechtlich fest. Daran haben auch die Richtlinien des Bundesausschusses der Ärzte und Krankenkassen über sonstige Hilfen (Ärztliche Maßnahmen zur Empfängnisregelung, zur Sterilisation und zum Schwangerschaftsabbruch[27]) im Jahr 1976 nichts geändert, wenngleich diese Maßgaben keine Regeln zur Indikation enthalten: „Da die Sterilisation die Fähigkeit zur Zeugung oder Empfängnis auf Dauer beseitigt, darf sie nur nach eingehender ärztlicher Aufklärung der Versicherten über die Folgen und die Bedeutung des Eingriffs ausgeführt werden; sie soll nur erfolgen, nachdem die Versicherten über andere Möglichkeiten der Empfängnisverhütung beraten worden sind. Der Arzt darf eine Sterilisation erst dann ausführen, wenn die Voraussetzungen für eine nicht rechtswidrige Sterilisation gegeben sind. Über die Ausführung der Sterilisation soll der Arzt unter Berücksichtigung der individuellen Gegebenheiten des Einzelfalles und nach einer ärztlichen Untersuchung zur Klärung der technischen Ausführbarkeit und Wahl der geeigneten Operationsmethode entscheiden". Diese Richtlinien haben das berufsordnende Satzungsrecht der Ärztekammer nicht geändert; sie konnten es auch nicht. Immerhin deuteten auch die Richtlinien auf die Rechtsunsicherheiten hin, die aus der unzulänglichen Gesetzeslage folgen.

Die berufsrechtliche Indikationenregelung bedarf zu ihrer Verbindlichkeit keiner strafrechtlichen Sanktion. Eine Gesetzesnovelle zeichnet sich nicht ab. In der bisherigen rechtspolitischen Diskussion und den Gesetzentwürfen traten die Indikationen zurück[28]. Der Alternativentwurf eines Strafgesetzbuches kombinierte ein Alters- und ein Indikationsmodell: Den Sterilisationswilligen, der das fünfundzwanzigste Lebensjahr vollendet und sich einer Beratung unterzogen hat, soll der Arzt operieren dürfen, ohne nach besonderen Rechtfertigungsgründen suchen zu müssen. Bei Jüngeren soll der Eingriff nur bei medizinischer oder eugenischer Indikation erlaubt sein[29]. Der Regierungsentwurf von 1972 verlangte für die Sterilisation von Personen über fünfundzwanzig Jahren keinerlei Indikationsgrund. Für Personen von geringerem Alter sollte ein Indikationskata-

---

26 *H. Narr*, Ärztliches Berufsrecht, ²1989, Bd. 2, Rdnr. 826, m. w. N.

27 Sonstige Hilfen-Richtlinien, wiedergegeben als Anhang D bei *A. Eser* u. *H. A. Hirsch*, Fn. 18, 262 ff., 264, Fassung 1987, in: F. Aichberger (Hg.), SGB RVO, Nr. 249.

28 Vgl. *A. Eser*, Fn. 18, 64 ff.

29 Hier soll also das Selbstschutzprinzip gelten, der Gedanke des Schutzes vor sich selbst.

log mit vier Gründen gelten: als Fall der medizinischen Anzeige die Abwendung einer Gefahr für das Leben oder den Gesundheitszustand der Frau; als eine Art sozialer Indikation der Umstand, daß die zum Eingriff anstehende Frau bereits vier Kinder geboren hatte. Die eugenische Indikation soll insoweit gelten, als Grund für die Annahme besteht, daß unter der Nachkommenschaft der zu sterilisierenden mindestens achtzehnjährigen Person infolge einer Erbanlage eine nicht behebbare schwere Schädigung des Gesundheitszustandes aufträte. Anders als bei der eugenischen Indikation zum Schwangerschaftsabbruch, bei dem es letztlich auf die Unzumutbarkeit für die Schwangere ankommt, soll bei der Sterilisation alleiniges Kriterium die Belastetheit der Nachkommenschaft sein. Schließlich sollte der Mann durch die erlaubte vikariierende Sterilisation die Möglichkeit erhalten, das bei ihm meist geringere Komplikationsrisiko an Stelle seiner Frau zu übernehmen, ein Vorschlag, der sich bereits nach geltendem Recht anwenden läßt[30].

3. Neben der Indikation bedarf der Arzt des Einverständnisses seines voll einwilligungsfähigen Patienten. Das Vorliegen einer Indikation macht eine Einwilligung keineswegs überflüssig[31]. Immer also muß eine wirksame Einwilligung den angezeigten Eingriff decken[32]. Für die Einwilligungsfähigkeit kommt es weder allein auf Volljährigkeit, noch auf bloße zivilrechtliche Geschäftsfähigkeit an, sondern auf die konkrete Einsichts- und Urteilsfähigkeit, die der Arzt im Einzelfall kritisch, erforderlichenfalls unter Inanspruchnahme eines Konsiliarius zu prüfen hat. Den Arzt trifft die Pflicht, sich zu vergewissern, daß sein Patient Bedeutung und Tragweite der Sterilisation, deren Risiken und Folgen, die Versagerquote und Refertilisierungschance nach den erforderlichen Informationen einzusehen und abzuschätzen, auch seinen Willen danach frei zu bestimmen vermag.

Manche Autoren wollen unter Hinweis auf nicht Gesetz gewordene Vorschläge und in Analogie zu § 2 Abs. 1 Nr. 3 des Kastrationsgesetzes die Einwilligungsfähigkeit an das vollendete fünfundzwanzigste Lebensjahr knüpfen. Indessen stellt die Kastration einen wesentlich schwerwiegenderen Eingriff dar als die Sterilisation. Auch brächten diese Vorschläge einen inneren Widerspruch in ein Rechtssystem, das dem Voll-, also Achtzehnjährigen die uneingeschränkte Fähigkeit zuerkennt, schwierigste Lebensfragen auch medizinischer Art selbst zu verantworten. Darum können Volljährige, die weder geistig noch seelisch gestört sind, grundsätzlich in Operationen einwilligen.

---

30 Vgl. *A. Eser*, Fn. 6, Rdnr. 61 a. E. u. Fn. 18, 59, m. w. N.

31 Umgekehrt läßt sich das Fehlen einer Indikation nicht durch den informed consent ersetzen. — Fälle der medizinisch-prophylaktischen Indikation, in denen der Arzt in der Not ohne Einverständnis sollte handeln dürfen, lassen sich kaum denken.

32 Instruktiv *Th. Lenckner*, Einwilligung in Schwangerschaftsabbruch und Sterilisation, in: A. Eser u. H. A. Hirsch (Hg.), Sterilisation und Schwangerschaftsabbruch, 1980, 173 - 197, auch zum Folgenden. Vgl. ferner *A. Eser* u. *H.-G. Koch*, MedR 1984, 8 f.

Wer die Einwilligungsfähigkeit bei gesunden Erwachsenen bis zu einem gewissen Alter generell ausschließen wollte, schränkte damit auf verdeckte Weise die Dispositionsbefugnis ein — ein Schritt, der dem Gesetzgeber vorbehalten bleiben muß. Indessen wird jungen Volljährigen vielfach die Reife fehlen, ohne die sich ein so schwerwiegender Entschluß wie der zur Sterilisation nicht verantwortlich treffen läßt. Anders als regelmäßig bei größeren Heiloperationen geht es dabei, abgesehen von Fällen der medizinischen Anzeige, grundsätzlich nicht um vitale Indikationen, die meist keine Alternative lassen. Ähnlich wie bei der Organspende unter Lebenden muß die freie Verantwortlichkeit klar und zweifellos feststehen. Die sich im Zeichen hoher gesellschaftlicher Mobilität häufenden Wünsche nach Refertilisierung müssen den Arzt zur Vorsicht mahnen. Aus Unreife und Unerfahrenheit entspringen leichtfertige und oft genug verhängnisvolle Entschlüsse. Lebensumstände und Argumentationsweise des oder der die Sterilisation Begehrenden werden vielfach Fingerzeige für ein Urteil über die Reife geben.

Bei jüngeren Volljährigen wird sich überdies und zuvor die Frage nach der Begründetheit des Begehrens stellen. Ausgeschlossen bleibt die soziale Indikation; denn bei jüngeren Menschen mag die Notlage nur als vorübergehende bestehen, während die Sterilisation einen endgültigen Zustand schüfe. Auch die medizinisch-prophylaktische Indikation wird bei jüngeren Volljährigen kaum ernsthaft in Betracht kommen. Dabei darf kein anderes Mittel der Empfängnisverhütung zu Gebote stehen, auch muß der Arzt den Eingriff im Dienste der Gefahrenabwehr für unverzichtbar halten, wobei die Prognose im Blick auf die drohende gesundheitliche Unbill ein hohes Maß an Sicherheit aufzuweisen hat. Anders verhält es sich hingegen auch bei jungen Patienten oder Patientinnen in den Fällen der medizinisch-therapeutischen Indikation, bei der eine gegenwärtige Krankheit einen die Fruchbarkeit beseitigenden Eingriff erfordert. Eine solche Operation darf und soll der Arzt nach den Regeln vornehmen, die für den Heileingriff allgemein gelten. Bei einem jungen, wenngleich volljährigen Menschen, bei dem sich hinlängliche Gründe für die Annahme erkennen lassen, daß er infolge einer Erbanlage schwer geschädigte Nachkommen zur Welt brächte, bei dem also die genetische oder eugenische Indikation besteht, wird der Arzt die Einwilligungsfähigkeit von Fall zu Fall festzustellen haben und bei der für Laien oft nur schwer begreiflichen Problematik Zurückhaltung üben.

Die Volljährigkeitsgrenze stellt eine Mindestvoraussetzung der Einwilligungsfähigkeit dar, die der Arzt im Einzelfall jeweils eigens festzustellen hat. Je älter und damit je reifer und erfahrener ein Mensch, desto eher wird er rechtsgültig in eine Sterilisation einwilligen können. Die Einwilligungsproblematik lehrt auf ihre Weise, wie notwendig die verschiedenen Indikationen sind. Nur der Arzt genügt seiner Berufspflicht, der Indikation und konkrete Einwilligungsfähigkeit streng, bei jüngeren Menschen mit gesteigerter Umsicht und Reserve prüft[33].

---

33 Der Einwand von *D. Schwab*, Schwangerschaftsverhütungsmethoden unter besonderer Berücksichtigung der Sterilisation in der Anwendung für einsichtsunfähige Men-

Dabei mag ein hohes Gewicht der objektiven Gründe, also der Indikation, letzte Zweifel an der vollen Erkenntnis- und Willensfähigkeit des Betroffenen mildern, wie umgekehrt eine ausgeprägte Fähigkeit zur Selbstbestimmung den Entschluß des Arztes zum Eingriff erleichtert[34].

4. Überaus ernste Fragen wirft die Sterilisation geistig Behinderter auf, sofern ihnen die Einwilligungsfähigkeit im Rechtssinne fehlt. Es geht vornehmlich darum, ob es für Personen, die den Eingriff nicht selbst voll verantworten können, in einer so weitreichenden und höchstpersönlichen Angelegenheit eine stellvertretende Willensbildung geben darf. Die Zwangssterilisationen im Zeichen des Hakenkreuzes mahnen[35]. Eine Entschließung des Deutschen Bundestages aus dem Jahre 1988 stellte eigens fest, die durch das Erbgesundheitsgesetz vorgesehenen und auf dessen Grundlage vorgenommenen Zwangssterilisationen seien nationalsozialistisches Unrecht gewesen und müßten als solche der Ächtung verfallen[36]. Unter den Begriff der Zwangssterilisation lassen sich im weiteren Sinne alle unfruchtbar machenden Eingriffe fassen, die jedenfalls ohne den wirksamen Willen des Betroffenen erfolgen[37].

In der anspruchsvollen westdeutschen rechtspolitischen Diskussion ragen die Ratschläge der Deutschen Gesellschaft für Medizinrecht hervor[38]. Die Empfehlungen stellen mit Grund an ihren Anfang den Satz: „Der geistig behinderte Mensch bedarf des besonderen Schutzes der Gesellschaft und der Rechtsordnung". Sofern Einsichtsfähigkeit auch nur ansatzweise als natürliche besteht, dürfe eine Sterilisation nur mit Einwilligung des Patienten oder der Patientin erfolgen. Als Voraussetzungen empfehlen die Richtlinien die folgenden Kriterien: „3. Ist Einsichtsfähigkeit, wenn auch nur ansatzweise (‚natürliche Einsichtsfähigkeit') vorhanden, darf eine Sterilisation des / der Behinderten nur mit seiner /

---

schen aus zivilrechtlicher Sicht, in: Th. Neuer-Miebach u. H. Krebs (Hg.), Schwangerschaftsverhütung bei Menschen mit geistiger Behinderung — notwendig, möglich, erlaubt?, 1988, 136-149 (140) gegen die „hinausgezogenen Mündigkeiten" sticht nicht: es geht nicht um rechtsgeschäftliche Einlassungen. Es geht gewiß um schwierige Abwägungen im Einzelfall, doch die sind dem Arzt abzuverlangen. Daß sie auch zum psychiatrisch kompetenten Spezialisten führen können, spricht nicht gegen die Theorie von der natürlichen Einsichts- und Urteilsfähigkeit.

34 Vgl. auch *D. Schwab*, vorst. Fn., 145.

35 *G. Bock*, Zwangssterilisation im Nationalsozialismus, 1986; *C. Ganssmüller*, Die Erbgesundheitspolitik des Dritten Reiches, 1987; *K. Nowak*, „Euthanasie" und Sterilisierung im „Dritten Reich", ^{3}1984; *K. H. Roth*, Erfassung zur Vernichtung, 1984.

36 Vgl. BT-Drucks. 11 / 143, 1714; BT-Prot. 11, 5180 ff.

37 *E. Horn*, Schwangerschaftsverhütungsmethoden unter besonderer Berücksichtigung der Sterilisation einsichtsunfähiger Menschen aus strafrechtlicher Sicht, in: Th. Neuer-Miebach u. H. Krebs (Hg.), vgl. Fn. 33, 127-135 (129).

38 *H.-D. Hiersche, G. Hirsch* u. *T. Graf-Baumann* (Hg.), Die Sterilisation geistig Behinderter. 2. Einbecker Workshop der DGMR, 1988. Aus der neueren Literatur *G. Hirsch* und *H.- D. Hiersche*, Sterilisation geistig Behinderter, MedR 1987, 135-140; *E.-M. Fischer*, Zwangssterilisation geistig Behinderter?, iur. Diss. Bremen 1989; sehr wertvoll der von *Th. Neuer-Miebach* u. *H. Krebs* hg. Sammelband, vorst. Fn. 33.

ihrer Einwilligung erfolgen. Keinesfalls darf Gewalt zur Durchführung des Eingriffs angewandt werden. 4. Die Sterilisation geistig Behinderter, die nicht willensfähig sind, darf erfolgen, wenn 1. das konkrete Risiko einer Schwängerung gegeben ist, das nicht durch andere, die Betroffenen weniger belastende Maßnahmen vermieden werden kann, 2. keine andere Form der sicheren Schwangerschaftsverhütung fachlich verantwortbar möglich ist, 3. im konkreten Fall mit keiner psychischen Weiterentwicklung zu rechnen ist und erfolglos versucht wurde, die Notwendigkeit einer Sterilisation durch intensive sexualpädagogische Maßnahmen und eingehende Beratung der Sorgeberechtigten zu beseitigen. Gegenstand der Beratung muß auch sein, daß eigene Befürchtungen der Sorgeberechtigten und die Erleichterung ihrer Erziehungsarbeit allein eine Sterilisation nicht rechtfertigen. 5. Eine Sterilisation nach Ziffer 4 setzt weiter voraus, daß 1. sie angezeigt ist, um eine Gefahr für das Leben oder die Gefahr einer schwerwiegenden Beeinträchtigung des körperlichen oder seelischen Gesundheitszustandes des / der Behinderten zu vermeiden, 2. dringende Gründe für die Annahme sprechen, daß ein Kind des / der Behinderten an einer nicht behebbaren, schweren Schädigung seines Gesundheitszustandes leiden und dies das Wohl des / der Behinderten beeinträchtigen würde, oder 3. der / die Behinderte durch die Erziehung und Betreuung eines Kindes auf Dauer körperlich oder seelisch überfordert wäre“[39].

Diese wohlerwogenen Maßgaben wollen der Sterilisation vom Menschen mit dauerhafter Intelligenzschwäche erheblichen Grades[40] nicht ein Feld erschließen, sondern Eltern, Betreuern, begutachtenden Ärzten und Operateuren in einer Grauzone vielfach praktizierter Eingriffe Kriterien und Grenzen aufweisen und damit die Rechtssicherheit vergrößern. Mit vollem Recht erscheint das Wohl des Behinderten als oberstes Ziel, dem alle Maßnahmen zu dienen haben. Der Wille des Behinderten verlangt unbedingten Respekt, sofern die Einsichtsfähigkeit des oder der Betroffenen auch nur eingeschränkt besteht. Eine eng gefaßte Indikation setzt deutliche Schranken. Wie beim Schwangerschaftsabbruch erhalten eugenische Zwecke keinen Raum. Der Arzt darf nicht sterilisieren, um der Gemeinschaft Lasten zu ersparen oder um belastetes Leben nicht entstehen zu lassen. Die für die geistig Behinderten Verantwortlichen schulden behutsamen Umgang mit deren Sexualität. Die Sterilisation bleibt ultima ratio im Dienste des oder der Behinderten.

Wiederholten Anrufen folgend, hat der Gesetzgeber nunmehr einen wesentlichen Teil der Fragen aufgenommen und geregelt. Das am 1. Januar 1992 in

---

39 *H.-D. Hiersche, G. Hirsch* u. *T. Graf-Baumann* (Hg.), vorst. Fn. 38, 183 f.

40 Früher als Schwachsinn, fachlich als Oligophrenie bezeichnet. Die geistige Behinderung tritt in unterschiedlichen Graden auf. Geistig behindert sind „im wesentlichen diejenigen Kinder, die die Sonderschule für geistig Behinderte besuchen und in einer Sonderschule für Lernbehinderte nicht mehr hinreichend gefördert werden können“; *R. Lempp* in dem oben, Fn. 38, angeführten Sammelband von H.-D. Hiersche, G. Hirsch u. T. Graf-Baumann, 20.

Kraft getretene Gesetz zur Reform des Rechts der Vormundschaft und Pflegschaft für Volljährige[41] führte die Betreuung ein: „Kann ein Volljähriger auf Grund einer psychischen Krankheit oder einer körperlichen, geistigen oder seelischen Behinderung seine Angelegenheiten ganz oder teilweise nicht besorgen, so bestellt das Vormundschaftsgericht auf seinen Antrag oder von Amts wegen für ihn einen Betreuer"[42]. Die Vorschrift zur Sterilisation[43] hat folgenden Wortlaut: „(1) Besteht der ärztliche Eingriff in einer Sterilisation des Betreuten, in die dieser nicht einwilligen kann, so kann der Betreuer nur einwilligen, wenn 1. die Sterilisation dem Willen des Betreuten nicht widerspricht, 2. der Betreute auf Dauer einwilligungsunfähig bleiben wird, 3. anzunehmen ist, daß es ohne die Sterilisation zu einer Schwangerschaft kommen würde, 4. infolge dieser Schwangerschaft eine Gefahr für das Leben oder die Gefahr einer schwerwiegenden Beeinträchtigung des körperlichen oder seelischen Gesundheitszustandes der Schwangeren zu erwarten wäre, die nicht auf zumutbare Weise abgewendet werden könnte, und 5. die Schwangerschaft nicht durch andere zumutbare Mittel verhindert werden kann. Als schwerwiegende Gefahr für den seelischen Gesundheitszustand der Schwangeren gilt auch die Gefahr eines schweren und nachhaltigen Leidens, das ihr drohen würde, weil vormundschaftsgerichtliche Maßnahmen, die mit ihrer Trennung vom Kind verbunden wären (§§ 1666, 1666a), gegen sie ergriffen werden müßten. (2) Die Einwilligung bedarf der Genehmigung des Vormundschaftsgerichts. Die Sterilisation darf erst zwei Wochen nach Wirksamkeit der Genehmigung durchgeführt werden. Bei der Sterilisation ist stets der Methode der Vorzug zu geben, die eine Refertilisierung zuläßt".

Die Vorschrift regelt die Sterilisation einwilligungsunfähiger Volljähriger. Die Norm verbietet uneingeschränkt den gegen den natürlichen Willen des Betreuten verstoßenden Zwangseingriff, ebenso Sterilisationen im Interesse der Allgemeinheit wie der Verwandten des Betreuten. Auch untersagt das Gesetz die Sterilisation zum Wohl des ungezeugten Kindes. Hinzu tritt ergänzend ein striktes Verbot der Sterilisation Minderjähriger (§ 1631c BGB), ferner die Notwendigkeit, für die Entscheidung über die Einwilligung in eine Sterilisation einen besonderen Betreuer zu bestellen (§ 1899 Abs. 2 BGB)[44]. Damit hat der Gesetzgeber den richtigen Kurs eingeschlagen, der den in der Praxis Verantwortlichen freilich manche Last und Sorge beläßt.

---

41 Vom 12.9.1990, BGBl. I, 2002 (Betreuungsgesetz).

42 § 1896 Abs. 1 S. 1 n. F. BGB.

43 § 1905 BGB n. F.

44 Vgl. den Kommentar von *J. Damrau* u. *W. Zimmermann*, Betreuungsgesetz. Gesetz zur Reform des Rechts der Vormundschaft und Pflegschaft für Volljährige, 1991, 144 ff. Ferner instruktiv und übersichtlich *H. Franzki*, Rechtliche Voraussetzungen für die Sterilisation geistig behinderter Frauen, in: W. Heidenreich u. G. Otto (Hg.), Sterilisation bei geistiger Behinderung, 1991, 14 - 20. Siehe auch *H. G. Lenhard* u. *K. Müller*, Sterilisation geistig behinderter Mädchen, Gynäkologe 1991, 87 - 90.

Auswahlbibliographie

(weitere und speziellere Titel sind in den Fußnoten aufgeführt)

I. Die Aufgabe

Beckmann, Dorothee / *Istel,* Karin / *Leipoldt,* Michael / *Reichert,* Hansjörg (Hg.): Humangenetik — Segen für die Menschheit oder unkalkulierbares Risiko?, 1991.

Bettendorf, Gerhard / *Breckwoldt,* Meinert (Hg.): Reproduktionsmedizin, 1989.

Bernat, Erwin: Fortpflanzungsmedizin und Recht. Bemerkungen zum Stand der Gesetzgebung in Österreich, Deutschland und Großbritannien, in: MedR 1991, 308 ff.

— (Hg.): Fortpflanzungsmedizin. Wertung und Gesetzgebung. Beiträge zum Entwurf eines Fortpflanzungshilfegesetzes, 1991.

Deutsch, Erwin: Arztrecht und Arzneimittelrecht, 2. Aufl. 1991.

Eser, Albin / *Künschner,* Alfred (Hg.): Recht und Medizin (Wege der Forschung Bd. 650), 1990.

Eser, Albin / *Koch,* Hans-Georg / *Wiesenbart,* Thomas (Hg.): Regelungen der Fortpflanzungsmedizin und Humangenetik. Eine internationale Dokumentation gesetzlicher und berufsständischer Rechtsquellen, 2 Bde., 1990.

Giesen, Dieter: Probleme künstlicher Befruchtungsmethoden beim Menschen, in: JZ 1985, 652 ff.

— Rechtsprobleme künstlicher Befruchtungstechniken, in: Zur christlichen Berufsethik, Kirche im Gespräch (Bistum Essen) 4, 1986, 24 ff.

— Moderne Fortpflanzungstechniken im Lichte des deutschen Familienrechts, in: Festschrift für Hegnauer, 1986, 55 ff.

— Ethische und rechtliche Probleme am Ende des Lebens, in: JZ 1990, 929 ff.

Höffe, Otfried: Kategorische Rechtsprinzipien. Ein Kontrapunkt der Moderne, 1990.

Koslowski, Peter / *Kreuzer,* Philipp / *Löw,* Reinhard: Die Verführung durch das Machbare. Ethische Konflikte in der modernen Medizin und Biologie, 1983.

Laufs, Adolf: (Jährlich erscheinender) Arztrechtlicher Berichtsaufsatz, jeweils in Heft 24 der NJW, 1977 - 1991.

— Arzt und Recht im Wandel der Zeit, in: MedR 1986, 163 ff.

— Rechtliche Grenzen der Fortpflanzungsmedizin, 1987.

— Arztrecht, 4. Aufl. 1988.

Laufs, Adolf / *Uhlenbruck,* Wilhelm (Ges.-Red.; mit Beiträgen von Herbert Genzel, Bernd-Rüdiger Kern, Dieter Krauskopf, Gerhard H. Schlund u. Klaus Ulsenheimer): Handbuch des Arztrechts, 1992.

Lübbe, Hermann: Der Lebenssinn der Industriegesellschaft. Über die moralische Verfassung der wissenschaftlich-technischen Zivilisation, 1990.

Spaemann, Robert: Über den Begriff der Menschenwürde, in: Scheidewege 15, 1985 / 86, 20 ff.

Stepan, Jan (Hg.): International Survey of Laws on Assisted Procreation, 1990.

Thomas, Hans: Ethik und Pluralismus finden keinen Reim. Die Ethikdiskussion um Reproduktionsmedizin, Embryonenforschung und Gentherapie, in: Scheidewege 20, 1990 / 91, 121 ff.

II. Die Gynäkologie — ein gefährlicher Beruf

Amberg, Ernst-Heinz: Genetik und Menschenbild — Bemerkungen aus christlicher Sicht, in: Anna M. Wobus u. Ulrich Wobus (Hg.), Genetik zwischen Furcht und Hoffnung, 1991, 103 ff.

Franzki, Harald: Arzthaftung in ihrer gesellschaftspolitischen Bedeutung, in: Versicherungsmedizin 1990, 1 ff.

Hepp, Hermann: Zur Position des Gynäkologen im Wandel der Schwangerschafts- und Geburtsmedizin, in: H. A. Krone (Hg.), Bamberger Symposion. 16. bis 18. März 1990. Die Entwicklung der Geburtshilfe in den vergangenen 30 Jahren. Kritische Bilanz und Zukunftsperspektiven, 1990, 64 ff.

Hiersche, Hans-Dieter: Perinatologie und Geburtshilfe unter medizinisch-rechtlichen Gesichtspunkten. Ausgewählte Probleme, MedR 1990, 309 ff.

Kern, Bernd-Rüdiger / *Laufs,* Adolf: Die ärztliche Aufklärungspflicht. Unter besonderer Berücksichtigung der ärztlichen Spruchpraxis, 1983.

Laufs, Adolf: Der ärztliche Heilauftrag aus juristischer Sicht, 1989.

— Arztrecht und Grundgesetz, in: R. Mußgnug (Hg.), Rechtsentwicklung unter dem Grundgesetz. Ringvorlesung der Juristischen Fakultät der Ruprecht-Karls-Universität Heidelberg, 1990, 145 ff.

Sass, Hans-Martin / *Viefhus,* Herbert (Hg.): Güterabwägung in der Medizin. Ethische und ärztliche Probleme, 1991.

Steffen, Erich: Neue Entwicklungslinien der BGH-Rechtsprechung zum Arzthaftungsrecht, 4. Aufl. 1990.

Ulsenheimer, Klaus / *Schlüter,* Uwe / *Böcker,* Michael H. / *Bayer,* Michael: Rechtliche Probleme in Geburtshilfe und Gynäkologie. Eine Fallsammlung zu den Themen Haftung, Aufklärung, Behandlungsfehler und Schweigepflicht, 1990.

Warnock, Mary: A Question of Life. The Warnock Report on Human Fertilisation and Embryology, 1985 (Reprint 1985).

Wiethölter, Rudolf: Arzt und Patient als Rechtsgenossen, in: Stiftung zur Förderung der wissenschaftlichen Forschung über Wesen und Bedeutung der freien Berufe (Hg.), Die Aufklärungspflicht des Arztes, 1962, 71 ff.

III. Der Arzt — Beschützer des Lebens

Deichgräber, Karl (Übers.): Der hippokratische Eid. Text griechisch und deutsch, Interpretation, Nachleben, 4. Aufl. 1983.

Dürig, Günter: Kommentar zu Art. 2 GG, in: Theodor Maunz, Günter Dürig, Roman Herzog u. a., Grundgesetz Kommentar, 1958 (1990).

Frei, Norbert (Hg.): Medizin und Gesundheitspolitik in der NS-Zeit, 1991.

Ganssmüller, Christian: Die Erbgesundheitspolitik des Dritten Reiches: Planung, Durchführung und Durchsetzung, 1987.

Gante, Michael: § 218 in der Diskussion. Meinungs- und Willensbildung 1945 - 1976, 1991.

Gruchmann, Lothar: Justiz im Dritten Reich 1933 - 1940. Anpassung und Unterwerfung in der Ära Gürtner, 1988.

Heidenreich, Wolfgang / *Otto*, G.: Sterilisation bei geistiger Behinderung. Mit Beiträgen von Harald Franzki und Peter Petersen, 1991.

Hegselmann, Rainer / *Merkel*, Reinhard (Hg.): Zur Debatte über Euthanasie. Beiträge und Stellungnahmen, 1991.

Helmchen, Hanfried / *Winau*, Rolf: Versuche mit Menschen in Medizin, Humanwissenschaft und Politik, 1986.

Hiersche, Hans-Dieter / *Hirsch*, Günter / *Graf-Baumann*, Toni (Hg.): Grenzen ärztlicher Behandlungspflicht bei schwerstgeschädigten Neugeborenen, 1987.

Hoerster, Norbert: Forum — Ein Lebensrecht für die menschliche Leibesfrucht?, in: JuS 1989, 172 ff.

Isemer, Friedrich-Eckart / *Lilie*, Hans: Rechtsprobleme bei Anencephalen, in: MedR 1988, 66 ff.

Kudlien, Fridlof: Ärzte im Nationalsozialismus, 1985.

Lorenz, Dieter: Recht auf Leben und körperliche Unversehrtheit, in: Josef Isensee u. Paul Kirchhof (Hg.), Handbuch des Staatsrechts der Bundesrepublik Deutschland, Bd. VI, Freiheitsrechte, 1989, 3 ff.

Medizin im Nationalsozialismus (Kolloquien des Instituts für Zeitgeschichte), 1988.

Mitscherlich, Alexander: Der Patient — nur ein Werkstück?, in: Der Spiegel 1978, Nr. 38, 238 f.

Müller, Ingo: Furchtbare Juristen. Die unbewältigte Vergangenheit unserer Justiz, 1987.

Petersen, Peter: Schwangerschaftsabbruch — unser Bewußtsein vom Tod im Leben. Tiefenpsychologische und anthropologische Aspekte der Verarbeitung, 1986.

Schmuhl, Hans-Walter: Rassenhygiene, Nationalsozialismus, Euthanasie. Von der Verhütung zur Vernichtung ‚lebensunwerten Lebens' 1890 - 1945, 1987.

Schölmerich, Paul / *Thews*, Gerhard (Hg.): „Lebensqualität" als Bewertungskriterium in der Medizin, 1990.

Schreiber, Hans-Ludwig: Der Schutz des Lebens durch das Recht an seinem Beginn und seinem Ende, in: H. Schütz, H.-J. Kaatsch u. H. Thomsen (Hg.), Medizinrecht, Psychopathologie, Rechtsmedizin. Festschrift für Günter Schewe, 1991, 120 ff.

Singer, Peter: Praktische Ethik. Aus dem Englischen übersetzt von Jean-Claude Wolf, 1990 (Reclams Universal-Bibliothek). Originalausgabe u. d. T.: Practical ethics, 1979.

Spaemann, Robert: Kein Recht auf Leben?, in: Kirche und Gesellschaft 12, 1974.

Wauschkuhn, E.: Die Freigabe der Vernichtung lebensunwerten Lebens, in: Psychiatrisch-neurologische Wochenschrift 1922, 215 ff.

Wehowsky, Stephan (Hg.): Lebensbeginn und menschliche Würde. Stellungnahmen zur Instruktion der Kongregation für die Glaubenslehre vom 22.2.1987, 1987.

Weingart, P. / *Kroll*, J. / *Bayertz*, K.: Rasse, Blut und Gene. Eine Geschichte der Eugenik und Rassenhygiene in Deutschland, 1988.

IV. Der Rechtsstatus des menschlichen Embryos

Beckmann, Rainer u. a.: Abtreibung in der Diskussion. Fünfzig Behauptungen und ihre Widerlegung, 1991.

Beier, Henning M.: Beginn des menschlichen Lebens aus biologischer Sicht, in: Christoph Fuchs (Hg.), Möglichkeiten und Grenzen der Forschung an Embryonen. Symposium der Akademie für Ethik in der Medizin, Göttingen, in Verbindung mit der Akademie der Wissenschaften und der Literatur, Mainz, 1990, 67 ff.

Beller, Fritz K.: Feten als Organspender, in: gyne 1987, 301 ff.

Bockamp, Christoph: Transplantationen von Embryonalgewebe. Eine moraltheologische Untersuchung, 1991.

Büchner, Franz: Der Mensch in der Sicht moderner Medizin, 1985.

Eberbach, Wolfram: Pränatale Diagnostik — Fetaltherapie — selektive Abtreibung: Angriffe auf § 218 a Abs. 2 Nr. 1 StGB (embryopathische Indikation), in: JR 1989, 265 ff.

Eser, Albin: Schwangerschaftsabbruch zwischen Grundwertorientierung und Strafrecht. Eine rechtspolitische Überlegungsskizze, in: ZRP 1991, 291 ff.

Eser, Albin / *Koch*, Hans-Georg (Hg.): Schwangerschaftsabbruch im internationalen Vergleich. Rechtliche Regelungen, soziale Rahmenbedingungen, empirische Grunddaten; Teil 1: Europa, 1988; Teil 2: Außereuropa 1991.

Fassbender, Pantaleon: Die Verwendung fetalen Gewebes in der Neurochirurgie — ein ethisches Problem?, in: EthikMed 1991, 114 ff.

Gante, Michael: § 218 in der Diskussion. Meinungs- und Willensbildung 1945-1976, 1991.

Günther, Hans-Ludwig: Strafrechtlicher Schutz des menschlichen Embryos über §§ 218 ff. hinaus? Eine Exemplifizierung kriminalpolitischer Grundsätze der Verhaltenskriminalisierung in neuen Grenzbereichen von Recht und Medizin, in: Hans-Ludwig Günther und Rolf Keller (Hg.), Fortpflanzungsmedizin und Humangenetik — Strafrechtliche Schranken?, 2. Aufl. 1991, 137 ff.

Hoerster, Norbert: Abtreibung im säkularen Staat. Argumente gegen den § 218, 1991 (stw 929).

— Föten, Menschen und „Speziesismus" — rechts-ethisch betrachtet, in: NJW 1991, 2540 ff.

Hoffacker, Paul / *Steinschulte,* Benedikt / *Fietz,* Paul-Johannes / *Brinsa,* Martin (Hg.): Auf Leben und Tod. Abtreibung in der Diskussion, ^{5}1991.

IMABE — Institut für medizinische Anthropologie und Bioethik, Wien, u. Schweizerische Gesellschaft für Bioethik, Zürich (Hg.): Der Status des Embryos. Eine interdisziplinäre Auseinandersetzung mit dem Beginn des menschlichen Lebens, 1989.

Jerouschek, Günter: Lebensschutz und Lebensbeginn. Kulturgeschichte des Abtreibungsverbotes, 1988.

Keller, Rolf: Beginn und Stufungen des strafrechtlichen Lebensschutzes, in: Hans-Ludwig Günther und Rolf Keller (Hg.), Fortpflanzungsmedizin und Humangenetik — Strafrechtliche Schranken?, 2. Aufl. 1991, 111 ff.

Lübbe, Hermann: Wer ist Mensch?, in: Odo Marquard u. H. Staudinger (Hg.), Anfang und Ende des menschlichen Lebens. Medizinische Probleme, 1987, 44 ff.

Schlag, Martin: Verfassungsrechtliche Aspekte der künstlichen Fortpflanzung. Insbesondere das Lebensrecht des in vitro gezeugten Embryos, 1991.

Schoene-Seifert, Bettina: Überlegungen zum moralischen Status des Embryos, in: Christoph Fuchs (Hg.), Möglichkeiten und Grenzen der Forschung an Embryonen. Symposium der Akademie für Ethik in der Medizin, Göttingen, in Verbindung mit der Akademie der Wissenschaften und der Literatur Mainz, 1990, 99 ff.

Selb, Walter: Der Ungeborene im österreichischen Zivilrecht, in: Institut für medizinische Anthropologie und Bioethik, Wien, und Schweizerische Gesellschaft für Bioethik, Zürich (Hg.), Der Status des Embryos. Eine interdisziplinäre Auseinandersetzung mit dem Beginn des menschlichen Lebens, 1989, 170 ff.

Spaemann, Robert: Am Ende der Debatte um § 218 StGB, in: ZRP 1974, 49 ff.

Stürner, Rolf: Der Schutz des ungeborenen Kindes im Zivilrecht, Schriftenreihe der Juristen-Vereinigung Lebensrecht e. V. zu Köln, Nr. 3, 1986.

— Die Unverfügbarkeit ungeborenen menschlichen Lebens und die menschliche Selbstbestimmung, in: JZ 1990, 709 ff.

Tröndle, Herbert: Zum Begriff des Menschseins, in: NJW 1991, 2542 f.

— Neuregelung des Lebensschutzes Ungeborener im geeinten Deutschland, 1991 (= Kirche und Gesellschaft Nr. 179).

Vollmer, Silke: Genomanalyse und Gentherapie. Die verfassungsrechtliche Zulässigkeit der Verwendung und Erforschung gentherapeutischer Verfahren am noch nicht erzeugten und ungeborenen menschlichen Leben, 1989.

V. Die In-vitro-Fertilisation (IVF)

Bernat, Erwin: Rechtsfragen medizinisch assistierter Zeugung, 1989.

Britting, Eva: Die postmortale Insemination als Problem des Zivilrechts, 1989.

Coester-Waltjen, Dagmar: Die künstliche Befruchtung beim Menschen — Zulässigkeit und zivilrechtliche Folgen. 2. Teilgutachten: Zivilrechtliche Probleme. Gutachten B für den 56. Deutschen Juristentag, 1986.

Corea, Gena: MutterMaschine. Reproduktionstechnologien — von der künstlich Befruchtung zur künstlichen Gebärmutter, 1988.

Enders, Christoph: Das Recht auf Kenntnis der eigenen Abstammung, in: NJW 1989, 881 ff.

Giesen, Dieter: Genetische Abstammung und Recht, in: JZ 1989, 364 ff.

Hepp, Hermann: Höhergradige Mehrlinge — ein klinisches und ethisches Problem der Reproduktionsmedizin, Geburtshilfe und Frauenheilkunde, 1989.

Hirsch, Günter E.: „Reduktion" von Mehrlingen — Aufriß der rechtlichen Probleme, in: MedR 1988, 292 ff.

Hirsch, Günter E. / *Eberbach,* Wolfram: Auf dem Weg zum künstlichen Leben. Retortenkinder, Leihmütter, programmierte Gene, 1987.

Hölzle, Christina / *Wiesing,* Urban: In-vitro-Fertilisation — ein umstrittenes Experiment. Fakten, Leiden, Diagnosen, Ethik, 1991.

In-vitro-Fertilisation, Genomanalyse und Gentherapie. Bericht der gemeinsamen Arbeitsgruppe des Bundesministers für Forschung und Technologie und des Bundesministers der Justiz (Benda-Kommission), 1985.

Kalis, Bernhard: Zur Erstattungsfähigkeit der Kosten einer sogenannten In-vitro-Fertilisation (extrakorporalen Befruchtung) in der privaten Krankenversicherung, in: VersR 1989, 1244 ff.

Koch, Elisabeth: Der Anspruch der Deszendenten auf Klärung der genetischen Abstammung — ein Paradigmawechsel im Abstammungsrecht, in: FamRZ 1990, 569 ff.

Merz, Bettina: Die medizinische, ethische und juristische Problematik artifizieller menschlicher Fortpflanzung, 1991.

Michelmann, Hans Wilhelm / *Hinney,* Bernd: In vitro-Fertilisation. Wissen wir, was wir tun?, in: EthikMed 1990, 13 ff.

Pap, Michael: Extrakorporale Befruchtung und Embryotransfer aus arztrechtlicher Sicht. Insbesondere: Der Schutz des werdenden Lebens in vitro, 1987.

Petersen, Peter: Künstliche Befruchtung: Schöner, geplanter, neuer Mensch?, in: Universitas 1990, 1948 ff.

Schirmer, Günther: Status und Schutz des frühen Embryos bei der „In-vitro-Fertilisation". Rechtslage und Diskussionsstand in Deutschland im Vergleich zu den Ländern des anglo-amerikanischen Rechtskreises, 1987.

Schlosser, Horst Dieter / *Grabka,* Marion: Medizin und Sprache im technischen Wandel. In-Vitro-Fertilisation zwischen Zeugungshilfe und Reproduktionstechnik, 1990.

Selb, Walter: Rechtsordnung und künstliche Reproduktion des Menschen, 1987.

Snowden, Robert / *Mitchell,* G. D. / *Snowden,* E. M.: Artifizielle Reproduktion, 1985.

Starck, Christian: Die künstliche Befruchtung beim Menschen — Zulässigkeit und zivilrechtliche Folgen. 1. Teilgutachten: Verfassungsrechtliche Probleme. Gutachten A für den 56. Deutschen Juristentag, 1986.

Wagner, Friedrich (Hg.): Menschenzüchtung. Das Problem der genetischen Manipulierung des Menschen, ^{2}1970.

Wehowsky, Stephan (Hg.): Lebensbeginn und menschliche Würde. Stellungnahmen zur Instruktion der Kongregation für die Glaubenslehre vom 22.2.1987, 1987.

VI. Das Embryonenschutzgesetz

Bertazzoni, Umberto / *Fasella*, Paolo / *Klepsch*, Andreas / *Lange*, Peter (Hg.): Human Embryos and Research. Proceedings of the European Bioethics Conference in Mainz, 7.-9. November 1988, 1990.

Chancen und Risiken der Gentechnologie. Der Bericht der Enquete-Kommission „Chancen und Risiken der Gentechnologie" des 10. Deutschen Bundestages, 1987 (= Zur Sache. Themen parlamentarischer Beratung, 1 / 87); auch erschienen als BT-Drucksache 10 / 6775.

Deutsch, Erwin: Embryonenschutz in Deutschland, in: NJW 1991, 721 ff.

Eberbach, Wolfram: Forschung an menschlichen Embryonen — Konsensfähiges und Begrenzungen, in.: Christoph Fuchs (Hg.), Möglichkeiten und Grenzen der Forschung an Embryonen. Symposium der Akademie für Ethik in der Medizin, Göttingen, in Verbindung mit der Akademie der Wissenschaften und der Literatur, Mainz, 1990, 159 ff.

Eser, Albin: Neuartige Bedrohungen ungeborenen Lebens. Embryoforschung und „Fetozid" in rechtsvergleichender Perspektive, 1990.

Fuchs, Christoph (Hg.): Möglichkeiten und Grenzen der Forschung an Embryonen. Symposium der Akademie für Ethik in der Medizin, Göttingen, in Verbindung mit der Akademie der Wissenschaften und der Literatur, Mainz, 1990.

Günther, Hans-Ludwig: Wie geschützt sind Embryonen? Ethische und rechtliche Aspekte, in: Universitas 1991, 27 ff.

— Welche Grenzen setzt das Embryonenschutzgesetz der Humangenetik?, in: Med. Genetik 3, 1991, 41 ff.

Keller, R.: Probleme der Humangenetik und der verbrauchenden Embryonenforschung aus rechtlicher Sicht, in: F. Nicklisch u. G. Schettler (Hg.), Regelungsprobleme der Gen- und Biotechnologie sowie der Humangenetik, 199o, 171 ff.

Lanz-Zumstein, Monika: Die Rechtsstellung des unbefruchteten und befruchteten menschlichen Keimguts. Ein Beitrag zu zivilrechtlichen Fragen im Bereich der Reproduktions- und Gentechnologie, 1990.

Löw, Reinhard: Gen und Ethik. Philosophische Überlegungen zum Umgang mit menschlichem Erbgut, in: Peter Koslowski, Philipp Kreuzer u. Reinhard Löw (Hg.), Die Verführung durch das Machbare, 1983, 33 ff.

Rehmann-Sutter, Christoph: Gentherapie in der menschlichen Keimbahn?, in: EthikMed 1991, 3 ff.

Testart, Jacques: L'oeuf transparent, 1986.

Vitzthum, Wolfgang Graf: Gentechnologie und Menschenwürde, in: MedR 1985, 249 ff.

Vollmer, Silke: Genomanalyse und Gentherapie. Die verfassungsrechtliche Zulässigkeit der Verwendung und Erforschung gentherapeutischer Verfahren am noch nicht erzeugten und ungeborenen menschlichen Leben, 1989.

VII. Pränatale Diagnostik

Berg, Dietrich / *Boland,* Patrick / *Pfeiffer,* Rudolf / *Wuermeling,* Hans-Bernhard (Hg.): Pränatale Diagnostik. Eine Auseinandersetzung, 1989.

Bundesminister für Forschung und Technologie (Hg.): Die Erforschung des menschlichen Genoms. Ethische und soziale Aspekte, 1991.

Cramer, Stephan: Genom- und Genanalyse. Rechtliche Implikationen einer ‚prädiktiven Medizin', 1991.

Daele van den, Wolfgang: Mensch nach Maß? Ethische Probleme der Genmanipulation und Gentherapie, 1985.

Eibach, Ulrich: Genomanalyse und Menschenwürde — Eine theologisch-ethische Stellungnahme, in: EthikMed 1990, 22 ff.

Ellermann, Rolf / *Opolka,* Uwe (Hg.): Genomanalyse. Ihre biochemischen, medizinischen, juristischen und politischen Aspekte, 1981.

Färber, Georg: „Wrongful Life". Die deliktsrechtliche Verantwortlichkeit des Arztes dem Kind gegenüber. Eine rechtsvergleichende Darstellung des amerikanischen, britischen und deutschen Rechts, 1988.

Giesen, Dieter: Developing Ethical Public Policy on Reproduction an Prenatal Research: Whose Interests Deserve What Protection, in: MedLaw 1989, 553 ff.

Harrer, Herbert: Zivilrechtliche Haftung bei durchkreuzter Familienplanung, 1989.

Hiersche, Hans-Dieter: § 218 StGB aus der Sicht eines Frauenarztes. Quo vadis iustitia? — Quo vadis medicina!, in: Festschrift für H. Tröndle, 1989, S. 669 ff.

— Ultraschalldiagnostik in der Pränatal-Medizin aus medizinrechtlicher Sicht, in: MedR 1989, 304 ff.

Knörr, Karl: Pränatale Diagnostik — Klinik und Folgerungen, in: Odo Marquard u. Hansjürgen Staudinger (Hg.), Anfang und Ende des menschlichen Lebens. Medizinethische Probleme, 1987, 24 ff.

Lange, Hermann: Haftung für neues Leben?, 1991 (Mainzer Akademierede).

Sass, Hans-Martin (Hg.): Genomanalyse und Gentherapie. Ethische Herausforderungen in der Humanmedizin, 1991.

Schroeder-Kurth, Traute M.: Pränatale Diagnostik. Probleme der Indikationsstellung und zukünftige Trends, in: Geistige Behinderung 1988, 180 ff.

— Medizinische Genetik in der Bundesrepublik Deutschland. Eine Bestandsaufnahme mit politischen, ärztlichen und ethischen Konzepten, Stellungnahmen von Patientengruppen, 1989.

— Stand und zukünftige Entwicklungen der pränatalen Diagnostik, in: Christoph Fuchs (Hg.), Möglichkeiten und Grenzen der Forschung an Embryonen. Symposium für Ethik in der Medizin, Göttingen, in Verbindung mit der Akademie der Wissenschaften und Literatur, Mainz, 1990, 35 ff.

— Ärztliche Indikation und Selbstbestimmung bei der vorgeburtlichen Chromosomendiagnostik, in: MedR 1991, 128 ff.

Wiese, Günther: Gibt es ein Recht auf Nichtwissen? — Dargestellt am Beispiel der genetischen Veranlagung von Arbeitnehmern —, in: E. Jayme, A. Laufs, K. Misera, G. Reinhart u. R. Serick (Hg.), Festschrift für Hubert Niederländer, 1991, 475 ff.

Wolff, Gerhard: Die ethischen Konflikte durch die humangenetische Diagnostik, Ethik-Med 1989, 184 ff.

VIII. Verordnung oraler Kontrazeptiva an Jugendliche

Belling, Detlev W.: Die Entscheidungskompetenz für ärztliche Eingriffe bei Minderjährigen, in: FuR 1990, 68 ff.

Brandenburg, Ursula: Das kirchliche Lehramt und die Empfängnisverhütung. Versuch eines Dialogs, in: Renovatio 47, 1991, 139 ff.

Döring, Gerhard (Red.): Natürliche Methoden der Familienplanung. Modellprojekt zur wissenschaftlichen Überprüfung und kontrollierten Vermittlung. Katholische Bundesarbeitsgemeinschaft für Beratung e. V., 1988 (Schriftenreihe d. Bundesministers für Jugend, Familie, Frauen und Gesundheit, Bd. 239).

Eser, Albin / *Koch,* Hans-Georg: Rechtsfragen bei der gynäkologischen Betreuung minderjähriger Patientinnen, in: Alfons Huber u. Hans-Dieter Hiersche, Praxis der Gynäkologie im Kindes- und Jugendalter, 2. Aufl. 1987, 18 ff.

Hiersche, Hans-Dieter: RU 486 des Pharmakonzerns Roussel-Uclaf. Ärztliche und medizinrechtliche Überlegungen, Der Frauenarzt 1990, 893 f. Gegen die verbreitete terminologische und sachliche Verharmlosung: G. Herranz, La pilule abortive RU 486, in: La documentation catholique Nr. 2036 v. 20. Oktober 1991, S. 901 ff.

Hirsch, Günter E.: Die „Pille danach", in: MedR 1987, 12 ff.

Huber, Alfons: Schwangerschaftsverhütung, in: Alfons Huber u. Hans-Dieter Hiersche, Praxis der Gynäkologie im Kindes- und Jugendalter, 2. Aufl. 1987, 202 ff.

Kluge, Norbert (Hg.), Jugendsexualität im Spannungsfeld individueller, interaktionaler und gesellschaftlicher Bedingungen. Einstellungen, Verhaltensweisen, Probleme, Maßnahmen, 1990.

Laufs, Adolf: Das Aufklärungsformular, Gynäkologe 1989, 364 ff.

Schmid-Tannwald, Ingolf / *Urdze,* Andrejs: Sexualität und Kontrazeption aus der Sicht der Jugendlichen und ihrer Eltern. Ergebnisse einer haushaltsrepräsentativen Erhebung in der Bundesrepublik Deutschland einschließlich West-Berlin, 1983 (Schriftenreihe des Bundesministers für Jugend, Familie und Gesundheit, Bd. 132).

Sailer, Martin: Medizin in christlicher Verantwortung. Sittliche Orientierungen in päpstlichen Verlautbarungen und Konzilsdokumenten, 1982, 145 ff.

IX. Sterilisation

Eser, Albin / *Hirsch,* Hans A. (Hg.): Sterilisation und Schwangerschaftsabbruch. Eine Orientierungshilfe zu medizinischen, psychologischen und rechtlichen Fragen, 1980.

Heidenreich, Wolfgang / *Otto,* Gabriela: Sterilisation bei geistiger Behinderung, 1991.

Hiersche, Hans-Dieter / *Hirsch,* Günter / *Graf-Baumann,* Toni (Hg.): Die Sterilisation geistig Behinderter, 1988.

Neuer-Miebach, Therese / *Krebs,* Heinz (Hg.): Schwangerschaftsverhütung bei Menschen mit geistiger Behinderung — notwendig, möglich, erlaubt?, 1988.

FSC
www.fsc.org
MIX
Papier | Fördert gute Waldnutzung
FSC® C083411

Kolibri 360 GmbH
Ferdinand-Jühlke-Straße 7
99095 Erfurt, Deutschland
produktsicherheit@kolibri360.de

Druck:
CPI Druckdienstleistungen GmbH
im Auftrag der
Kolibri 360 GmbH
Ferdinand-Jühlke-Str. 7
99095 Erfurt